Ryf · Die atomisierte Organisation

Balz Ryf

Die atomisierte Organisation

GABLER

Die Deutsche Bibliothek - CIP-Einheitsaufnahme

Ryf, Balz:
Die atomisierte Organisation : ein Konzept zur Ausschöpfung von Humanpotential / Balz Ryf. - Wiesbaden :
Gabler, 1993
ISBN 978-3-322-99171-3   ISBN 978-3-322-99170-6 (eBook)
DOI 10.1007/978-3-322-99170-6

Der Gabler Verlag ist ein Unternehmen der Verlagsgruppe Bertelsmann International.

© Betriebswirtschaftlicher Verlag Dr. Th. Gabler GmbH, Wiesbaden 1993
Softcover reprint of the hardcover 1st edition 1993

Lektorat: Ulrike M. Vetter

Das Werk einschließlich aller seiner Teile ist urheberrechtlich geschützt. Jede Verwertung außerhalb der engen Grenzen des Urheberrechtsgesetzes ist ohne Zustimmung des Verlags unzulässig und strafbar. Das gilt insbesondere für Vervielfältigungen, Übersetzungen, Mikroverfilmungen und die Einspeicherung und Verarbeitung in elektronischen Systemen.

Höchste inhaltliche und technische Qualität unserer Produkte ist unser Ziel. Bei der Produktion und Verbreitung unserer Bücher wollen wir die Umwelt schonen: Dieses Buch ist auf säurefreiem und chlorarm gebleichtem Papier gedruckt. Die Einschweißfolie besteht aus Polyäthylen und damit aus organischen Stoffen, die weder bei der Herstellung noch bei der Verbrennung Schadstoffe freisetzen.

Die Wiedergabe von Gebrauchsnamen, Handelsnamen, Warenbezeichnungen usw. in diesem Werk berechtigt auch ohne besondere Kennzeichnung nicht zu der Annahme, daß solche Namen im Sinne der Warenzeichen- und Markenschutz-Gesetzgebung als frei zu betrachten wären und daher von jedermann benutzt werden dürften.

Satz: Satzstudio RESchulz, Dreieich-Buchschlag

Für Cornelia

„Potentiale stecken nicht in Gebäuden, Maschinen, Patenten, Rezepturen, Computerprogrammen und Markenbildern. Denn alle diese Dinge sind tote Gegenstände, wenn sie nicht von Menschen zum Leben erweckt werden. Die Fähigkeit einer Unternehmensführung zeigt sich gerade darin, ob es gelingt, diese Möglichkeiten zu entdecken und zur Wirkung zu bringen. Deshalb können alle Potentiale ausschließlich in Menschen wirken."

Rudolf Mann

Vorwort

Die Einsicht, daß letztlich nicht Maschinen und Systeme, Produkte und Programme für den Erfolg von Unternehmen verantwortlich sind, sondern *Menschen,* die mit ihrer Schaffenskraft und Fantasie diese Dinge erst möglich gemacht haben, muß schon fast als Gemeinplatz bezeichnet werden. Trotzdem besteht eine gewisse Ratlosigkeit, wenn es darum geht, diese an sich triviale Aussage auch tatsächlich umzusetzen. Mit diesem Buch möchte ich hierzu einen Beitrag leisten und an dieser Stelle all jenen danken, die mich bei meinem Vorhaben unterstützt haben.

Dazu gehört einmal Prof. Dr. C. Pümpin von der Hochschule St. Gallen. Ihm verdanke ich wesentliche Impulse für dieses Buch. Als wissenschaftlicher Mitarbeiter und persönlicher Assistent konnte ich von ihm nicht nur in fachlicher, sondern auch in menschlicher Hinsicht viel profitieren. Auch Prof. Dr. P. Gomez, ebenfalls von der Hochschule St. Gallen, danke ich für die Unterstützung und die vielen wertvollen Anregungen.

Zu Dank verpflichtet bin ich aber auch all den Interviewpartnern, welche sich zum Teil sehr viel Zeit genommen haben, ihre oft nur schwer zu kommunizierenden – weil im Prinzip nur „erlebbaren" – Unternehmenskonzepte verständlich und vertraut zu machen.

Meinen Eltern danke ich, daß sie mir das Studium, welches den Grundstock für dieses Buch legte, möglich gemacht haben. Frau Monika Mosberger danke ich für die sorgfältige Durchsicht des Manuskriptes.

Mein größter Dank gilt aber meiner Frau Cornelia. Mit ihrer fröhlichen und unterstützenden Art hat sie mir wesentlich dabei geholfen, die Hochs und Tiefs, die wohl jeder Autor in irgendeiner Weise zu durchleben hat, zu meistern. Auch war sie mir immer wieder eine geduldige Zuhörerin und kritische Fragestellerin bei den nicht immer sehr geordneten Gedankengängen und Ideen. Ihr sei deshalb mein Buch gewidmet.

Bern, im Januar 1993   BALZ RYF

Inhaltsverzeichnis

Vorwort 7

1. Der weite Weg von der Einsicht zur Tat 13

2. Der Stellenwert der Humanressourcen
   im Unternehmen 17
   2.1 Die Unternehmensumwelt entwickelt sich 17
   2.2 Entwicklungen auf dem Arbeitsmarkt 21
   2.3 Entwicklungen in den Absatzmärkten 38
   2.4 Entwicklungen bei den technologischen Rahmen-
       bedingungen 40
   2.5 Entwicklungen bei den ökologischen Rahmen-
       bedingungen 41
   2.6 Die Entwicklung des allgemeinen Wettbewerbs-
       umfeldes 42
   2.7 Konsequenzen 42

3. Ein Blick zurück oder: Bisherige Ansätze
   zur umfassenderen Nutzung von Humanressourcen 44
   3.1 Wichtige Aspekte bei der Nutzung von
       Humanressourcen 44
   3.2 Ansätze mit Fokussierung auf das physische
       Arbeitsplatzumfeld 48
   3.3 Ansätze mit Fokussierung auf den Menschen und
       seine individuellen Bedürfnisse 49
   3.4 Ansätze mit Fokussierung auf den Arbeitsinhalt 52
   3.5 Ansätze mit Fokussierung auf die Beziehung Chef-
       Mitarbeiter 55
   3.6 Ansätze mit Fokussierung auf den Führungsprozeß ... 59
   3.7 Ansätze mit Fokussierung auf das Team 60

3.8 Ansätze mit Fokussierung auf die Organisations-
    struktur 62
3.9 Unternehmensstrategie und Human Resources 64
3.10 Mitarbeiterorientierte Unternehmenskultur 65

4. **Humanpotential und atomisierte Strukturen** 68
   4.1 Der ungenutzte Teil menschlicher Leistungsressourcen:
       das Humanpotential 68
   4.2 Gründe für die mangelnde Nutzung 69
   4.3 Ausschöpfen von Humanpotential als Grundlage
       unternehmerischen Erfolgs 71
   4.4 Ausschöpfung des Potentials durch atomisierte
       Strukturen 72
   4.5 Warum Atomisierung? 73

5. **Fallstudien** 77
   5.1 Enator 77
   5.2 The Body Shop 92
   5.3 Gore 103
   5.4 Ebnöther 116

6. **Atomisierte Strukturen: Ein Konzept zur Ausschöpfung
   von Humanpotential** 132
   6.1 Die Struktur eines atomisierten Unternehmens 133
   6.2 Die Arbeitsgestaltung in einem atomisierten
       Unternehmen 146
   6.3 Die Kommunikation in einem atomisierten
       Unternehmen 155
   6.4 Die Leistungsbeurteilung in einem atomisierten
       Unternehmen 160
   6.5 Die Entwicklungsmöglichkeiten in einem atomisierten
       Unternehmen 168
   6.6 Die Ausbildungsschwergewichte in einem
       atomisierten Unternehmen 175
   6.7 Die Wertebasis eines atomisierten Unternehmens 182

7. Die dynamische Perspektive 198
7.1 Wachstum durch Zellteilung 198
7.2 Konsequenzen für die Führung 205
7.3 Die konstitutiven Elemente einer Zelle 208
7.4 Vorgehensvarianten bei der Zellteilung 214
7.5 Die Rolle des Top-Managements:
Ein neues Führungsverständnis 217
7.6 Konsequenzen für den praktischen Führungsalltag 226
7.7 Zwischen Chaos und Ordnung 228
7.8 Probleme und Gefahren 229

8. Zum Einsatz atomisierter Organisationen 232
8.1 Instrumente zur Beurteilung von Humanressourcen ... 234
8.2 Die Wirkung von Werthaltungen 240
8.3 Zur Atomisierung von Organisationen 242
8.4 Anwendungsmöglichkeiten und Grenzen des
Konzeptes 244

9. Schlußbemerkungen 250

Literaturverzeichnis 251

Verzeichnis der Interviewpartner 265

1. Der weite Weg von der Einsicht zur Tat

„Peoples are our most important asset." Dieser Satz findet sich mittlerweile in unzähligen Geschäftsberichten. Mehr und mehr scheint man sich bewußt zu werden, daß der Mensch nicht nur kostenverschlingender Produktionsfaktor und damit mögliche Rationalisierungschance ist, sondern Träger der potentiellen Energie, der Gewinnchancen der Zukunft, der potentiellen Einzigartigkeit des Unternehmens (Mann, Controlling, 106 f.).

Der Zukunftsforscher Naisbitt prophezeit, daß das Humankapital das Geldkapital als strategische Produktivkraft ablösen wird (Naisbitt/ Aburdene, Arbeitsplatz, 12). Bleicher weist dem „Komplexitätsbewältiger Mensch" und nicht irgendwelchen perfektionierten Systemen die Schlüsselfunktion beim Lösen zukünftiger Probleme zu (Bleicher, Zukunftsperspektiven, 152). Und schließlich sieht Peters in der Unfähigkeit der amerikanischen Unternehmen, das Arbeitskräftepotential anzuzapfen, den Hauptgrund für das Versagen der amerikanischen Wirtschaft im weltweiten Wettbewerb (Peters, Chaos, 316).

Aber auch Wirtschaftsführer werden sich der zentralen Bedeutung des Humanfaktors zunehmend bewußt. Immer häufiger wird vom Menschen als dem *zentralen Erfolgselement*, der *wertvollsten Ressource*, dem *Schlüsselfaktor der 90er Jahre* gesprochen:

> „Bevor Märkte gewonnen werden können, müssen Menschen gewonnen worden sein. Wertvoll an einer Unternehmung sind die Menschen, die dafür arbeiten, und der Geist, in dem sie es tun." (N. Norhoff, ehemaliger Chef der Volkswagenwerke. Zitiert in: Kobi, Human Resources, 5)

Um so mehr erstaunt es, daß dieses Denken noch wenig praktische Folgen gezeigt hat. So werden zwar im allgemeinen Sachinvestitionen aufs genaueste geprüft, Mitarbeiter jedoch oft wenig gezielt und systematisch eingestellt und weitergebildet. Nur sehr wenige Unternehmen richten sich konsequent auf die Fähigkeiten und Neigungen ihrer Mitarbeiter aus, sondern verlangen im Gegenteil, daß sich diese dem System anpassen und ihre Talente innerhalb vorgezeichneter Bahnen entfalten. Schließlich zeigen Fragen im Zusammenhang mit Stellenbildung oder -abbau immer wieder, daß der Mensch – aller Bekenntnisse zum Trotz – noch vorwiegend als Kosten- und nicht als Wertschöpfungsfaktor gesehen wird.

Theoretische Ansätze, an denen es nicht mangelt, finden oftmals den Weg in die Praxis nicht. Impulse aus dieser Richtung versanden oftmals aufgrund mangelnder Operationalisier- und Generalisierbarkeit der Aussagen. Die Erkenntnis, daß kausale „Wenn-Dann-Aussagen" im Bereich der Sozialwissenschaften nicht oder kaum möglich sind, hat in der Praxis immer wieder zu einer gewissen Resignation und einer Hinwendung zu eher harten und einsehbaren Wirkungszusammenhängen einerseits oder zur Flucht in vereinfachende und reduzierende Ansätze im Sinne von „Management-by" geführt.

Ganz allgemein läßt sich sagen, daß man sich in der *Praxis* schwer tut, mit umfassenden Ansätzen dem Phänomen Mensch im Unternehmen gerecht zu werden. Viele der Maßnahmen, die heute zur besseren Nutzung der Humanressourcen ergriffen werden, sind zu isoliert und punktuell. So ist beispielsweise die Perspektive vieler Menschenführungs- und Motivationsseminare zu stark auf die individuelle Beziehungsebene reduziert und führt aufgrund der Nichtbeachtung struktureller und kultureller Rahmenbedingungen oftmals zu Frustrationen sowohl beim Führenden wie beim Geführten. Auch der Aufruf zu unternehmerischem Verhalten fruchtet wenig, wenn das System weiterhin absicherndes Verwalten belohnt.

Ganzheitliche Konzepte für ein komplexes Problem

Ziel dieses Buches ist es, ein umfassendes Konzept zur besseren Nutzung der Humanressourcen im Unternehmen aufzuzeigen und relevante Wirkungszusammenhänge zu identifizieren. Es handelt sich also um einen praktischen, aber deshalb auch mehrdimensionalen, ausgesprochen komplexen und stark verhaltenswissenschaftlich geprägten Untersuchungsgegenstand. Ihm wird nur ein *ganzheitlicher* Ansatz gerecht. Eine rein theoretische Annäherung oder streng empirische Studie würde viele wichtige Faktoren eliminieren; die Folge wäre eine zu reduktionierte Denkweise. Nur durch ein qualitatives und ganzheitliches Herangehen an die Problematik kann es gelingen, zu neuen, kreativen Ansätzen und Impulsen zu gelangen (Bortz, Forschung, 218 ff.). Die Methodik, die diesem praktischen Zielbezug gerecht wird (vgl. Yin, Case, 13 ff.), ist die *kasuistische Vorgehensweise*: Aus Literatur und Gesprächen entwickelt sich die Vorstellung von einem „idealen" Konzept zur besseren Nutzung von Humanressourcen. Basierend auf dieser „Idealvorstellung" werden Fallbeispiele ausgewählt, die es erlauben, das „Ideal" zu überprüfen und das Konzept weiterzuentwickeln.

Die konkrete Vorgehensweise läßt sich wie folgt zusammenfassen:

In einem ersten Schritt soll es in *Kapitel 2* darum gehen, einen Bezugsrahmen zu entwickeln, der uns Einblick in die Bedeutung des Humanfaktors im Unternehmen gibt. Entwicklungen auf dem Arbeitsmarkt, in den Absatzmärkten, bei den technologischen und ökologischen Rahmenbedingungen sollen zeigen, wie mannigfaltig die Veränderungen in diesem Bereich sind und sein werden. Dieser Bezugsrahmen ist Grundlage und Ausgangspunkt für die nachfolgende Entwicklung des Konzepts.

Zuvor erscheint es jedoch sinnvoll zu fragen, welche praxisrelevanten Ansätze zur umfassenden Nutzung der Humanressourcen im Unternehmen bereits existieren *(Kapitel 3)*.

Kapitel 4 widmet sich der bereits angesprochenen „Idealvorstellung", also der Frage, wie ein umfassendes Konzept aussehen müßte.

Dann werden einige Unternehmen ausgewählt, welche dieser Idee in ihren Grundzügen entsprechen. Die Fallstudien werden in *Kapitel 5* geschildert.

Das Studium dieser Unternehmen soll einerseits als Ideengenerator dienen, andererseits zu einem Überdenken der Idealvorstellung und einem Herausschälen der „Key Issues" in Kapitel 6 und 7 führen. *Kapitel 6* befaßt sich dabei insbesondere mit den zentralen Elementen beim Ausschöpfen von Humanpotential, wogegen *Kapitel 7* eine mehr evolutorische Perspektive einnimmt und sich dem Prozeß der Zellteilung und Multiplikation beim Aufbau von einzelnen Einheiten widmet.

Fragen zur Übertragbarkeit des Konzeptes in *Kapitel 8* und ein Ausblick in *Kapitel 9* stehen am Ende des Buches.

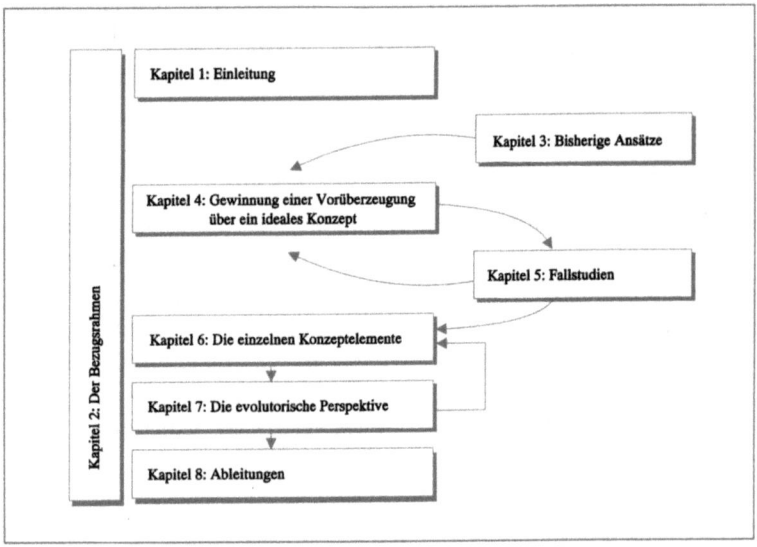

Abbildung 1-1: Überblick über die Vorgehensweise

2. Der Stellenwert der Humanressourcen im Unternehmen

2.1 Die Unternehmensumwelt entwickelt sich

Um die Frage zu klären, wieso gerade heute auf den besonderen Stellenwert der Humanressourcen hingewiesen wird, muß man sich zuerst einmal die Situation von Unternehmen und ihrer Umwelt während dieses Jahrhunderts in Erinnerung rufen.[1]

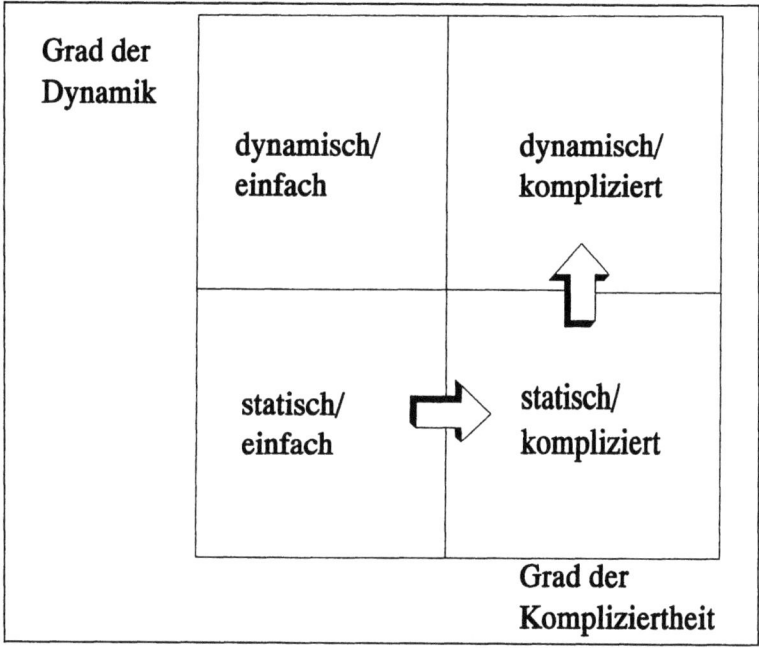

Abbildung 2-1: Die Entwicklung der Unternehmensumwelt im Laufe der Zeit

---

1 Unter Humanressourcen verstehen wir „die Gesamtheit aller Mitarbeiter und Führungskräfte mit ihrem Wissen, Können, Verhalten und ihren Werthaltungen" (Bleicher, Chance, 33; Wohlgemuth, Unternehmensdiagnose, 21)

**Das einfach-statische Umfeld zu Beginn
der industriellen Tätigkeit**

Das wirtschaftliche Umfeld zu Beginn der industriellen Tätigkeit läßt sich als *einfach und statisch* charakterisieren. Die meisten Unternehmen operieren in produkt- und marktmäßig überschaubaren Dimensionen. Die Änderungsrate der In- und Umwelt ist gering.

Von Ausnahmen abgesehen, spielt der Mensch grundsätzlich die Rolle eines Produktionsfaktors, den es – zusammen mit Boden und Kapital – zu optimieren gilt. Die Anstrengungen im Bereich der Humanressourcen beschränken sich denn auch größtenteils auf ein „mehr in kürzerer Zeit" durch allerlei repressive Mittel.

Das kompliziert-statische Umfeld der Nachkriegszeit

Das wirtschaftliche Wachstum bringt durch eine Vergrößerung des Aktionsradius, durch zunehmende Interdependenzen und Interaktionen eine Zunahme des „Kompliziertheitsgrades" (es wurde bewußt dieser etwas schwerfällige Begriff gewählt, um ihn so von „Komplexität" abzuheben).[2] Einige wenige „denkende" Unternehmer reichen nicht mehr aus, diese Probleme zu bewältigen. An deren Seite treten mehr und mehr Systeme verschiedenster Art, beispielsweise die aufkommenden langfristigen Planungssysteme und die dafür verantwortlichen Stäbe. Man versucht, mit diesen die komplizierter werdende Umwelt in den Griff zu bekommen. Der Mensch mit seinem quantitativ beschränkten Auffassungs- und Verarbeitungsvermögen ist dazu weit weniger gut in der Lage. Obwohl während dieser Zeit ein enormes wirtschaftliches Wachstum zu verzeichnen ist, kann man aufgrund der ausgesprochenen Gleichmäßigkeit dieser Bewegung noch immer von einer gewissen Statik sprechen.

---

2 „Komplexität ist nicht mit Kompliziertheit zu verwechseln, denn es geht hier nicht um eine große Anzahl von Teilen eines Systems von sehr großer Unterschiedlichkeit" (Probst, Selbstorganisation, 29). Komplexität „schließt eine unvollständige Beschreibbarkeit und eine geringe, uneindeutige Voraussagbarkeit ein und ist das Produkt von Kompliziertheit und Dynamik (Probst, Selbst-Organisation, 76f.).

Das kompliziert-dynamische bzw. komplexe Umfeld von heute

Die heutige Zeit ist gekennzeichnet durch zunehmende Umweltturbulenzen bei einer um ein Vielfaches höheren Dynamik. Die Dinge sind unter diesen Umständen nicht mehr länger nur kompliziert, sondern zunehmend *komplex*. Der Versuch jedoch, dieser Komplexität mit den bisherigen Systemen und Methoden zu begegnen, stößt zunehmend an Grenzen der Machbarkeit:

- Die Komplexität ist trotz immer raffinierterer Systeme oft nicht mehr beherrschbar.
- Maßnahmen zur Verarbeitung von Fremdkomplexität mittels immer raffinierterer Systeme führen zwangsläufig auch zum Aufbau von Eigenkomplexität (Bleicher, Zukunft, 8).
- Die „Zeitschere" öffnet sich immer stärker (Bleicher, Zukunftsperspektiven, 153), das heißt, die benötigte Reaktionszeit steigt mit wachsender Komplexität, während sich die verfügbare Reaktionszeit durch die zunehmende Dynamik verringert.
- Mit dem Ganzen ist ein Identitätsverlust des Menschen verbunden, der sich einer immer komplexeren In- und Umwelt mit schwindenden Möglichkeiten der Einflußnahme gegenübersieht.

Abbildung 2-2 zeigt die Problematik. Durch entsprechende organisatorische Maßnahmen gelang es den Unternehmen, die Kompliziertheit der Umwelt weitgehend abzubilden. Die Maßnahmen führten jedoch – insbesondere dort, wo durch fehlende Subsystembildung lediglich die Gesamtkomplexität erhöht wurde (vgl. Luhmann, Systemrationalität, 185 f.) – zu Rigidität und Lethargie. Das Resultat ist ein „Misfit" zwischen In- und Umwelt.

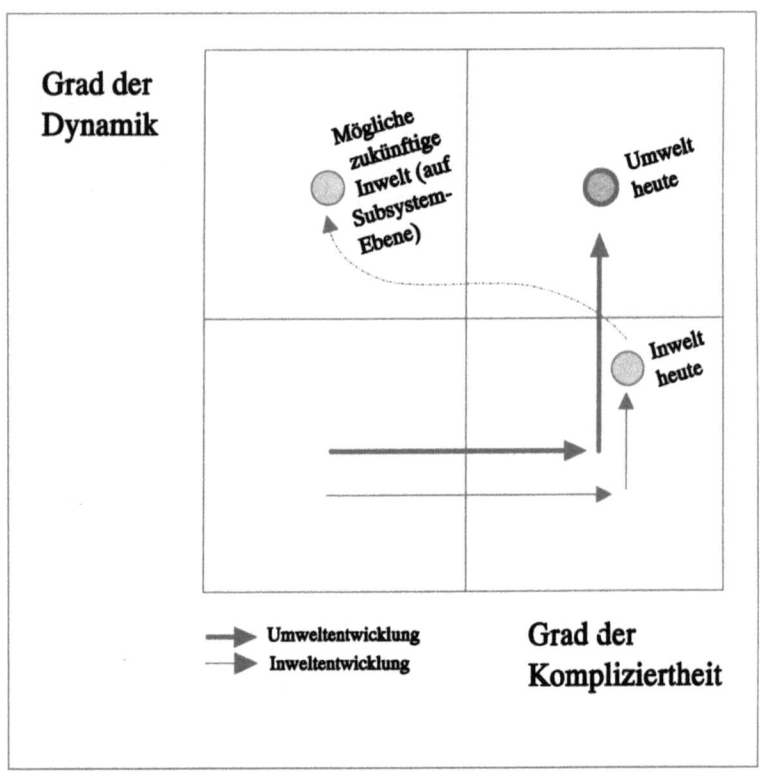

Abbildung 2-2: Der „Misfit" in der Veränderung von In- und Umwelt

Der Zwang zur Gestaltung einer einfach-dynamischen Inwelt für die Zukunft

Da eine Beeinflussung der Umwelt höchstens sehr beschränkt möglich ist (Kappeler, Komplexität, 64), bleibt als Lösungsmöglichkeit lediglich eine wachsende Veränderungsfähigkeit der Inwelt. Dies hat einerseits durch eine Erhöhung der Subsystembildung zu geschehen, was zwar die Gesamtkomplexität erhöht, jedoch zu einer Komplexitätsreduktion bei den Teilsystemen führt, da dort nun nicht mehr alles berücksichtigt werden muß. Andererseits werden diese Maßnahmen aber nur dann erfolgreich sein, wenn sie mit einer Reduktion der Systemstrukturierung einhergehen, also einer Bewegung in Richtung einer einfach-dynamischen Situation (Remer, Organisationslehre, 183 ff., Luhmann, Systemrationalität, 181 ff.).

„Komplexität von System und Umwelt erfordert nicht komplizierte Strukturmodelle. Organisationsstrukturen haben dem Gesetz der erforderlichen Varietät zu genügen. Damit folgt für den Gestalter jedoch nicht, daß er möglichst alles im Detail gestalten und festlegen muß, sondern das Verständnis für die Einführung und Aufrechterhaltung (potentieller) Varietät oder Flexibilität. Organisationsstrukturen sind *so einfach wie möglich* (i. S. minimaler kritischer Spezifikationen), mit der Fähigkeit der Anpassung, des Lernens und des Lernens zu lernen zu versehen" (Probst, Selbst-Organisation, 119).

Während sich die Schritte eins und zwei mehr evolutorisch entwickelten, bedarf Schritt drei eines gezielten und gestaltenden Eingreifens des Menschen, der seine Rolle neu zu definieren hat. Er – und nicht ein System – wird nun, um mit Bleicher zu sprechen, zum „Komplexitätsbewältiger".

2.2 Entwicklungen auf dem Arbeitsmarkt

Während der letzten Jahre haben sich verschiedene Entwicklungen abgezeichnet, die für schwerwiegende Veränderungen auf dem Arbeitsmarkt sorgen werden: Verschiebungen in den Werthaltungen der Arbeitnehmer, aber auch einschneidende demographische und andere strukturelle Veränderungen deuten darauf hin, daß der Arbeitsmarkt in vielen Bereichen immer mehr zu einem Verkäufermarkt werden wird.

Der vielzitierte Wertewandel

Seit den siebziger Jahren gehört der *Wertewandel*[3] in der Gesellschaft zu den immer wiederkehrenden, oftmals auch kontrovers diskutierten Themen. Kontrovers deshalb, weil man sich über Zeitpunkt, Ausmaß, Richtung und insbesondere gesellschaftliche Relevanz des inzwischen fast zum Schlagwort gewordenen Begriffs nur bedingt einig ist (Klages, Indikatoren, 1 ff.; Noelle-Neumann/Strümpel, Arbeit; Fürstenberg, Wandel 17 ff.; Rosenstiel, Karrieremotivation, 35 ff.).

Folgende generalisierende Aussagen lassen sich jedoch machen (Klages, Indikatoren, 1 ff.; Rosenstiel, Karrieremotivation, 35 f.):

- Werthaltungen sind einem steten Wandel unterworfen.
- Dieser Wandel verläuft nicht linear. Es lassen sich vielmehr „Wertewandelschübe" beobachten.
- Dieser Wertewandel hat auch Einfluß auf die Einstellung zu Arbeit und Beruf.
- Seit den sechziger Jahren läßt sich – trotz zeitweiliger „Werterenaissancen" oder „Wertemoratorien" – eine Verlagerung in den Werthaltungen der Bevölkerung beobachten: Weg von sogenannten Pflicht- und Akzeptanzwerten hin zu Selbstentfaltungswerten.
- Dies gilt insbesondere für die jüngeren Jahrgänge mit guter Ausbildung und hat deshalb eine nicht zu unterschätzende Relevanz für die Zukunft.

---

3 Unter „Wert" soll dabei nach Klages (Indikatoren, 1) „die in den Menschen selbst vorhandenen und bei ihnen abfragbaren Vorstellungen über Wichtiges und Wünschbares verstanden werden", nicht also die klassischen idealen Werte, von denen in Kulturphilosophien die Rede ist.

	Selbstzwang und -kontrolle (Pflicht und Akzeptanz)		Selbstentfaltung
Bezug auf die Gesellschaft	"Disziplin" "Gehorsam" "Pflichterfüllung" "Treue" "Unterordnung"	Gesellschaftsbezogener Idealismus	"Emanzipation" (von Autoritäten) "Gleichbehandlung" "Gleichheit" "Demokratie" "Partizipation" "Autonomie" (des einzelnen)
Bezug auf das individuelle Selbst	"Fleiß" "Bescheidenheit" "Selbstbeherrschung" "Selbstlosigkeit"	Hedonismus	"Genuß" "Abenteuer" "Spannung" "Abwechslung" "Ausleben emotionaler Bedürfnisse"
	"Hinnahmebereitschaft" "Fügsamkeit" "Enthaltsamkeit"	Individualismus	"Kreativität" "Spontaneität" "Selbstverwirklichung" "Ungebundenheit" "Eigenständigkeit"

Abbildung 2-3: Verschiebung von Pflicht- und Akzeptanzwerten hin zu Selbstentfaltungswerten (Klages, Werteorientierungen, 18)

Verschiedene Gründe sprechen dafür, daß dieser Wandel weiter andauert (Fürstenberg, Wandel, 18 ff.):

- Der Wohlfahrtsstaat vieler Nationen befindet sich im Reifestadium. Jahrelanges Wachstum und Einkommensanstieg haben zur Sättigung vieler materieller Grundbedürfnisse geführt.
- Die verlängerte Ausbildungsdauer senkt das Ausmaß unmittelbarer Arbeitserfahrung besonders bei Jugendlichen. Die für die Prägung von Lebenszielen entscheidenden Jahre werden außerhalb der Arbeitswelt verbracht.

- Die zunehmende Technisierung und Automatisierung unserer In- und Umwelt und die Einsicht in die begrenzte Beherrschbarkeit dieser Faktoren wird die Forderung nach Sinnerfahrung weiter fördern.

Obwohl weitgehend die deutsche Bevölkerung betreffend, lassen sich die Aussagen – in diesem Allgemeinheitsgrad – auch auf andere Länder übertragen.

So zeigt beispielsweise Hofstede (Hofstede, Consequences, 232) in einer von ihm durchgeführten Studie über 40 Nationen eine sehr hohe Korrelation zwischen der Höhe des Bruttosozialprodukts pro Kopf der Bevölkerung und einem von ihm untersuchten „individualistischen" Wertekomplex.

Auch Ingelhart weist in seinen Studien – zumindest für die entwickelten Entwicklungsländer – einen in der Tendenz übereinstimmenden Wertewandel nach, welchen er insbesondere auf das enorme wirtschaftliche Wachstum nach dem zweiten Weltkrieg zurückführt. (Ingelhart, Revolution, insbesondere 3 ff., 27 ff., 99 ff.)

Auswirkungen auf die Arbeitsmotivation

Interessant ist an dieser Stelle natürlich, auf welche Art und Weise sich diese Wertverschiebungen im Arbeitsleben auswirken werden. Heftig diskutiert wurde diese Frage insbesondere in Deutschland, wo man aufgrund der Untersuchung „Jobs in the 80s" – auf die im folgenden noch eingegangen wird – einen im Vergleich mit andern Nationen besonders gravierenden Wertewandel zu konstatieren glaubte (Noelle-Neumann/Strümpel, Arbeit).

Im Mittelpunkt der Diskussion, die ebenfalls in andern Ländern – wenn auch mit weniger Intensität – geführt wurde, stand die Frage, inwieweit mit diesen Bewegungen auch eine veränderte Einstellung zur Leistung verbunden ist. Bedeuten diese Veränderungen einfach eine Abnahme der Arbeits- und Leistungsmotivation zugunsten einer „freizeitorientierten Schonhaltung" (Rosenstiel, Karrieremotivation, 45), sind die Menschen in den entwickelten Industrienationen im Begriff, ganz einfach „faul" zu werden (Klages, Indikatoren, 11), oder haben sich „nur" die Beweggründe geändert, unter denen Leistungsbereitschaft noch zu erwarten ist?

Verschiedene Untersuchungen, die sich verstärkt mit diesen Motivationsfragen auseinandergesetzt haben, zeigen zwar ein differenziertes Bild, geben jedoch zur zweiten Vermutung Anlaß. Differenziert deshalb, weil sowohl länder- als auch alters- und berufsspezifische Unterschiede zu verzeichnen sind. Letztere zeigen, daß der Mensch zwar grundsätzlich wertorientierte Bedürfnisse und Interessen in die Arbeitssituation einbringt, daß die tatsächlichen Erfahrungen jedoch als Katalysator verstärkend, abschwächend oder modifizierend wirken (Fürstenberg, Wandel, 17 f.). Mit Klages (Klages, Indikatoren, 11) sei deshalb die Einschätzung vorweggenommen,

> „daß man auch von denjenigen jungen Leuten, bei denen ein sehr deutlicher Wertewandel stattgefunden hat, durchaus noch ‚Leistung' verlangen kann, daß dies allerdings nicht mehr so unproblematisch wie früher in Verbindung mit der Forderung nach Unterordnung unter strikte Disziplinanforderungen und nach Hinnahme der Dispositionsbefugnis der Vorgesetztenhierarchie geschehen kann. Die Bereitschaft, Leistung zu erbringen, verknüpft sich viel mehr als früher mit der Erwartung, sich selbst als Person ‚einbringen' zu können, Bedürfnisse nach ‚Kreativität', nach der Verwirklichung individueller Sinnvorstellungen und nach der Auslebung eigener Fähigkeiten und Neigungen in die Arbeit hineintragen zu können und hierbei über einen beträchtlichen Handlungsspielraum zu verfügen, der mit eigenen Entscheidungen ausgefüllt werden kann."

Weitere Studien stützen diese These, beispielsweise „Jobs in the 80s", die in den USA, in Deutschland, Großbritannien, Schweden, Japan und

Israel durchgeführt wurde[4] oder die Studie „Meaning of Work" des MOW International Research Teams, welche die Länder Belgien, Großbritannien, Deutschland, Israel, Japan, Holland, die USA und Jugoslawien umfaßt (MOW, Working).

Die MOW-Umfrage (MOW, Working, 251 ff.) zeigt, daß auch heute noch 29,8 Prozent aller befragten Personen der Arbeit einen sehr hohen, 32,5 Prozent einen hohen und nur 8,5 Prozent einen tiefen Stellenwert einräumen. 86 Prozent würden auch dann weiterarbeiten, wenn dazu keinerlei finanzielle Notwendigkeit mehr besteht. In den Industrienationen ist Arbeit demnach beim Großteil der Bevölkerung nach wie vor ein *zentraler Lebenswert* (zum Begriff vgl. Ulich/Conrad/Baitsch, Arbeitsform, 165). Verständlicherweise sind es Personen in wenig qualifizierten Berufen mit vergleichsweise schlechten Arbeitsbedingungen, die der Arbeit besonders kritisch gegenüberstehen, während sie bei Personen mit anspruchsvolleren Berufen (Berufe mit Abwechslung, Autonomie, Verantwortung und der Möglichkeit, eigene Kompetenzen einzubringen) im allgemeinen einen deutlich höheren Stellenwert hat. Im Vergleich zur ersten Gruppe dient hier Arbeit nicht nur dem Zweck des Gelderwerbs, sondern ist mindestens so sehr ein Weg des persönlichen Sich-Ausdrückens. Die Arbeitsmotivation ist weitgehend intrinsisch, und monetäre Anreize werden signifikant tiefer gewertet als beim Durchschnitt (MOW, Working, 262).

Auch die Umfrage „Jobs in the 80s" zeigt uns, daß die vielfach beklagte veränderte Arbeitsmoral für Personen, welche *viel mitbestimmen* können bzw. an ihrem Arbeitsplatz *viel Freiheit empfinden,* kaum zu Bedenken Anlaß gibt. Während von denjenigen Personen, die am Arbeitsplatz keinerlei Mitsprachemöglichkeiten haben, nur 39 Prozent die die Arbeitszeit gleich oder besser mögen als die Freizeit, sind es bei Personen, welche mitbestimmen können, 67 Prozent (Noelle-Neumann/Strümpel, Arbeit, 58). Bei denjenigen Personen, welche am

---

[4] Für die detaillierten Resultate vgl. Noelle-Neumann/Piel, Demoskopie, oder Noelle-Neumann/Strümpel, Arbeit. Im zweiten Werk finden sich auf Seite 278 auch die weiteren Institute, die die Studie durchgeführt haben.

Arbeitsplatz viel Freiheit empfinden, sind es 69 Prozent, welche die Arbeitszeit gleich gut oder beser mögen, im Gegensatz zu 34 Prozent mit geringem Freiheitsempfinden. Schließlich finden 80 Prozent der Personen mit viel Freiheitsempfinden „ein Leben ohne Arbeit nicht schön", wogegen es bei Personen mit geringem Freiheitsempfinden nur 56 Prozent sind (Noelle-Neumann/Strümpel, Arbeit, 71).

Ob Arbeit auch in Zukunft ein zentraler Lebenswert bleibt, hängt also in hohem Grade davon ab, wie es der Wirtschaft und den einzelnen Unternehmen gelingt, den gewandelten Ansprüchen der Arbeitnehmer entgegenzukommen. Außergewöhnlich eindeutig bezüglich dieser wünschbaren Eigenschaften von Arbeitstätigkeiten sind die Resultate der MOW-Studie (MOW, Working, 254):

> „... interessante Arbeit (Arbeit, die man wirklich mag) war das wichtigste, das sich Mitarbeiter für ihr Berufsleben wünschten. Das Ausmaß, mit welchem dieses Element als das bedeutendste im Arbeitsleben herausstach, ist beeindruckend. In vier der acht Länder war es das am meisten bevorzugte Element über die gesamte Untersuchungsgruppe, in drei galt es als zweitwichtigstes und in einem als drittwichtigstes Kriterium. Er war das wichtigste Element im Arbeitsleben in allen Altersgruppen, sowohl bei Männern wie bei Frauen. Es führte zudem die Liste in acht von zehn Zielgruppen an. Vielleicht ist es sogar noch lehrreicher und bedeutungsvoller, daß das Kriterium „interessante Arbeit" unter den wichtigsten drei Zielen für das Berufsleben bei vier von zehn Personen innerhalb derselben Nation galt, während es bei lediglich einer von zehn Personen zu den drei am wenigsten wichtigen Punkten zählte. Die größte Konkurrenz zur interessanten Arbeit bildete das Arbeitsziel gute Bezahlung, welches ebenfalls unter den drei wichtigsten Arbeitszielen für ungefähr vier von zehn Personen figurierte, jedoch das drittunwichtigste Element für zwei von zehn Personen darstellte." (Übersetzung durch den Verfasser).

Die überraschende Deutlichkeit der Aussage weist nicht nur auf einige der oben gemachten Bemerkungen zu den Präferenzen der heutigen Arbeitnehmer hin, sondern eröffnet auch erste Gestaltungsmöglichkeiten für den Umgang mit diesen Veränderungen.

Neben interessanter Arbeit und guter Bezahlung werden gute persönliche Beziehungen, Arbeitsplatzsicherheit, die Übereinstimmung von Anforderungen und Fähigkeiten, viel Autonomie, viele Möglichkeiten, Neues zu lernen, Abwechslung, bequeme Arbeitszeiten, gute physische Arbeitsbedingungen, gute Karrieremöglichkeiten (in dieser Reihenfolge) als wünschenswert bezeichnet (MOW, Working, 123).

In „Jobs in the 80s" wird nicht nur nach Wünschenswertem am Arbeitsplatz gefragt, sondern auch danach, welche dieser Elemente dafür sorgen könnten, daß der einzelne „besser arbeiten" und „mehr aus sich herausholen" würde. Es sind (in dieser Reihenfolge): mehr Entscheidungsfreiheit, flexiblere Arbeitszeiten, leistungsgerechte Bezahlung und gute Entwicklungsmöglichkeiten, ein besser ausgestatteter Arbeitsplatz, bessere Information und ein auf den Arbeitsablauf optimal ausgerichteter Arbeitsplatz (Noelle-Neumann/Strümpel, Arbeit, 90 f.).

Weitere, insbesondere auch detailliertere Hinweise, geben zwei Studien des Instituts für Wirtschafts- und Gesellschaftpolitik (IWG) unter dem Patronat der Bertelsmann-Stiftung. Die eine befaßt sich mit der Motivation von Führungskräften (Burmann, Führungskräften), die andere mit der Motivation der Angestellten und Arbeiter der deutschen Wirtschaft (Heidemann, Angestellten).

Bei den *Führungskräften* fällt die weitgehend intrinsische Arbeitsmotivation auf. Während bei leitenden Angestellten der Schwerpunkt des Interesses auf arbeitsinhaltlichen Aspekten liegt, stehen bei selbständigen Unternehmern Gesichtspunkte wie Selbständigkeit und Unabhängigkeit sowie das Durchsetzen eigener Ideen im Vordergrund. Die reale Arbeitswelt wird als diesen Präferenzen in hohem Maße entgegenkommend empfunden (Burmann, Führungskräften, 23 ff.).

Die Reihenfolge der Motive, die als wichtig für die Arbeitsmotivation bezeichnet werden, stimmt interessanterweise nicht mit der Rangfolge überein, die sich bei der Frage nach der Motivation zu Mehrleistungen ergibt[5]. Hier steht das Einkommen an der Spitze der Liste mit Verbesserungsvorschlägen. Danach folgen jedoch erneut zahlreiche Maßnahmen, die auch ohne eine begleitende Einkommensverbesserung noch Leistungsreserven mobilisieren könnten. Sie betreffen insbesondere die Gewährung zusätzlicher Handlungsspielräume: „mehr Möglichkeiten, eigene Ideen durchzusetzen", „mehr Einfluß, Entscheidungskompetenzen" und „größere Selbständigkeit, Unabhängigkeit bei der Arbeit" (Burmann, Führungskräften, 35 ff.). Bei jüngeren Führungskräften fällt zudem die Betonung verbesserter Aufstiegs- und Karrierechancen ins Auge. Demotiviert werden Führungskräfte in erster Linie durch zuviel Bürokratie und ein Übermaß an Routinetätigkeiten (Burmann, Führungskräften, 46 ff.).

Bei den *Arbeitern und Angestellten* ist zunächst eine stärkere Bedeutung materieller Elemente für die Arbeitsmotivation zu vermerken. Mit Ausnahme der höheren Angestellten – hier stehen eine interessante Tätigkeit und die Selbständigkeit im Vordergrund – fällt dem Einkommen, der langfristigen Sicherheit von Beschäftigung und Einkommen und einer gesicherten Altersversorgung eine zentrale Bedeutung zu.

Dies gilt insbesondere für die Gruppe der un- und angelernten Arbeiter, bei denen im Vergleich zu den restlichen Gruppen und insbesondere zu den höheren Angestellten inhaltliche Aspekte verständlicherweise eine untergeordnete Rolle spielen. Die absolut höchste Bewertung im Durchschnitt aller Gruppen erhielt jedoch der Aspekt „gutes Betriebsklima" (Heidemann, Angestellten, 31 ff.).

Bei all diesen Faktoren ist insgesamt ein relativ hoher Zufriedenheitsgrad vorhanden (Heidemann, Angestellten, 31). Wobei die Diskrepanz zwischen der Wichtigkeit, die jedem dieser Faktoren beigemessen wird,

---

[5] Die Erklärung scheint nach Burmann in gewissen Sättigungserscheinungen bei an sich wichtigen Elementen der Arbeitsmotivation zu liegen (Burmann, Führungskräften, 35)

und dem Grad der Zufriedenheit mit diesen Faktoren, deutlich größer ausfällt als bei den Führungskräften. Trotzdem sind insgesamt 80 Prozent der Befragten, bei entsprechenden Anreizen, zu Mehrleistungen bereit. Auch hier ist als Hauptanreiz ein höheres Einkommen auszumachen (dies scheint verständlich, sind doch in den erfaßten Einkommensgruppen materielle Bedürfnisse noch in großer Zahl vorhanden. Zudem – so die Interpretation von Heidemann (Angestellten, 87) – sind die diesbezüglichen Fragen nach arbeitsinhaltlichen Aspekten, Aufstiegs- oder Karrierechancen und dergleichen für die meisten Arbeitnehmer in ihrer Vorstellung viel weniger leicht umsetzbar, als dies beim Einkommen möglich ist). Als nicht-monetäre bzw. nicht primär monetäre Faktoren folgen: „bessere Aufstiegs- und Karrierechancen" und „größere Selbständigkeit, Unabhängigkeit", „mehr Möglichkeiten, eigene Ideen wirksam durchzusetzen", „eine interessantere Tätigkeit" und „mehr Einfluß, Entscheidungskompetenzen" sowie „freiere Gestaltungsmöglichkeiten bei der Arbeitszeit".

Obwohl die Bedeutung nicht-monetärer Faktoren nicht unterschätzt werden darf, zeigt sich hier, anders als bei den Führungskräften, die höhere Bedeutung extrinsischer Faktoren und der Konflikt zwischen den Postulaten „mehr Urlaub" bzw. „Verkürzung der Arbeitszeit" (Rang 5 bzw. 8) und „höheres Einkommen" (Rang 1), welche sich, so Heidemann, insbesondere zusammen mit der Forderung nach mehr Selbständigkeit eben oft nicht gleichzeitig realisieren lassen (Heidemann, Angestellten, 55).

Vertiefende Analysen ergaben, daß insbesondere von *Mitbestimmungsmöglichkeiten* am Arbeitsplatz im Sinne von mehr Partizipation und verschiedenen Formen der Unternehmensbeteiligung eine stimulierende Wirkung zu erwarten ist. Aber auch eine gute Arbeitsatmosphäre im Unternehmen, die Informiertheit der Mitarbeiter und ein mitarbeiterorientierter, partnerschaftlicher Führungsstil wirken sich in vergleichbarer Weise positiv aus (Heidemann, Angestellten, 87). Es zeigte sich also auch hier, daß die Leistungsbereitschaft in hohem Maße von der aktuellen Situation am Arbeitsplatz abhängig ist.

Für den Zusammenhang zwischen Leistungsmotivation und Partizipation faßt Heidemann wie folgt zusammen:

> „Im gesamten Antwortverhalten derjenigen, die entweder hohe Mitbestimmungsmöglichkeiten am Arbeitsplatz haben oder an ihrem Unternehmen irgendwie beteiligt sind (oder bei denen sogar beides zusammentrifft), ist abzulesen, daß diese Arbeitnehmer zufriedener an ihrem Arbeitsplatz sind als ihre Kollegen, daß sie eine zum Teil deutlich höhere Arbeitsmoral und Arbeitsmotivation haben, daß sie sich häufiger nochmals für ihren jetzigen Arbeitgeber entscheiden würden und auch nicht so häufig an einen Arbeitgeberwechsel denken wie andere Arbeitnehmer. In der Regel arbeiten sie länger und wollen ihre Wunscharbeitszeiten auch nicht so weit absenken wie andere. Die arbeitsinhaltlichen Gesichtspunkte sowie Macht-, Einfluß- und Karriereaspekte sind ihnen wichtiger als dem Durchschnitt. Auch das Image und die Leistungsstärke der Firma sowie die Verantwortung für die Allgemeinheit bedeuten ihnen mehr als den meisten anderen Befragten. Die materiellen Gesichtspunkte hingegen sind bei ihnen durchschnittlich, bisweilen sogar unterdurchschnittlich ausgeprägt. Gleiches gilt für ein gutes Betriebsklima. Freizeit ist ihnen ebenfalls weniger wichtig als anderen Befragten" (Heidemann, Angestellten, 74).

Einige interessante Ergebnisse lassen sich auch aus einer Umfrage des Stellenvermittlungsunternehmen ADIA Interim ableiten. Die bei 552 Arbeitnehmern zwischen 18 und 35 durchgeführte Umfrage bestätigte die zentrale Bedeutung nicht-materieller Arbeitsplatzkomponenten (ADIA-Journal, Fluktuationspotential, 2 f.). Bei der Frage „Wo erhoffen Sie durch einen Stellenwechsel Verbesserungen?" liegt zwar die Nennung „Lohn" mit 20 Prozent an erster Stelle. Dicht dahinter folgen jedoch nicht-materielle Verbesserungen: Team/Zusammenarbeit/Klima mit 19 Prozent, interessante Arbeit und mehr Verantwortung/Selbständigkeit mit je 14 Prozent, modernere Organisation mit 10 Prozent, flexiblere Arbeitszeit mit 8 Prozent, Weiterbildung mit 6 Prozent und mehr Zusammenhang mit der genossenen Ausbildung mit 3 Prozent. Insgesamt sind es also 72 Prozent nicht-materielle, gegenüber nur 20 Prozent materiellen Verbesserungsmöglichkeiten, die bei einem Stellenwechsel erhofft werden. Die restlichen 6 Prozent betreffen das Kriterium „kürzerer Arbeitsweg".

Da Mehrfachnennung möglich war, wurden im Durchschnitt 1,3 Motive für einen potentiellen Stellenwechsel angegeben. Hier ist interessant, daß nur bei 28 Prozent der Befragten das Kriterium „Lohn" überhaupt auftaucht, oder anders gesagt: Bei 72 Prozent der Befragten würden ausschließlich nicht-materielle Veränderungen für einen Stellenwechsel sprechen.

Interessant ist auch die Frage nach dem subjektiven Gefühl des „Sichrichtig-bezahlt-Fühlens". Auch hier zeigt sich, daß das materielle Argument nicht ausschlaggebend ist für die Suche nach einer neuen Stelle. Von denjenigen, die sich „unterbezahlt" fühlen, sind es lediglich 43 Prozent, die „ihre Fühler auf dem Arbeitsmarkt ausstrecken", bei jenen, welche sich „gerade richtig" bezahlt fühlen, 51 Prozent, und von der Gruppe, die sich „überbezahlt fühlt", sind es gar 61 Prozent!

Als vorläufige Schlußfolgerung läßt sich folgendes festhalten:

Obwohl grundsätzlich feststeht, daß sich die Ansprüche an die Arbeit gewandelt haben und empirische Untersuchungen zeigen, daß nicht nur materielle Anreize zu erhöhter Leistung motivieren können, und obwohl sich vermehrt die Erkenntnis durchsetzt, daß das alleinige Einsetzen von Geld als Motivationsfaktor langfristig höchst disfunktionale Wirkungen haben wird, zeigt sich, daß die heutige Wirtschaftswelt diesen Wandel noch viel zu wenig erkannt bzw. die nötigen Maßnahmen noch nicht ergriffen hat:

> „Es läßt sich feststellen, daß die Arbeitswelt solchen Bedürfnissen bisher noch nicht ausreichend entgegenkommt, daß das, was sie an Arbeitsrollen anbietet, insbe-

sondere in den unteren Rängen der Arbeiter- und Angestelltentätigkeiten, viel eher dazu geeignet ist, solche Bedürfnisse zu enttäuschen." (Klages, Indikatoren, 11)

„Den technischen Wandel in unsere Strategien mit einzubeziehen, ist für uns (...) inzwischen fast schon selbstverständlich geworden; den sozialen Wandel ebenso in unsere Art der Unternehmensführung einzubeziehen, müssen wir erst noch lernen." (Bihl, Wertewandel, 53)

„In der Vergangenheit haben Unternehmen vielfach auf Marktveränderungen schnell und auch gezielt reagiert, auf veränderte Wertvorstellungen ihrer Mitarbeiter dagegen kaum und allzuhäufig sehr verzögert." (Bihl, Wertewandel, 60 f.)

„Wir alle wissen, daß der Mitarbeiter von heute informierter und gebildeter und damit anspruchsvoller hinsichtlich seiner persönlichen Ziele, seiner Umgebung, seiner Arbeit ist – aber wir scheinen vielerorts noch keinen Führungsstil und keine Organisationsstruktur gefunden zu haben, die darauf eingeht. Der Mitarbeiter wird in Wirklichkeit noch genauso als unmündig angesehen wie seit jeher. Dann ist es nur natürlich, daß er einen Großteil seiner Energien und Aktivitäten in den Bereich verlegt, den er noch selbst bestimmen kann – den Freizeitbereich." (Altmann, Motivation, 54)

Partielle Angebotsverknappung durch Strukturwandel

Als weitere relevante Entwicklung auf dem Arbeitsmarkt ist die sich immer stärker abzeichnende Angebotsverknappung bei jüngeren qualifizierten Arbeitnehmern zu sehen.

„In Westeuropa dürfte die Verfügbarkeit von qualifiziertem Personal den gleichen Stellenwert wie die Beschaffung von Kapital einnehmen." (Johansson, Management, 43)

Folgende Aspekte sind von Interesse:

Zum einen *verschiebt sich die Qualifikationsstruktur*. Arbeitsplätze mit geringeren Anforderungen gehen laufend zurück. Der Anteil, der eine höhere Ausbildung verlangt und höhere Anforderungen stellt, nimmt zu. Abbildung 2-4 zeigt dies in eindrucksvoller Weise.

Ausbildungsniveau	Beschäftigte in 1000		Veränderung 1990 gegenüber 1977	
	1977	1990	in 1000	in %
ohne spezielle Fachausbildung	4911	4303	- 608	- 12.4
berufliche Fachausbildung mit spezifischem Einsatzbereich	9950	9179	- 771	- 7.7
berufliche Fachausbildung mit weitem funktionalem Einsatzbereich	5494	5965	+ 471	+ 8.6
Fach- oder Hochschulausbildung mit spezifischem Einsatzbereich	2373	2773	+ 400	+ 16.9
Fach- oder Hochschulausbildung mit weitem funktionalem Einsatzbereich	2093	2708	+ 615	+ 29.4
insgesamt	24921	24992	+ 71	+ 0.3

Abbildung 2-4: Änderungen der Qualifikationsstruktur von 1977 bis 1990 in der Bundesrepublik Deutschland (Spiegel, Personalpolitik, 80).

Weiter führt das starke *Wachstum des tertiären Sektors* zu einer qualitativen Umschichtung der Ausbildungserfordernisse. Abbildung 2-5 gibt die Verhältnisse in der Schweiz wieder.

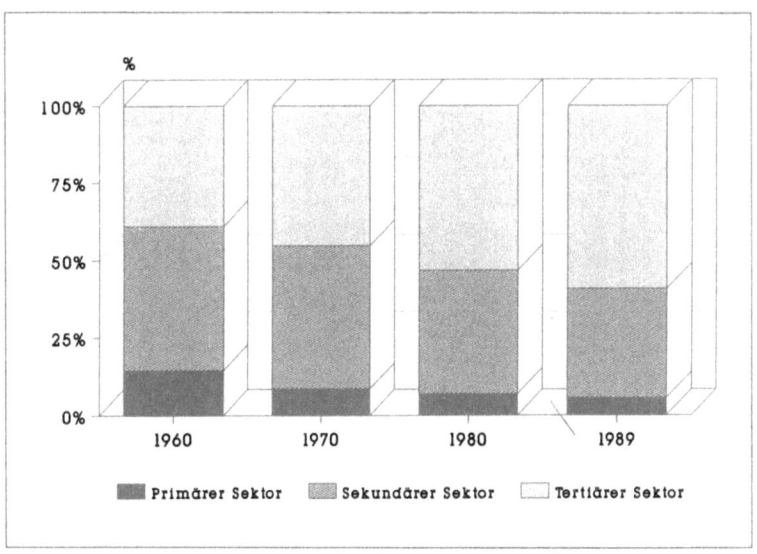

Abbildung 2-5: Erwerbspersonen nach Wirtschaftsklassen in der Schweiz (Bundesamt für Statistik, 1990, 76 und Bundesamt für Statistik 1991, 84).

Die Veränderung wird noch augenscheinlicher, wenn die traditionelle 3-Sektoren-Aufteilung durch den Bereich „Informationsbe- und verarbeitung" ergänzt wird, wie dies Abbildung 2-6 für Deutschland zeigt. Auch traditionelle Berufsbilder werden von dieser Verlagerung und Umorientierung nicht verschont.

Hinzu kommt die *zunehmende Überalterung der Bevölkerung*. Wesentlich ist dabei nicht nur die grundsätzliche Problematik eines abnehmenden Anteils an Erwerbstätigen an der Gesamtbevölkerung (Probleme der Altersvorsorge etc.), sondern auch die damit verbundenen Auswirkungen auf die generelle Wettbewerbsfähigkeit. Dazu Müller (Müller, Leitplanken, 16):

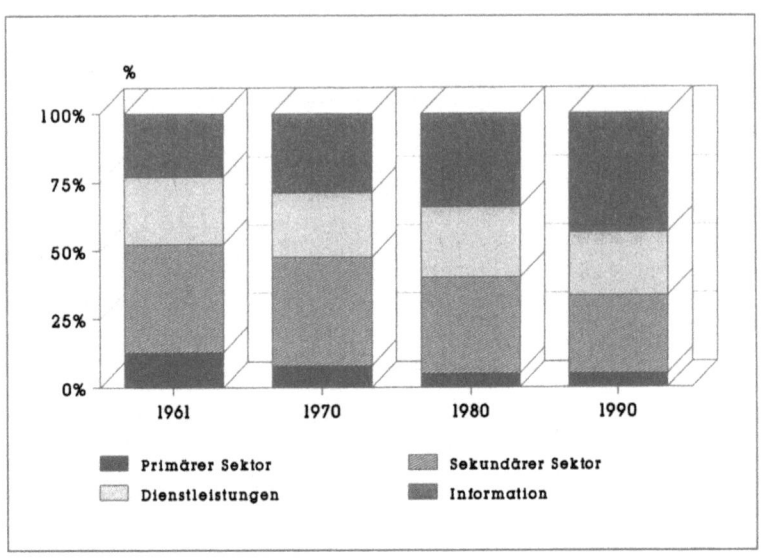

Abbildung 2-6: Entwicklung der Beschäftigungszahlen (Vier-Sektoren-Modell) in Deutschland (Dostal, Beschäftigung, 499 f. und Dostal, Informationstechnik, 141).

„Ältere Gesellschaften sind reicher an Erfahrung, sie bekunden aber mehr Mühe im Umgang mit Neuerungen. Eine solche Trägheit in der Innovation wird erst recht dann zur Gefahr, wenn in technologischer, wirtschaftlicher und sozialer Hinsicht in beschleunigter Kadenz Neuerungen anfallen, die erkannt, sortiert, auf ihre längerfristige Tragfähigkeit hin geprüft werden müssen. In vielen Fällen ist die Raschheit der Einführung von Neuerungen entscheidend für deren erfolgreiche Verwendung und Wirkung".

Differenziert man noch etwas stärker innerhalb dieser Altersgruppen, so fällt auf, wie vergleichsweise ungünstig sich die Altersstruktur in den 90er Jahren im Vergleich zum vergangenen Jahrzehnt entwickeln wird. Abbildung 2-7 zeigt, daß in den 80er Jahren, bedingt durch eine starke

Zunahme der 20- bis 29-Jährigen, sowohl genügend Managementnachwuchs als auch, aufgrund eines starken Wachstums der Gruppe der 40- bis 49-Jährigen, genügend Kapazität für wichtige Führungsaufgaben vorhanden war. In den 90er Jahren wendet sich das Blatt: eine abnehmende Wachstumsrate bei den 20- bis 29jährigen Management-Kandidaten und eine wachsende Gruppe von 50- bis 59jährigen, schwieriger motivierbarem Kader bedeuten eine große Herausforderung für die Management-Praxis der 90er Jahre.

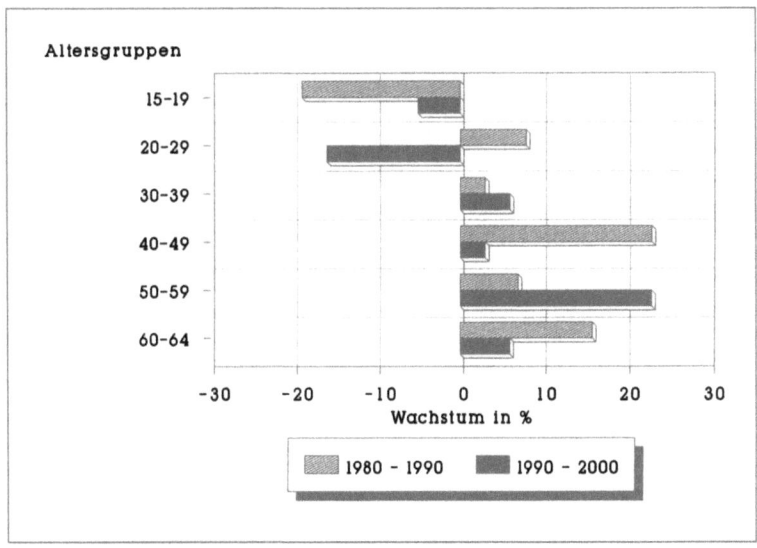

Abbildung 2-7: Bevölkerungswachstum in der Schweiz von 1980–1990 bzw. von 1990–2000 (Bundesamt für Statistik, Hauptszenario, 8).

Steigender Kostenanteil der Humanressourcen

Schon heute sind die Humanressourcen in vielen Unternehmen *der* Kostenfaktor. So können beispielsweise bei Siemens und ABB durchschnittlich zwischen 85 und 90 Prozent der Wertschöpfung in Personalaufwand ausgedrückt werden (Wohlgemuth, Unternehmensdiagnose, 66), bei Bertelsmann sind es über 60 Prozent (Bertelsmann, Sozialbilanz, 25). Bei Hewlett-Packard Schweiz fallen Personalkosten in der Höhe von durchschnittlich 45 Prozent des Umsatzes an. Die verschärfte Wettbewerbssituation auf dem Arbeitsmarkt, sich weiter vermehrende Ausbildungsinvestitionen, kürzere Arbeitszeiten usw. dürften in Zukunft das Problem noch verstärken.

Man mag einwenden, daß es sich hier um eine konjunkturbedingte Erscheinung handelt, die sich in „härteren" Zeiten durchaus wieder ändern wird. Diese Argumentation wird der Reichweite der Problematik jedoch nicht gerecht.

Was die Wirtschaft anstreben muß, ist eine Verlagerung der Wettbewerbsführung im Arbeitsmarkt weg von der rein materiellen Dimension hin zum Anbieten umfassender Arbeitskonzepte. Wie die erwähnten Umfragen deutlich gezeigt haben, ist für viele Personen die materielle Dimension gar nicht ausschlaggebend. Es lohnt sich also kaum, sich in diesem Bereich profilieren zu wollen. Die vermehrte Ausrichtung auf nicht-materielle Komponenten braucht dabei keinesfalls sehr kostenintensiv zu sein. Solche Arbeitskonzepte wirken damit in zweierlei Hinsicht positiv auf die Wirtschaftlichkeitsrechnung eines Unternehmens: durch niedrigere Kosten (Fluktuation, Absentismus, Fehlerrate etc.) und höhere Leistungen (Innovationsrate, Qualität etc.).

2.3 Entwicklungen in den Absatzmärkten

Individualisierung: Insbesondere in den höher entwickelten Volkswirtschaften ist seit einigen Jahren ein starker Trend weg von standardisierten Massenprodukten hin zu individuellen Problemlösungen zu beobachten. Damit verbunden ist eine Zunahme der Beratungs- und Service-Komponente bei vielen Produkten.

Die Folgen dieses Trends sind mannigfaltig: Der Systemcharakter der Produkte und Dienstleistungen verlangt eine vermehrte Integration bisher getrennt wahrgenommener Funktionen. Die Anzahl der Mitarbeiter, die direkten Kundenkontakt haben, nimmt zu. Beratung und Service verlangen eine vermehrte Präsenz vor Ort.

Globalisierung: Ähnliche Folgen ergeben sich auch aus der zunehmenden Globalisierung. Hier sind es einerseits transportkosten- und logistikbezogene Gründe, die zu vermehrter lokaler Präsenz anregen. Weiter können rechtliche, steuerliche, marktstrategische und nicht zuletzt kulturelle Gründe zu globaler Dezentralisierung führen. Technologische Entwicklungen wie beispielsweise computerunterstützte Fertigungssysteme oder die Möglichkeit der internationalen Vernetzung von Unternehmenseinheiten unterstützen diese Tendenz in hohem Maße. Während bisher zwischen hoher Produktivität, relativer Marktferne und relativ hohen Transportkosten einerseits und hoher Flexibilität, vermehrter Marktnähe und geringeren Transportkosten andererseits zu wählen war, beginnt sich im Zuge technologischer Entwicklungen diese Polarität zunehmend aufzulösen.

Dynamisierung: Eine weitere Herausforderung sind die immer kürzer werdenden Produktlebenszyklen. Sie verlangen ein dynamischeres und flexibleres Reagieren von Unternehmen. „Economies of Scale" werden mehr und mehr verdrängt durch „Economies of Speed" (Chandler, Hand, 281). Der Erfolg eines Unternehmens hängt zunehmend davon ab, wie schnell es sich bietende Gelegenheiten antizipiert und ausschöpft.

Eine schnelle Reaktion bedingt jedoch, daß sich die Unternehmen vermehrt mit den Rahmenbedingungen befassen, die ihnen die volle Ausschöpfung des Kreativitäts- und Motivationspotentials ermöglichen. Nur so können sie das geforderte Tempo einhalten oder es gar selbst setzen.

2.4 Entwicklungen bei den technologischen Rahmenbedingungen

Einen nicht zu unterschätzenden Einfluß auf die zukünftige Führungssituation haben ohne Zweifel die Entwicklungen im Technologiebereich. Neuartige Kommunikations- und Informationssysteme ermöglichen heute eine umfassende und schnelle Verfügbarkeit von Informationen, wie sie vor wenigen Jahren noch schlicht undenkbar war. Dadurch wird zum einen eine verantwortungsvolle und beherrschbare Dezentralisation ermöglicht: die Informationen, die nötig sind, um *dezentral* entscheiden und koordinieren zu können, sind verfügbar, und gleichzeitig existieren *zentral* Steuerungs- und Interventionsmöglichkeiten (Schweim, Auswirkungen, 331). Andererseits führen Kommunikations- und Informationssysteme zu einer grundlegenden Veränderung der Aufbau- und Ablauforganisation. Sie nehmen nämlich vermehrt eine Funktion wahr, die bisher größtenteils vom mittleren Management erfüllt wurde: das Sammeln, Bearbeiten und Weiterleiten von Informationen. Dank neuer Technologien haben heute – via selektiver Zutrittsbefugnisse – Top-Management, Sachbearbeiter und Bediener von Maschinen einen direkteren und flexibleren Zugang zu diesen Informationen. Naisbitt schreibt dazu pointiert:

„Heute ersetzen Computer mittlere Führungskräfte in einem größeren Ausmaß, als Roboter Fließbandarbeiter ersetzen." (Naisbitt, Arbeitsplatz, 24)

Neben Kommunikations- und Informationssystemen sind es vor allem die Entwicklungen im Bereich der Prozeßtechnologien wie CAD/CAM und CIM, welche einen nachhaltigen Einfluß auf die Führungssituation im Unternehmen haben werden. Sie senken tendenziell die optimale Fabrikgröße und ermöglichen so vermehrt dezentrale, kundennahe Produktionseinheiten („modulare Fabriken").

2.5 Entwicklungen bei den ökologischen Rahmenbedingungen

Die vergangenen Jahre haben uns einen tiefgreifenden Wandel bei den ökologischen Rahmenbedingungen gebracht. Während die sechziger Jahre noch vorwiegend von einem optimistischen Fortschrittsglauben geprägt waren, zeigte uns in der Folge eine Reihe von bitteren Erfahrungen im Umwelt- und Technologiebereich die Grenzen der menschlichen Allmachbarkeit. Ozonloch, Ölpest, saurer Regen, atomare Verstrahlung sind nur einige Stichworte, die uns auf den Titelseiten von Zeitungen und Illustrierten immer wieder begegnen und uns die Problematik menschlicher Selbstüberschätzung vor Augen führen.

Die Einsicht, daß es hier eines umsichtigeren, ökologie- und damit auch humanorientierteren Vorgehens bedarf, setzt sich bei einer breiten Bevölkerungsschicht mehr und mehr durch. Immer stärker wird nicht mehr nur die Frage nach der Machbarkeit, sondern auch diejenige nach der Sinnhaftigkeit des Tuns gestellt, von dem ja nicht nur die unsrige, sondern vor allem auch die nachfolgenden Generationen betroffen sein werden.

Die Tragweite der Problematik scheint – wenn auch zögernd – von den Unternehmen erkannt zu werden. Das Thema Ökologie wird nicht mehr nur als eine Domäne der PR-Abteilung betrachtet, sondern bestimmt in wachsendem Maße alle Unternehmensbereiche. Der Druck zu diesen Veränderungen kommt dabei nicht nur aus Richtung der Absatzmärkte (veränderte Kundenpräferenzen) oder der Gesellschaft (staatliche Vorschriften, Aktivitäten von Konsumentenorganisationen), sondern auch aus den Einstellungsdispositionen der Arbeitnehmer (Bevorzugung von Unternehmen mit umweltorientierten Aktivitäten).

2.6 Die Entwicklung des allgemeinen Wettbewerbsumfeldes

Ein umkämpfter Arbeitsmarkt, kurze Produktlebenszyklen, die Globalisierung der Märkte, eine hohe Änderungsrate bei den ökologischen und technologischen Rahmenbedingungen und andere Faktoren werden zu einer weiteren Verschärfung des Wettbewerbs beitragen. In einem solchen Umfeld ist es von zentraler Bedeutung, daß sich ein Unternehmen profilieren kann. Es hat dazu „strategische Erfolgspositionen" aufzubauen, also „Fähigkeiten, die es der Unternehmung erlauben, im Vergleich zur Konkurrenz auch längerfristig überdurchschnittliche Ergebnisse zu erzielen" (Pümpin/Geilinger, Führung, 11). Diese können in den Bereichen Produkte, Märkte oder bei den Unternehmensfunktionen liegen.

Den größten Erfolg versprechen diejenigen strategischen Erfolgspositionen (SEPs), die eine längerfristige Profilierung erlauben. Verschiedene Untersuchungen deuten darauf hin, daß dies mit SEPs, die mit den Humanressourcen in direktem Zusammenhang stehen, besonders gut möglich ist[6].

2.7 Konsequenzen

Abbildung 2-8 faßt die wichtigsten Punkte nochmals zusammen. Die überlappenden Kreise sollen dabei klar machen, daß jede dieser Entwicklungen sowohl Chance als auch Gefahr bedeuten kann. Das Verhalten des Unternehmens bestimmt letztlich, wie sich eine solche Veränderung auswirkt.

---

6 Für den durchschnittlichen Aufbau der SEP „Managementpotential" nennt Pümpin 7,0 Jahre, im Vergleich zu einer Produkte- bzw. Markt-SEP, wo 4,3 bzw. 4,4 Jahre benötigt werden (Pümpin, Erfolgspositionen, 90). Auch die Darstellungen von Wohlgemuth (Human Resources, 89 und Unternehmensdiagnose, 53), Sattelberger (Erfolgsfaktor, 20) und Kobi (Human Resources, 10) zeigen in die gleiche Richtung.

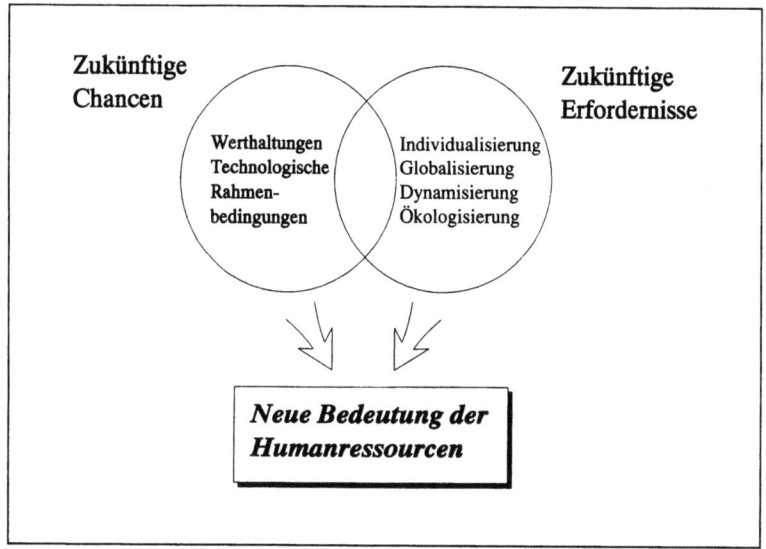

Abbildung 2-8: Die Ausgangssituation

Naisbitt wagt die Schlußfolgerung, daß wir heute „in einer jener seltenen Zeiten der Menschheitsgeschichte" leben, „in denen die beiden entscheidenden Elemente für gesellschaftliche Veränderung vorhanden sind: neue Wertvorstellungen und wirtschaftliche Notwendigkeit." (Naisbitt, Arbeitsplatz, 9)

Viele Unternehmen haben dies jedoch noch kaum erkannt. Ziel eines zukünftigen Unternehmenskonzeptes muß es deshalb sein, unter bestmöglicher Nutzung der technologischen Rahmenbedingungen die bewußte Gestaltung dieses – nur potentiellen – „Fits" anzugehen.

3. Ein Blick zurück oder: Bisherige Ansätze zur umfassenderen Nutzung von Humanressourcen

3.1 Wichtige Aspekte bei der Nutzung von Humanressourcen

Abbildung 3-1 zeigt den Begriffsrahmen, von dem im folgenden ausgegangen wird. Folgende Aspekte sind von Bedeutung:

Die menschliche Arbeitsleistung als allgegenwärtige Erfolgskomponente: Im Prinzip ist jeder Leistungsbeitrag im Unternehmen irgendwie mit menschlicher Wertschöpfung verknüpft. Unmittelbar einsichtig ist dies beispielsweise bei Dienstleistungen (man denke etwa an ein Beratungsgespräch) oder bei der Erstellung eines Produktes (Herstellen eines Möbelstückes). Aber auch bei einer Idee für eine Werbekampagne, bei der Einführung eines neuen Budgetierungsverfahrens oder bei der Durchführung einer Plauschveranstaltung handelt es sich um menschliche Wertschöpfung.

Die Aufwands- und Investitionsleistungen des Unternehmens als Nährboden für menschliches Handeln: Das Unternehmen setzt die Rahmenbedingungen, innerhalb derer menschliches Handeln stattfindet. Diese lassen sich in Aufwandsleistungen (Saläre, Sozialleistungen etc.) einerseits und Investitionsleistungen (Ausbildung, Personalauswahlsysteme etc.) andererseits unterteilen. (Zur Unterteilung vgl. Beyer, Personallexikon, 161 f.) Geht man davon aus, daß *Investitionen* Ausgaben sind, „von denen man erwartet, daß sie zukünftige Einnahmen auslösen werden" oder „mit deren Hilfe mögliche zukünftige Ausgaben vermieden oder gesenkt werden sollen", so ist es bemerkenswert, wie selbstverständlich Personalausgaben, welche reine Investitionen darstellen, oft als Aufwand bezeichnet werden.

Der Mensch im Unternehmen – die humanen Ressourcen: Im Mittelpunkt der Aktivitäten steht der Mensch oder, in der Sprache des Unter-

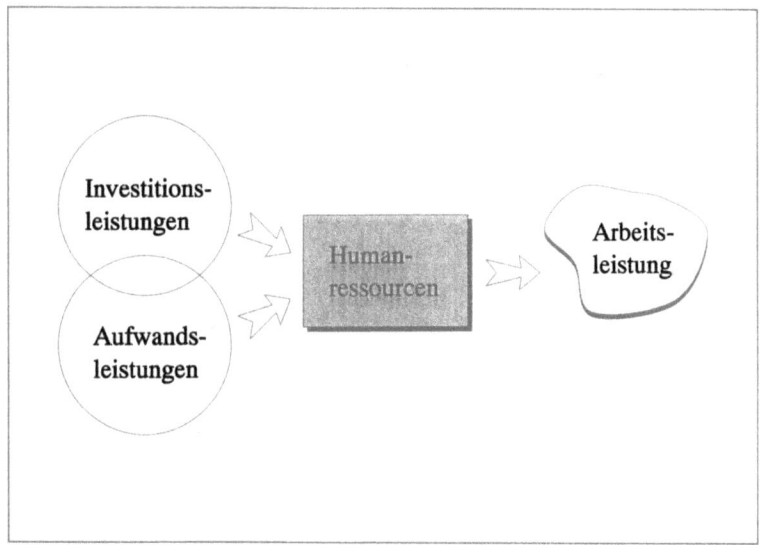

Abbildung 3-1: Begrifflicher Orientierungsrahmen

nehmens, „die Gesamtheit der Mitarbeiter und Führungskräfte mit ihrem Wissen, Können, Verhalten und ihren Werthaltungen" (Bleicher, Chance, 33; Wohlgemuth, Unternehmensdiagnose, 21). Sie sind die Quelle der Arbeitsleistungen einerseits und Ziel der Aufwands- und Investitionsbemühungen andererseits.

Bei der Betrachtung bisheriger praktischer Ansätze zur umfassenderen Nutzung der Humanressourcen stehen drei Ziele im Mittelpunkt:

- die Identifikation wichtiger Themenkreise,
- das Aufzeigen des für unsere Thematik relevanten Erkenntnisstandes und
- die Sensibilisierung für verschiedene mit der Implementation verbundenen Problemkreise.

Der Schwerpunkt liegt auf anwendungsorientierten Ansätzen. Theoretische Konzepte werden dort berücksichtigt, wo sie zu praktischen

Umsetzungsversuchen geführt haben bzw. zu deren Verständnis beitragen. Dies hat beispielsweise zur Folge, daß – um nur ein Beispiel zu nennen – Prozeßtheorien der Motivation unberücksichtigt bleiben, da sie weit weniger als Inhaltstheorien ihren praktischen Niederschlag gefunden haben.

Bei einem solchen Unterfangen muß man sich von Anfang an bewußt sein, daß das Bild um so unklarer wird, je mehr Forschungsergebnisse und Praxisberichte man einbezieht, weil es sich bei Führung und Motivation um ein *mehrdimensionales Phänomen* handelt. Versucht man, die Einflußfaktoren, welche die Arbeitsleistung einer bestimmten Person beeinflussen, zu gruppieren, so sind drei Dimensionen relevant: Da ist erstens die *Aufgabe* selbst. Sie kann abwechslungsreich und herausfordernd oder monoton und unterfordernd sein. Weiter hat das *Ar-*

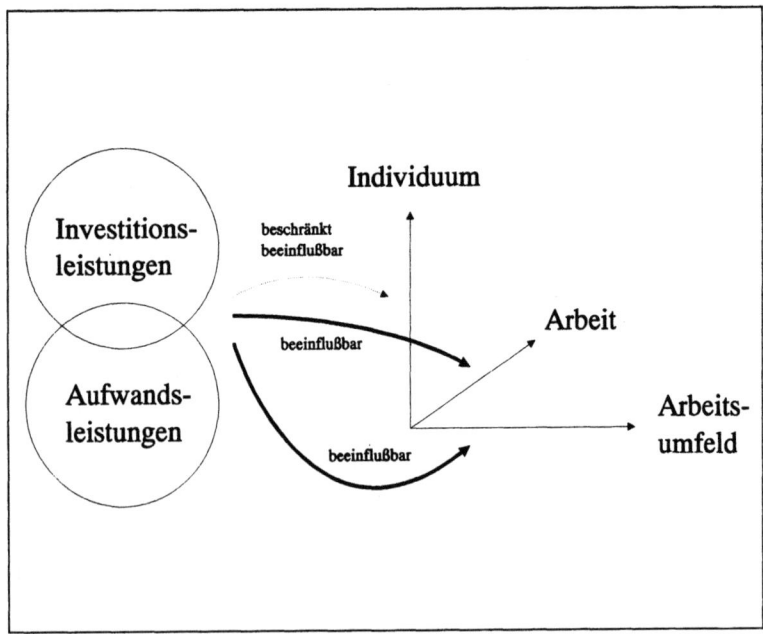

Abbildung 3-2: Das Spannungsfeld bei der Nutzung und Entfaltung der Humanressourcen: drei zu beachtende Dimensionen.

beitsumfeld einen Einfluß auf die Arbeitsleistung. Dazu gehören das Arbeitsklima, die Form der Zusammenarbeit usw. Die ganze Betrachtung hat zudem immer in Hinblick auf die Persönlichkeit des betroffenen *Individuums* zu geschehen. Unterschiedliche Interessen, Einstellungen und Bedürfnisse jedes einzelnen haben einen Einfluß darauf, wie eine unternehmerische Handlung aufgenommen wird (Steers/ Porter, Motivation, 20 ff.). So können beispielsweise Maßnahmen, welche bei selbständigen Mitarbeitern motivierend wirken, bei ausgesprochen unsicheren Personen eher Ängste auslösen.

Obwohl man also bei der Betrachtung der Humandimension immer alle drei Dimensionen einbeziehen sollte, haben die meisten Konzepte ihre Schwerpunkte. Dort, wo man versuchte, alle drei Dimensionen zu beachten, gelangte man sehr oft zu schwer handhabbaren Konzepten. Um dies zu verhindern, werden auch wir uns konzentrieren müssen. Wir tun dies, indem wir uns auf die Dimensionen Arbeitsumfeld und Arbeit beschränken. Dafür gibt es zwei Gründe: Erstens hat ein Unternehmen bei der dritten Dimension die wenigsten Einflußmöglichkeiten. Die Menschen sind nun mal verschieden (und sollen dies auch sein). Ein Unternehmen hat zwar die Möglichkeit, gewisse Auswahlkriterien anzuwenden und kann auch durch Maßnahmen der Persönlichkeitsbildung gewisse Entwicklungen einleiten. Trotzdem bleiben seine Möglichkeiten beschränkt.

Zweitens lassen wir die Individuums-Seite ja nicht gänzlich weg. Im Gegenteil, wir definieren sie in normativer Art und Weise. Kapitel 2 hat uns nämlich gezeigt, was in Zukunft für diese Seite relevant sein wird. Erstens, daß die Wirtschaft von uns in Zukunft ganz bestimmte Eigenschaften und Fähigkeiten fordert: mehr Flexibilität, mehr Mitdenken, mehr Kreativität. Davon *müssen* wir ausgehen. Zweitens, daß sich die Werthaltungen und Präferenzen eines Großteils der Bevölkerung verändert haben. Davon *können* wir ausgehen.

3.2 Ansätze mit Fokussierung auf das physische Arbeitsplatzumfeld

Die Anfänge der Industrialisierung und der theoretischen und praktischen Organisationskonzepte lassen sich gerade dadurch charakterisieren, daß sie den menschlichen Faktor weitestgehend ausklammerten. Unter dem Einfluß von Taylors (Taylor, Management) „Scientific Management" sollten Organisationen nach dem Vorbild großer mechanischer Apparate gebaut werden. Gebäude, Arbeitsplätze etc. galt es so zu gestalten, daß der Mensch möglichst störungsfrei „funktionieren" konnte.

Trotzdem war gerade dieser Ansatz Grundlage für die nachfolgende Entwicklung. Noch ganz im technokratischen Bild verankert, wurde in den späten zwanziger Jahren mit den berühmten Hawthorne-Studien begonnen (Röthlisberger/Dickson, Management). Man untersuchte, wie Beleuchtung, Arbeitspausen und andere arbeitsphysiologische Maßnahmen die Produktivität der Mitarbeiter beeinflussen. Die Studie führte zu unerwarteten Resultaten und der eigentlichen Entdeckung der sozialen Dimension im Unternehmen (vgl. Abschnitt 3.3).

Die Umfeld-Thematik verlor deshalb jedoch nicht an Bedeutung. Vor allem im Zusammenhang mit den Versuchen zur Humanisierung der Arbeit wurde immer wieder auf die Bedeutung des physischen Arbeitsumfeldes hingewiesen. Von Interesse waren aber vorwiegend Sicherheits- und Ergonomieaspekte; die Motivationswirkung spielte kaum eine Rolle.

In neuerer Zeit nimmt die Anzahl derjenigen Unternehmen zu, bei denen Arbeitsplätze nicht mehr nur funktionellen, arbeitstechnischen Gestaltungsgesichtspunkten, sondern auch ästhetischen Kriterien zu genügen haben. Ein Arbeitsplatz soll nicht mehr nur „sauber und zweckmäßig", sondern – je nach den spezifischen Anforderungen – auch „stimulierend", „kommunikationsfördernd" oder „geistöffnend" gestaltet sein. Begriffe wie „kulturgerechtes Bauen" (vgl. dazu beispielsweise Phonak, Unternehmenskultur) oder „Kommunikationsarchitektur" (Schnelle, Architektur, 97 ff.) sind Zeugen dieser neuen Sichtweise.

Wegbereiter dieser Entwicklung sind natürlich vor allem kreativitäts- und brainorientierte Firmen wie beispielsweise Grafik-, Architektur-, Ingenieur- oder Computerunternehmen. Aber auch in herkömmlichen Produktions- und Dienstleistungsfirmen findet diese Denkweise zunehmend ihren Niederschlag.

3.3 Ansätze mit Fokussierung auf den Menschen und seine individuellen Bedürfnisse

Die Hawthorne-Studien führten wie erwähnt zu unerwarteten Ergebnissen. Zwar verbesserte sich die Produktivität, wie man erwartet hatte, mit den verschiedenen Maßnahmen. Als man diese jedoch wieder zurücknahm, blieb die Produktivität unvermindert hoch, ja stieg teilweise noch. Auch in der Kontrollgruppe, in der die Verhältnisse nicht verändert wurden, stieg die Leistung. Die Leistungssteigerung schien also nicht durch verbesserte arbeitsphysiologische Bedingungen verursacht, sondern vielmehr durch die Aufmerksamkeit, die den Arbeitern der Hawthorne-Werke durch das Projekt zuteil wurde. Der Versuch führte zur eigentlichen Entdeckung der menschlichen Komponente im Betrieb und zum Ausgangspunkt der *„Human-Relations-Bewegung"*. Man erkannte, daß weniger die objektiven (physischen) Arbeitsbedingungen, sondern die psychischen und sozialen Gegebenheiten – das Betriebsklima – die Leistung beeinflußten. Dies führte dazu, daß in der Folge die „Arbeitszufriedenheit" immer mehr als die zentrale Variable für die Beeinflussung der Arbeitsproduktivität angesehen wurde (Hill/ Fehlbaum/Ulrich, Organisationslehre, 421 ff.; Wunderer, Führungslehre, 95 ff.; Hentze, Personalwirtschaftslehre, 23 ff.).

Erwähnenswert ist der Ansatz der Human-Relations-Bewegung, weil er die einseitig mechanistische Weltsicht Taylors überwunden hat.

Seine Bedeutung wird aber durch folgende Kritikpunkte relativiert: Einmal führte er zu einer gewissen Ideologisierung, indem er das Individuum einseitig in den Vordergrund stellte. Andere Dimensionen wie die strukturelle oder technische Seite wurden weitgehend vernachlässigt. Zudem konnte bisher ein eindeutiger Zusammenhang zwischen Arbeitszufriedenheit und Leistung empirisch noch nicht belegt werden (Ott, Arbeitszufriedenheit, 318).

Das instrumentelle Menschenbild wurde – trotz anderem Vokabular – nicht überwunden. Dies zeigte sich darin, daß man im Glauben, eine neue Zielvariable gefunden zu haben, oftmals nicht so sehr die echte Befriedigung von Bedürfnissen anstrebte, sondern lediglich ein „Gefühl der Zufriedenheit". Dies führte zu einer Scheu vor Konflikten und der Tendenz zu einem gewissen Laisser-faire. Ein grundsätzliches Umdenken im Führungsverhalten wurde verhindert und das autoritäre Führungsverhalten bestenfalls in Richtung eines mehr paternalistischen Führungsstils verschoben (Wunderer, Wertwandel, 275 f.).

Das Hauptproblem war aber eindeutig die Überschätzung der Arbeitszufriedenheit und ein Unterschätzen der Wirkung der Arbeit selbst („Leistung durch Zufriedenheit"). Daß die Umkehrformulierung „Zufriedenheit durch Leistung" durchaus ihre Berechtigung hat, zeigte dann eine Bewegung, die heute mit *„Human-Resource-Schule"* umschrieben wird.

Als man erkannte, daß befriedigende zwischenmenschliche Beziehungen keinesfalls automatisch zu höheren Leistungen führten und Motivation mehr als bloß Zufriedenheit bedeutete, begann man, systematischer nach dem Zusammenhang zwischen Motivation, Demotivation, Zufriedenheit und Leistung zu forschen (Hill/Fehlbaum/Ulrich, Organisationslehre, 424 f.; Hentze, Personalwirtschaftslehre 2, 27).

Dabei stieß man einerseits auf weitere Bedürfnisse. Es zeigte sich, daß das Defizit an Sinnerfahrung für viele Arbeitende nicht nur auf mangelnden sozialen Beziehungen beruhte, sondern von der Tatsache abhing, daß der Arbeitsprozeß nur einen geringen Teil ihrer Interessen und Fähigkeiten forderte (Wunderer/Grunwald, Führungslehre, 101). Weiter erkannte man, daß weniger eine erreichte Befriedigung als vielmehr die wahrgenommene Spanne zwischen einem gegenwärtigen und einem erreichbaren zukünftigen Zustand für die Leistungsbereitschaft maßgebend ist (Hill/Fehlbaum/Ulrich, Organisationslehre, 425).

Ausgangspunkt für diese Erkenntnis war unter anderem eine im Jahre 1954 veröffentlichte Arbeit von Maslow (Maslow, Motivation). Sie beinhaltet eine umfassende Systematik menschlicher Bedürfnisse und befaßte sich sowohl mit motivations*inhaltlichen* Fragen (wodurch werden wir motiviert?) wie auch mit motivations*dynamischen* Fragen (wie ändern sich diese Faktoren im Zeitablauf?). Das unter dem Begriff „Bedürfnispyramide" bekannte Konzept hat durch seine Einfachheit und Plausibilität bis in die heutige Zeit eine außerordentliche Verbreitung gefunden.

Durch die Ideen von Maslow befruchtet, veröffentlichte Herzberg (Herzberg et al., Motivation) einige Jahre später aufgrund einer empirischen Studie seine „Zwei-Faktoren-Theorie" der Arbeitsmotivation. Ihre Grundaussage ist, daß man im Bereich der Arbeitsmotivation zwischen zwei eindimensionalen Faktorengruppen zu trennen hat, von denen nur die eine fähig ist, echt zu motivieren.

Zu den echten Motivationsfaktoren gehören nach Herzberg Leistungserfolg, Anerkennung, die Arbeit selbst, Verantwortung, Vorwärtskommen und Entfaltungsmöglichkeiten. Zu den *Hygienefaktoren,* die nur geeignet sind, Unzufriedenheit zu verhindern, gehören Gehalt, Beziehungen zu Untergebenen, Vorgesetzten, Kollegen; Status, technische Aspekte der Führung, Firmenpolitik und -leitung, physische Arbeitsbedingungen, Arbeitsplatzsicherheit und Persönliches (Wunderer/ Grunwald, Führungslehre, 188).

Im Jahre 1960 war es dann Mc Gregor, der mit seiner „Theorie X und Y" in pointierter Weise auf das wachsende Bewußtsein bezüglich dieser menschlichen Bedürfnisstruktur und dem veränderten Menschenbild hinwies (Mc Gregor, Human).

Obwohl beide, sowohl Herzbergs und insbesondere Maslows Arbeiten, später inhaltlich wie auch methodisch stark kritisiert wurden (vgl. Lattmann, Führung, 129 ff. und 209 ff. resp. Wunderer/Grunwald, Führungslehre, 194 f. und 178 ff., ist ihnen zu verdanken, daß die *Arbeit selbst* als Motivationsfaktor wieder in den Vordergrund gestellt wurde.

Sowohl Maslows Forderung nach Möglichkeiten zur Selbstverwirklichung als auch Herzbergs Erkenntnisse, daß die Arbeit selbst Hauptmotivator ist, führte zu einer größeren Sensibilität dieser Faktoren gegenüber.

3.4 Ansätze mit Fokussierung auf den Arbeitsinhalt

Bereits im Zuge der Human-Relations-Bewegung waren erste Bestrebungen in Richtung *Arbeitsplatzerweiterung,* das heißt die Erweiterung der bestehenden Arbeitsschritte durch zusätzliche Operationen, zu verzeichnen. Auch ein horizontaler Arbeitsplatzwechsel wurde als Mittel angesehen, beim Mitarbeiter eine erhöhte Arbeitszufriedenheit zu bewirken.

Herzberg lehnte diesen Ansatz jedoch ab, indem er darauf hinwies, daß eine uninteressante Arbeit nicht dadurch interessanter wird, daß man ihr weitere uninteressante Arbeiten hinzufügt (Herzberg, Employees, 59). Sein Ansatz bestand in der Arbeitsplatzerweiterung, also der vertikalen Erweiterung des Arbeitsbereiches durch Vergrößerung des Entscheidungs- und Kontrollspielraums. Dies kann simultan an einer einzigen Stelle oder allenfalls auch zeitlich gestaffelt in Form eines systematischen Arbeitsplatzwechsels geschehen.

Aufbauend auf Herzbergs Gedanken und einer Anzahl weiterer konzeptioneller Ansätze (vgl. Steers/Mowday, Tasks, 645 ff. oder zusammenfassend Steers/Porter, Motivation, 487 ff.) wurde in den 70er Jahren eine Vielzahl praktischer Projekte durchgeführt, die sich mit Fragen des „Job Design" bzw. „Work Design" befaßten. Im Mittelpunkt stand dabei die Chance, durch eine humanzentrierte Gestaltung der Arbeit diese wieder vermehrt ins Zentrum der Motivationsbestrebungen zu rücken und damit sowohl die Qualität der Arbeitserfahrungen der Mitarbeiter als auch die Produktivität zu erhöhen (Hackman, Work Design, 492).

„Die Neugestaltung der Arbeit als eine Veränderungsstrategie bietet die Möglichkeit, aus den Rahmenbedingungen auszubrechen, die frühere Versuche zur Verbesserung des Arbeitslebens einschränkten. Das Konzept basiert auf der Annahme, daß die Arbeit als solche einen gewaltigen Einfluß auf die Motivation, Befriedigung und Produktivität des Mitarbeiters haben kann. Es berücksichtigt (und baut auf) die Unfähigkeit der Mitarbeiter, ihre sozialen und emotionalen Bedürfnisse während der Arbeit beiseite zu schieben. Und es bietet eine Strategie, um von extrinsischen Hilfsmitteln für die Arbeitsmotivation wegzukommen und sich statt dessen zu einer intrinsischen Motivation hin zu bewegen, welche eine Person veranlaßt, eine Arbeit zu tun, weil sie interessant ist, herausfordert und Belohnung für gut geleistete Arbeit mit sich bringt." (Hackman, Work Design, 495; Übersetzung durch den Verfasser)

Die breite Resonanz, die Job-Design-Ansätze gefunden haben, darf über die damit verbundenen Schwierigkeiten nicht hinwegtäuschen. Verschiedene Fehlschläge führten da und dort zu einer gewissen Ernüchterung. Die Gründe lagen jedoch weniger im Ansatz selbst als in einem mangelnden Planungs- und Implementierungsprozeß (Hackman, Work Design, 491 f.; Lattmann, Führung, 283 ff.).

Sorgfältigste Planung und Implementierung vorausgesetzt, zeigte eine Reihe von Projekten eindeutig positive Wirkungen. Steers/Porter halten fest, daß Job Design im allgemeinen zu geringerer Fluktuation und weniger Fehlzeiten, zu höherer Arbeitszufriedenheit, zu besserer Produktqualität und teilweise höherer Produktivität führt. Auf der Kostenseite sind insbesondere ein höherer Ausbildungsaufwand und teilweise höhere Infrastrukturkosten zu vermerken (Steers/Porter, Motivation, 484). York verweist auf potentielle Vorteile im Bereich der Organisa-

tion des Arbeitsablaufes, auf eine höhere Vielseitigkeit und Lernfähigkeit der Mitarbeiter und schließlich auf eigentliche Motivationswirkungen in Form von höherer Befriedigung und höherem Leistungsantrieb (Yorks, Job Enrichment, 29 ff.; Lattmann, Führung, 282 f.).
Auch heute ist die Thematik nach wie vor von Bedeutung. So beispielsweise bei CIM-Konzepten, welche mehr human- oder mehr technikzentriert gestaltet werden können. Aber auch die Möglichkeiten, die ein systematischer, bereichsübergreifender *Arbeitsplatzwechsel* bietet, sind noch nicht ausgeschöpft. Ganz im Gegensatz zu japanischen Unternehmen, wo dem Konzept seit langem große Bedeutung zukommt (vgl. z. B. Griepenkerl, Personalführung, 17 f.).

So schreibt beispielsweise Bleicher:

> „Seine Motivationswirkung (gemeint ist das Rotationsprinzip, A. d. V.) und die Tatsache, daß auf diesem Wege Kenntnisse über grundsätzliche Zusammenhänge vermittelt werden können, machen teilweise aufwendige und oft bürokratische Koordinationsmaßnahmen entbehrlich."

(Bleicher, Chancen, 243)

Und etwas später:

> „Der immer deutlicher werdenden Forderungen nach einer Entbürokratisierung, insbesondere unserer größeren Unternehmen, kann in der Tendenz nur dadurch Rechnung getragen werden, daß Führungskräfte „ad personam" einen Teil der Koordinationslasten übernehmen, die heute häufig durch überdimensionierte und überregelnde Systeme wahrgenommen werden. Sie können dies jedoch nur dann tun, wenn ihre Mitarbeiter über einen Gesamtüberblick, ein ausreichendes Verständnis für die Belange anderer Bereiche, persönliche Kontakte und die Fähigkeit verfügen, kritische organisatorische Schnittstellen in Erkenntnis ihrer arteigenen Problematik ohne Scheuklappendenken zum Wohl des Ganzen zu harmonisieren."

(Bleicher, Chancen, 245)

3.5 Ansätze mit Fokussierung auf die Beziehung Chef-Mitarbeiter

Mit der Entdeckung der sozialen Dimension im Unternehmen war auch die Grundlage für das systematische Befassen mit Fragen des Führungsstils[7] gelegt.

Obwohl in den Anfängen vor allem die Notwendigkeit der Beschreibung von Führungsstilen bestand, begannen praktisch alle Forscher auch normative Aussagen über einen sogenannten „besten" Führungsstil zu machen.

Sehr bekannt wurde beispielsweise die Einteilung von Lewin, welcher zwischen autokratischem, partizipativem und Laisser-faire-Stil unterschied. Schwierigkeiten mit dieser eindimensionalen und polarisierenden Einteilung führten zu differenzierteren, teilweise mehrdimensionalen Modellen. So betrachtete Tannenbaum die Entscheidungsbildung als Hauptkriterium für die Definition eines Führungsstils (Tannenbaum/Schmidt, Leadership). Andere, wie Blake/Mouton, glaubten dieses in den zwei Dimensionen „Leistungsorientierung" und „Mitarbeiterorientierung" zu finden (Blake/Mouton, Grid). Immer stärker verbreiteten sich schließlich die situativen Ansätze, die davon ausgingen, daß man einen „besten" Führungsstil gar nicht definieren kann, sofern man nicht die Führungssituation (beispielsweise den Reifegrad des Mitarbeiters) einbezieht (Hersey/Blanchard, Management; Redding, Effectiveness; Fiedler, Leadership, 325 f.).

Weitere, wenn auch anders zu charakterisierende Impulse zur Führungsstil-Thematik, stammen aus einigen neueren, größtenteils amerikanischen Beiträgen zum Thema *Leadership*. Dazu gehören sowohl die biographischen Erfolgsstories berühmter Manager (vgl. beispielsweise Iaccoca, Traum; Carlzon, Kunden; Scully, Karriere) als auch die Bei-

---

7 Unter Führungsstil verstehen wir „ein langfristig stabiles, situationsvariantes Verhaltensmuster des Führers" (Neuberger, Organisation, 97) oder etwas anders umschrieben „die Grundausrichtung des Führungsverhaltens eines Vorgesetzten bei der Gestaltung seiner Beziehungen zu seinen Mitarbeitern" (Lattman, Führung, 325).

träge von Bennis/Nanus, Kotter oder Maccoby (Bennis/Nanus, Leaders; Maccoby, Gamesman; Maccoby, Leader; Maccoby, Arbeiten; Kotter, Leadership). Diese Autoren steuern zwar kaum grundsätzlich neue Dimensionen zur Führungsstil-Forschung bei. Ihr Wert ist vielmehr in den Impulsen zu sehen, die sie durch die praxisnahe Schilderung von Führungsstilen und -situationen auf die Management-Praxis ausüben.

Die Erwartungen, einen allen andern überlegenen Führungsstil zu finden, konnten nicht erfüllt werden. Am konsistentesten sind die Aussagen zum partizipativen bzw. dem kooperativen Führungsstil (Lattmann, Führung, 327 f.). Er wird denn heute auch am häufigsten propagiert. Andererseits zeigte der situative Ansatz, daß die tatsächlichen Verhältnisse der Führungssituation eben doch zu verschieden sind, um einen allgemeingültigen Führungsstil zu proklamieren und Aussagen deshalb immer nur situationsspezifisch gemacht werden können.

Der Erkenntnisstand zum idealen Führungsstil scheint also eher ernüchternd. Welche Schlußfolgerungen lassen sich trotzdem ziehen?

Grundsätzlich wurde einmal die Sensibilität für die Thematik erhöht, indem a) die Bedeutung des Führungsstils an sich aufgezeigt und b) die Vielschichtigkeit realer Führungssituationen veranschaulicht wurde. Die Probleme im praktischen Umgang mit diesen Erkenntnissen liegen in folgenden Bereichen:

Umsetzung: Obwohl heutzutage sehr viele Unternehmen einen bestimmten Führungsstil propagieren, sind die Auffassungen über dessen Ausgestaltung sehr unterschiedlich. Neben verschiedenen Werthaltungen sind es vor allem Umsetzungsprobleme, die zu diesen Unterschieden führen (Staehle/Sydow, Führungsstiltheorien, 669). Der Nachholbedarf und das Interesse in diesem Bereich zeigt sich in einer Flut von Büchern und Seminarien zum Thema Führung und Führungsverhalten.

Reduzierung: Ein grundsätzliches Problem, an dem auch viele dieser Seminare scheitern, ist die alleinige Ausrichtung auf die direkte, interpersonelle Führung. Rahmenbedingungen, insbesondere die strukturellen und kulturellen, unter denen der „Motivationsvorgang" abläuft, werden kaum oder nur unzulänglich einbezogen.

Mißinterpretation: Damit verbunden ist oft eine fragwürdige Interpretation der Beziehung zwischen Führer und Geführtem. Im Vordergrund steht nämlich im allgemeinen die Frage: „Wie motiviere ich (als Chef) meinen Mitarbeiter?" (Vgl. hierzu beispielsweise das Werk von Harlander mit dem bezeichnenden Titel: „So aktiviere ich meine Mitarbeiter"; Harlander, Mitarbeiter).

Hier wird einmal übersehen, daß aufgrund der zunehmenden Umweltkomplexität eine klare Aufteilung in „Führer" und „Geführter" oft nicht mehr möglich ist. Der Führer wird in bestimmten Situationen zum Geführten und umgekehrt. Weiter wird grundsätzlich unterstellt, daß der Mitarbeiter motivationsbedürftig ist, also von sich aus nicht das leistet, was er leisten könnte (vgl. hierzu den sehr lesenswerten Artikel von Sprenger; Sprenger, Motivation). Hier schwingt ein Menschenbild mit, welches von Mißtrauen und einem gewissen Zynismus geprägt wird. Führung und Motivation werden dann sehr schnell zum Manipulationsinstrument, welches, will es an Wirkung nicht verlieren, der ständigen Verstärkung bedarf. (So beispielsweise in der oft zitierten Motivationsdefinition von Eisenhower: „Motivation ist die Fähigkeit, einen Menschen dazu zu bringen, das zu tun, was man will, wann man will und wie man will – weil er selbst es will"). Es wird so getan, als ob fehlende Leistungs*bereitschaft* der einzige Grund für mangelnde Leistung sei.

Nicht selten ist jedoch das Manko in fehlender Leistungs*fähigkeit*, noch öfter sogar in fehlender Leistungs*möglichkeit* zu suchen.

Müller stellt dann auch provokativ fest:

„Wenn Mitarbeiter motiviert werden müssen, stimmt entweder mit ihnen oder dem Unternehmen etwas nicht."
(Müller, Führung, 42)

Auch P. E. Weber, Direktor Personal bei Hoffmann-La Roche, setzt ein Fragezeichen hinter diese „Motivationsbedürftigkeit":

> „Die meisten von uns waren einmal Studenten. Erinnern Sie sich noch daran? Wir liebten das Risiko, die Flexibilität, die Innovation, das Unkonventionelle, die Freiheit, die Konkurrenz. Überschäumend vor Enthusiasmus, mit der Gewißheit, unser ganzes Wissen und unsere Dynamik beisteuern zu können, begannen wir unser Berufsleben. Es schien, als ob uns nichts aufhalten könnte. Wir traten ins Berufsleben ein. Von diesem Moment an veränderte sich Schritt für Schritt das Bild, das wir uns von unserer Zukunft gezeichnet hatten. Die Wirklichkeit, bestehend aus einer Unzahl von Einflüssen, gewann Macht über unser idealisiertes Bild einer Unternehmung, das wir uns im Laufe des Studiums gemacht hatten."

Weber führt eine ganze Anzahl solcher Hemmnisse an, welche die ehemals dynamischen Nachwuchskräfte zunehmend an Idealismus und Schwung verlieren lassen und schließt mit der Bemerkung:

> „Was das Erstaunliche dabei ist: in denselben Unternehmen versucht man hinterher, mit Hilfe von teuren Seminaren und Incentive-Plänen die Mitarbeiter zu motivieren, um ihre damaligen Qualitäten zu neuem Leben zu erwecken." (Weber, Geisteshaltung, 39 f.)

3.6 Ansätze mit Fokussierung auf den Führungsprozeß

Einen wichtigen Einfluß auf die Führung in Unternehmen hatten auch Ansätze, welche sich mit dem Führungsprozeß auseinandersetzten. Hier fand insbesondere das Konzept des „Management by Objectives" (MbO) eine große Verbreitung. MbO versuchte, durch eine Orientierung an Zielen – und nicht an der Vorgehensweise – vermehrt alle

Stellen in den Unternehmensprozeß einzubinden. Seine Vorzüge lassen sich nach Wild (Wild, MbO, 290) umschreiben mit: „Mehr Leistung durch klare Ziele und zielorientiertes Verhalten, mehr Zufriedenheit durch Identifizierung mit den Zielen und Anerkennung und Belohnung der ‚richtigen Leistung'." Von 18 bei Wild genannten positiven Punkten des „idealen MbO" haben 11 unmittelbar mit der Nutzung von Humanressourcen zu tun:

- Höhere Effektivität der Führung bei größerer Zufriedenheit der Mitarbeiter.
- Mehr Erfolg der Vorgesetzten durch gezielter eingesetzte, leistungsbereitere und erfolgreichere Mitarbeiter.
- Förderung der Leistungsmotivation, Eigeninitiative, Verantwortungsbereitschaft und Selbstregelungsfähigkeit.
- Mehr Ziel- und Leistungsbewußtsein, Identifikation der Mitarbeiter mit den Unternehmenszielen, Förderung des Kostenbewußtseins.
- Mehr Entfaltungsmöglichkeiten, Erfolgserlebnisse und persönliche Sicherheit.
- Klarere Leistungserwartungen und Verknüpfung von Anreizen und Belohnungen mit der erbrachten bzw. verlangten Leistung.
- Objektivere Leistungs- und Personalbeurteilung, gezielte und sachlich fundierte Personalentwicklung unter Berücksichtigung persönlicher Ziele.
- Hilfe für den Vorgesetzten, um sachlich fundiert kritisieren und helfen zu können.
- Abbau von Verhaltenskontrollen, die negative Motivationseffekte auslösen.
- Systematische Erkenntnis von Verhaltens- und Systemschwachstellen und laufende Steigerung der Leistungsfähigkeit der Unternehmung durch Verbesserungsmaßnahmen und gezieltes Management Development.
- Förderung des Teamgeistes und des Kooperationsklimas durch Partizipation der Mitarbeiter an der Willensbildung. (Wild, MbO, 306 f.)

Das System des Management by Objectives ist heute in einem Großteil der Unternehmen in irgend einer Art und Weise eingeführt. Einzelne Autoren bezeichnen die Möglichkeit, Ziele selbst zu setzen und sich an deren Erreichung zu messen, als *die* Motivationsmöglichkeit schlechthin (Nash, People, 208). Dort, wo das System lediglich als Variante der Zielorientierung verwirklicht ist, wird es jedoch nicht optimal genutzt. Die ganze Motivation, die dadurch entsteht, daß die Mitarbeiter aktiv am Zielbildungsprozeß teilnehmen, findet hier nicht statt. Dies gilt auch dann, wenn das System durch eine bürokratische Handhabung, durch mehrere Planungsrunden und detaillierteste Teil-Ziele zu einer jährlichen Mammut-Zeremonie verkommt.

3.7 Ansätze mit Fokussierung auf das Team

Die ersten Einsichten in die Bedeutung von Gruppen gelangen in den schon erwähnten Hawthorne-Studien. Man entdeckte, daß der Mensch nicht nur als isoliertes Individuum, sondern auch als Mitglied von Gruppen denkt, fühlt und handelt und daß Gruppenprozesse einen wesentlichen Einfluß auf die Motivationssituation des Mitarbeiters haben:

- Sie sind in der Lage, die soziale Isolation des einzelnen am Arbeitsplatz abzubauen.
- Sie können das Gefühl der Sicherheit steigern.
- Sie können zu einem höheren Selbstwertgefühl führen.
- Sie vermögen Kreativitätspotentiale zu schaffen.
- Sie ermöglichen es dem einzelnen, von andern zu lernen.
- Sie senken die Gefahr subjektiver, suboptimaler Entscheide (Thom, Wandel, 124 ff.).

Gleichzeitig wurde klar, daß Gruppen nur beschränkt geplant werden können. Vorerst wurde die Existenz von informalen Gruppen, deren Ziele mit denjenigen des Unternehmens nur teilweise übereinstimmen, vorwiegend als Bedrohung erlebt, die es zu vermeiden galt. Erst später realisierte man, daß hier auch ein in höchstem Maße gewünschtes Potential an Antriebskraft vorhanden war (Lattmann, Führung, 392 ff.).

Man begann deshalb, gezielt Gruppenkonzepte zur besseren Nutzung der Humanressourcen zu entwickeln. Zu den wohl bekanntesten Projekten gehören die Bestrebungen der schwedischen Volvo-Werke in den späten sechziger Jahren. Bereits einige Jahre früher hatte die Philips in Eindhoven einen Versuch durchgeführt, der in die gleiche Richtung zielte. Es folgten die Olivetti-und die Fiat-Werke in den siebziger Jahren. In der Folge griff das Gedankengut auf Frankreich (Renault), Deutschland, die Schweiz und die USA über.

Die Firmen versuchten, durch eine gruppenbezogene Organisationsgestaltung sowohl die Identifikation der Mitarbeiter mit dem Unternehmensgeschehen als auch die Produktivität zu erhöhen. Folgende Maßnahmen sollten dies ermöglichen:

- Zuordnung eines Aufgabenzusammenhanges, der ein vollständiges und einheitliches Ganzes bildet.
- Schaffung eines autonomen Raumes für die Arbeitsgruppe mit Aspekten der Selbstverwaltung.
- Klare Festlegung des Autonomiebereiches.
- Abstimmung der Ziele der Gruppenmitglieder auf die Gruppe und der Gruppe auf das übergeordnete System.
- Selbstführung der Gruppe innerhalb des autonomen Raumes.
- Interessante Arbeit (Lattmann, Führung, 400 ff.).

Dem Konzept war, zumindest anfänglich, Erfolg beschieden. Die Bestrebungen führten tendenziell zu erhöhter Produktivität, erhöhter Anpassungsfähigkeit der Belegschaft an unvorhergesehene Änderungen und einer Zunahme der Selbständigkeit und Initiative der Mitarbeiter.

Erst später waren verschiedene Rückschläge zu verzeichnen. Diverse, an sich gelungene Versuche wurden abgebrochen. Es scheint, daß vor allem die mit diesen Konzepten verbundene Machtverschiebung innerhalb des Unternehmens sowohl der Unternehmensleitung als auch dem mittleren Management Probleme bereitete. Weiter zeigte sich, daß der Ansatz je nach Qualifikationsgrad der Mitarbeiter unterschiedlich erfolgreich war. Er versprach insbesondere bei qualifizierten Arbeitskräften die größten Veränderungen, war aber bei nichtqualifizierten erheblich weniger erfolgreich (Lattmann, Führung, 406 f.). Diese Probleme dürften auch heute noch ihre Gültigkeit haben. Wir werden darauf in Kapitel 8 zu sprechen kommen.

3.8 Ansätze mit Fokussierung auf die Organisationsstruktur

Seit Taylor das enorme Produktivitätspotential entdeckt hatte, welches in einer konsequenten Arbeitsteilung und der radikalen Durchstrukturierung des Produktionsprozesses steckte, wurde versucht, durch organisatorische Gestaltungsmaßnahmen die betriebliche Leistungserstellung zu optimieren. Der Begriff „Organisationsstruktur" wird denn auch heute noch weitgehend aus dieser Sichtweise heraus definiert:

> „Die Organisationsstruktur eines Unternehmens bildet den Rahmen, in dem die Mitarbeiter aller hierarchischen Ebenen agieren. Sie zerlegt die Gesamtaufgabe des Unternehmens in Einzelaufgaben, ordnet diese einzelnen Personen und organisatorischen Einheiten zu und legt die Beziehungen zwischen diesen Gliedern der Organisation fest." (Rall/Hagemann, Organisation, 321)

> „Insgesamt stellt die (...) Organisationsstruktur ein relativ dauerhaft konzipiertes Ordnungsgefüge dar, das die Art der Arbeitsteilung zwischen den Mitarbeitern und die Art der beim Arbeitsvollzug notwendigen Beziehungsaufnahmen zwischen ihnen festlegt." (Ulrich, Unternehmenspolitik, 197)

Im Vordergrund dieses Verständnisses steht die effizienzorientierte Ordnung und Regelung der Unternehmensaktivitäten. Diese Fähigkeit begründete dann auch während längerer Zeit das Kriterium für die Beurteilung der Zweckmäßigkeit einer Organisationsstruktur. Erst seit neuerer Zeit wird deren Aufgabenkatalog neu definiert, indem Fragen der „Veränderungs-" und „Evolutionsfähigkeit" in den Vordergrund rücken.

Die Entwicklung in diesem Gebiet war dann auch durch sach-logische Gründe geprägt. So wurde neben der Linienorganisation die Stab-Linien- und die Matrix-Organisation eingeführt. Mit einer differenzierten Bereichsbildung versuchte man, der steigenden produkt- und marktmäßigen „Kompliziertheit" zu begegnen. Bei all diesen Bestrebungen spielten Human-Resource-Gedanken im allgemeinen keine oder nur eine untergeordnete Rolle.

Ähnlich der Führungsstil-Diskussion, etablierte sich auch hier eine Forschungsrichtung, welche sich mit der Situationsabhängigkeit von Unternehmensstrukturen befaßt. Sie entstand aus der Kritik an der klassischen Organisationstheorie mit ihren Organisationsprinzipien und dem daraus resultierenden „one best way". In vielen Modellen wurde die Abhängigkeit der Struktur von verschiedenen Faktoren untersucht, beispielsweise von Größe, Strategie, Technologie oder Umwelt.

Doch auch hier – dies eine weitere Gemeinsamkeit mit der Führungsstil-Diskussion – hat sich die Hoffnung auf eine „optimale" Organisationsform nicht erfüllt (für eine Übersicht über die Resultate aus 82 verschiedenen Studien vgl. Wollnik, Einflußgrößen, 600 ff.). Die gefundenen Korrelationen waren meist zu tief, um vernünftige Zusammenhänge ableiten zu können. Immer mehr setzte sich schließlich die Erkenntnis durch, „daß es kaum objektive Korrelationen dieser Art gibt und *die* Strukturform nicht existiert, sondern mit derselben Struktur verschiedene Situationen und dieselbe Situation mit verschiedenen Strukturen bewältigt werden kann" (Probst, Selbst-Organisation, 110).

Wenn auch die empirische Organisationsforschung nicht zum ursprünglich angestrebten Ziel geführt hat, so hat sie immerhin eine gewisse gedankliche Flexibilisierung bei der Organisationsgestaltung zuwege gebracht. Man hat erkannt, daß es sich beim Entstehen einer Organisationsstruktur nicht um einen deterministisch gesteuerten Vorgang handelt, sondern um einen kreativen Akt mit einer Vielzahl von Wahlmöglichkeiten.

Zwar haben diese Ideen erst beschränkt Eingang in die Organisationspraxis gefunden. Insbesondere die Notwendigkeit zu vermehrter Humanorientierung wurde bis jetzt noch kaum richtig ernst genommen. Verstärkt berücksichtigt wurde jedoch das Erfordernis, mit Strukturen nicht nur zu zementieren, sondern auch zu verändern. Dies zeigt sich beispielsweise in der steigenden Bedeutung der Projektorganisation (vgl. beispielsweise Heintel/Krainz, Projektmanagement). Die Verlagerung hin zu temporären Strukturen wird aber auch grundlegende Implikationen für die sogenannte „dauerhafte" Aufbau- und Ablauforganisation des Unternehmens haben, indem hier immer stärker Elemente temporärer Organisationsformen eingeführt werden (Toffler, Zukunftsschock, 108 f. und 115 f.).

3.9 Unternehmensstrategie und Human Resources

Das Aufkommen des strategischen Managements in den achtziger Jahren beeinflußte auch das Human-Resource-Verständnis. Immer häufiger wurde ein strategisches „Human-Resource-Management" gefordert, immer häufiger wurden die Mitarbeiter als kritischer Erfolgsfaktor und strategische Erfolgsposition bezeichnet.

Dies führte dazu, daß man einerseits die Instrumente der strategischen Planung auch auf die Personalarbeit zu übertragen versuchte. So entstanden Personalportfolios, strategische Anreizsysteme, strategische Selektionsverfahren usw. Andererseits wurden bei der Erarbeitung von Business- und Unternehmensstrategien vermehrt funktionelle Personalstrategien abgeleitet.

Daß diese Entwicklung ein radikales Umdenken gebracht hat, kann kaum gesagt werden. Teilweise gelang es zwar tatsächlich, für die neue

Sichtweise zu sensibilisieren und sie mit neuen Personal- und Führungsinstrumenten im Unternehmen zu verankern. Sehr oft scheint „Strategische Personalarbeit" aber mehr Schlagwort denn echte Neuausrichtung zu sein.

Dies gilt sogar oft auch dort, wo man die Humanressourcen explizit als „Strategische Erfolgsposition" bezeichnet. In Wirklichkeit stehen andere Ziele im Vordergrund, und die Personalstrategie hat lediglich den Zweck, diese höher bewerteten Ziele möglichst effizient umzusetzen. Der Gedanke, daß man *sogar im Menschen selbst* den strategischen Fokus sehen könnte, ist noch neu und wenig verbreitet.

3.10 Mitarbeiterorientierte Unternehmenskultur

Seit Beginn der 80er Jahre hat sich in der Management-Praxis der Begriff „Unternehmenskultur" verbreitet. Der Begriff „Kultur", der zuvor nur zur Kennzeichnung und Charakterisierung ethnischer Gruppen, Nationen oder Teilen der Erdbevölkerung mit gemeinsamen Ursprüngen und Lebensformen verwendet wurde (Heinen, Unternehmenskultur, 980), versucht deutlich zu machen, daß auch ein Unternehmen eine Geschichte hat und sich die dabei gemachten Erfahrungen im Denken und Handeln der Mitarbeiter und Führungskräfte niederschlagen. Unternehmenskultur läßt sich deshalb definieren als „die Gesamtheit von Normen, Wertvorstellungen und Denkhaltungen, die das Verhalten der Mitarbeiter aller Stufen und somit das Erscheinungsbild des Unternehmens prägen" (Pümpin/Kobi/Wüthrich, Unternehmenskultur, 8).

Ausgangspunkt für diese Bewegung, weg von einer rein rationalen, quantitativ orientierten, hin zu einer mehr qualitativ orientierten Betriebswirtschaftslehre, war die wachsende Einsicht in eine nur begrenzte Mach- und Beherrschbarkeit unserer Umwelt. Verstärkt wurde dieser Prozeß unter anderem durch die Leistungserfolge der Japaner, die sich nur zum Teil mit raffinierteren Strukturen und Prozessen erklären ließen und die, insbesondere weil sie mit einer Periode langandauernder Stagnationserscheinungen in den restlichen Industrieländem zusammenfielen, die Frage nach den Gründen für diese Erfolge stellten (Pascal/Athos, Japanese; Ouchi, Theory Z).

Den Durchbruch auf breiter Front erlebte das Konzept mit der Veröffentlichung des Bestsellers von Peters & Waterman „In Search of Excellence" (Deutsche Übersetzung: Peters/Waterman, Spitzenleistungen) im Jahre 1982. Deal/Kennedy (Deal/Kennedy, Unternehmenskultur) oder Schein (Schein, Awareness; Schein, Culture) sind weitere zu nennende Autoren, die zur Popularisierung des Gedankengutes über Unternehmenskultur beitrugen.

Es zeigte sich, daß nicht nur die traditionellen, sogenannt „harten" Faktoren wie Strukturen, Systeme und Strategien für wirtschaftlichen Erfolg verantwortlich sein können, sondern ebenso „weiche" Faktoren wie Werthaltungen, Normen und Verhaltensweisen. Diese wurden durch die bisherigen Unternehmenskonzepte nur mangelhaft erfaßt. Damit einher ging auch eine Art „Wiederentdeckung der Humandimension" im Unternehmen, wurde doch wieder vermehrt der Mensch mit seinen Werthaltungen, Fähigkeiten und Fertigkeiten als die Triebkraft jeglichen Wirkens im Unternehmen gesehen. Dieses wird zum Beispiel bei Peters/Waterman deutlich, wo sich von den acht Leitsätzen, welche die Autoren in ihrem Buch aufführen, sechs direkt oder indirekt auf die Nutzung der Humanressourcen beziehen: Freiraum für Unternehmertum, Produktivität durch Menschen, sichtbar gelebtes Wertesystem, straff-lockere Führung, Primat des Handelns und einfacher, flexibler Aufbau (Peters/Waterman, Spitzenleistungen, 36 ff.).

Eine explizite Ausrichtung auf die Humandimension findet dann statt, wenn der Mensch nicht nur als Träger der Unternehmenskultur gesehen, sondern zum Orientierungsmaß schlechthin wird. Pümpin et al. sprechen in diesem Zusammenhang von „mitarbeiterorientierter" Unternehmenskultur und charakterisieren damit einen Stil, der sich an den Bedürfnissen und Eigenheiten der Mitarbeiter orientiert.

Für uns ist die Kulturdiskussion deshalb wichtig, weil sie aufgezeigt hat, daß der Mensch auf vielfältigste Weise mit dem Unternehmen verbunden ist, indem er zugleich prägt und geprägt wird und die Motivationsfrage deshalb ungleich facettenreicher ist, als bisher dargestellt.

Verschiedene Fallstudien zur Unternehmenskultur haben zudem klar gemacht, daß sich erfolgreiche Unternehmen weniger durch einen – wie auch immer gearteten – „großen Wurf" unterscheiden, sondern dadurch, daß sie viele kleine, an sich banale Dinge zu einem stimmigen Gesamtkonzept addieren. Es ist also nicht ein bestimmter Führungsstil, ein bestimmtes Salärsystem, eine bestimmte Produktphilosophie allein, die den Erfolg des Unternehmens erklären, sondern das Zusammenspiel dieser Faktoren.

Dabei fällt auf, daß – im Gegensatz zu innovativen, qualitätsorientierten, kundenorientierten Unternehmenskulturen, die allgemein als erstrebenswert gelten – das Konzept einer „mitarbeiterorientierten Unternehmenskultur" nicht nur als relativ schwammig empfunden, sondern auch mit einer gewissen Introvertiertheit in Verbindung gebracht wird. Dies führt einerseits dazu, daß relativ wenig Unternehmen ihre Kultur als ausgesprochen mitarbeiterorientiert *bezeichnen*. Andererseits werden Erfolge von Unternehmen, deren Kultur tatsächlich mitarbeiterorientiert *ist;* (diese sind gemäß einer Untersuchung von Kobi; Human Resources, 5; recht dünn gesät), eher andern Faktoren als der Kulturausprägung zugeschrieben.

4. Humanpotential und atomisierte Strukturen

4.1 Der ungenutzte Teil menschlicher Leistungsressourcen: das Humanpotential

Kapitel 3 zeigte uns eine Vielzahl von Konzepten und Ansätzen zur besseren Nutzung der Humanressourcen, machte aber auch klar, daß diese oft wenig gezielt eingesetzt und noch seltener zu integralen, ganzheitlichen Gesamtkonzepten verdichtet werden. Die Folge davon ist eine ungenügende Nutzung der Humanressourcen.

Dies zeigt die schon erwähnte Umfrage der Bertelsmann-Stiftung unter Arbeitern und Angestellten der deutschen Wirtschaft. Der Autor schreibt dort:

> „Die Bereitschaft, mehr zu leisten als bisher, ist bei entsprechenden Leistungsanreizen erstaunlich ausgeprägt. Lediglich etwa ein Fünftel aller Befragten lehnt jegliche Leistungssteigerung für sich ab. Wenn man bedenkt, daß ein gewisser Teil der Befragten aus Gesundheits- und/oder Altersgründen sicherlich die Grenze der eigenen Leistungsfähigkeit erreicht hat und eine weitere – wahrscheinlich kleinere Gruppe – zu den ideologisch motivierten Leistungsverweigerern zählt, dann ist die Bereitschaft von etwa vier Fünfteln aller Befragten, bei entsprechenden Anreizen doch mehr leisten zu wollen, ein durchaus hoffnungsvolles Zeichen." (Heidemann, Arbeitsmotivation, 86)

Oder an anderer Stelle:

> „Fast die Hälfte derjenigen, die überhaupt nicht zufrieden sind, wollen sich beruflich stärker einsetzen, wenn ihre Aufgaben ihren Wünschen in größerem Umfang entspre-

chen würden als bisher. Hier schlummert offensichtlich ein beachtliches Potential an Arbeitnehmern, das durch gezielte Verbesserungen ihrer speziellen Arbeitsplatzsituation womöglich geweckt werden könnte." (Heidemann, Arbeitsmotivation, 51)

Daß dieses Potential nicht nur bei den Mitarbeitern besteht, sondern auch bei Führungskräften, zeigt die andere Studie. Die Autorin verdeutlicht,

„daß sich die Inhaber von Führungspositionen, sofern sie nicht bereits an der Grenze ihrer Leistungsfähigkeit arbeiten (dies war laut den Untersuchungsergebnissen vor allem bei älteren Mitarbeitern der Fall, A. d. V.), eine Vielzahl von Verbesserungen ihrer Arbeitsbedingungen vorstellen können, für die sich ihrer Ansicht nach ein noch intensiverer Arbeitseinsatz lohnen würde." (Burmann, Arbeitsmotivation, 39)

4.2 Gründe für die mangelnde Nutzung

Die bereits aus Kapitel 3 bekannte Graphik zeigt, daß die durch das Unternehmen effektiv genutzte Arbeitsleistung immer kleiner ist als die potentielle. Dafür gibt es verschiedene Gründe (Duch, Humanressourcen, 375):

Fehlender Leistungswille: Unterschiedliche Werthaltungen und Interessen, mangelnde Identifikation mit dem Unternehmenszweck, Frustration etc. können dazu führen, daß der einzelne nicht bereit ist, sich voll für das Unternehmen einzusetzen und seine persönliche Befriedigung anderswo sucht. Dieser Teil des Potentials fließt quasi ab.

„,Interessante Bewerber' wollen keine grundsätzliche Trennung mehr zwischen ihrem Privat- und Berufsleben machen. Nicht, daß beide nicht an der Oberfläche klar getrennt sein dürften – im Gegenteil: Die Freizeitansprüche wachsen von Jahr zu Jahr. Aber die Grundwerte müssen in beiden Lebensbereichen stimmig sein. Der Mitarbeiter, der morgens sein Selbstbewußtsein, seine Selbstachtung, seine Kommunikationsbedürfnisse und sein Verantwortungsgefühl beim Pförtner abgibt, existiert nicht mehr. Die Menschen wollen nicht auf der einen – beruflichen – Seite die Fassade wahren und auf der anderen – privaten – Seite ‚sie selbst' sein. Und sie wollen nicht zwischen Familie oder Beruf, Freizeit oder Erfolg wählen. Sie wollen die Dinge ‚unter einen Hut' bringen." (Knoblauch, Unternehmenskultur, 82)

Fehlende Leistungsmöglichkeit: Suboptimale Systeme und Strukturen (starres Hierarchiedenken, unklare Kompetenzregelungen etc.) können eine Person daran hindern, an sich vorhandene Eigenschaften und Fähigkeiten zum beidseitigen Nutzen einzusetzen. Auch das Fehlen einer genügend klaren Vision und daraus abgeleiteter operationalisierter Ziele machen es dem einzelnen unmöglich, seine Energie produktiv einzusetzen.

„Die Ressource Mensch ist *der* ungehobene Schatz. In den meisten Mitarbeitern steckt sehr viel mehr Kompetenz, Kreativität und Leistungswillen, als ihnen abverlangt wird, weil Arbeitsgestaltung und Organisation auf einem Stand verharren, der ein Aufblühen der Qualitäten der Mitarbeiter geradezu verhindert." (Kübel, Mensch, 38)

„Das Problem liegt heute nicht in mangelnder Leistungsbereitschaft und Motivation. Im Gegenteil, die meisten jungen Leute sind leistungswillig und begeisterungsfähig. Sie wollen beweisen, was in ihnen steckt. Allzuoft jedoch stehen Unternehmenskultur und -organisation ihrer Entfaltung im Wege." (Simon, Matrix, 104)

Fehlende Leistungsfähigkeit: Schließlich können mangelnde (jedoch entwicklungsfähige) Fähigkeiten und Fertigkeiten den einzelnen daran hindern, sein Potential voll zu nutzen.

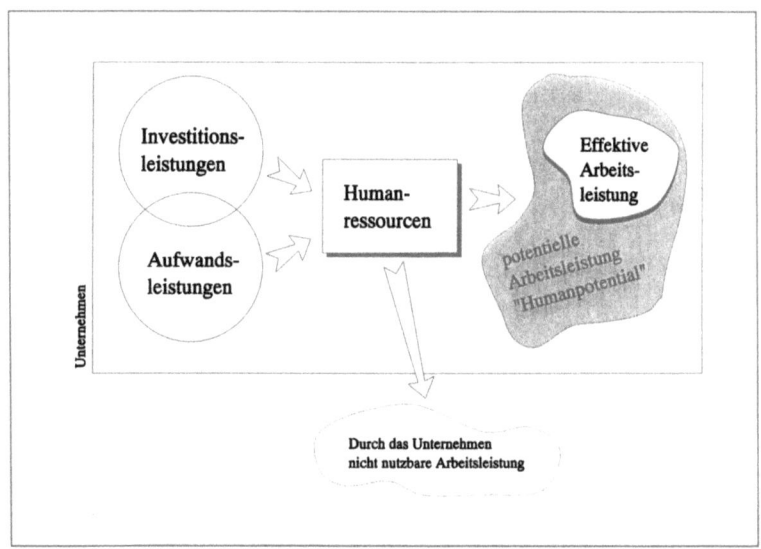

Abbildung 4-1: Die Existenz von Humanpotential

4.3 Ausschöpfen von Humanpotential als Grundlage unternehmerischen Erfolgs

Abbildung 4.2 zeigt die zwei Stoßrichtungen beim Ausschöpfen von Humanpotential: Einerseits können Maßnahmen und Konzepte zur Beeinflussung des Leistungswillens und der Leistungsmöglichkeiten der Mitarbeiter ergriffen werden, um dadurch die *bestehenden Humanressourcen besser zu nutzen*. Andererseits kann durch *Entwicklung der bestehenden Humanressourcen* deren Leistungsfähigkeit erhöht werden.

Bei der Wortkreation „Ausschöpfung von Humanpotential" handelt es sich bewußt um eine weite Formulierung. Sie greift deutlich weiter als der Begriff „Motivation", der im Praxisalltag oft mit „Führen" gleichgesetzt wird. Ausschöpfung von Humanpotential wird demgegenüber als ein Überbegriff verstanden, da er sich mehr mit dem Setzen der Rahmenbedingungen befaßt.

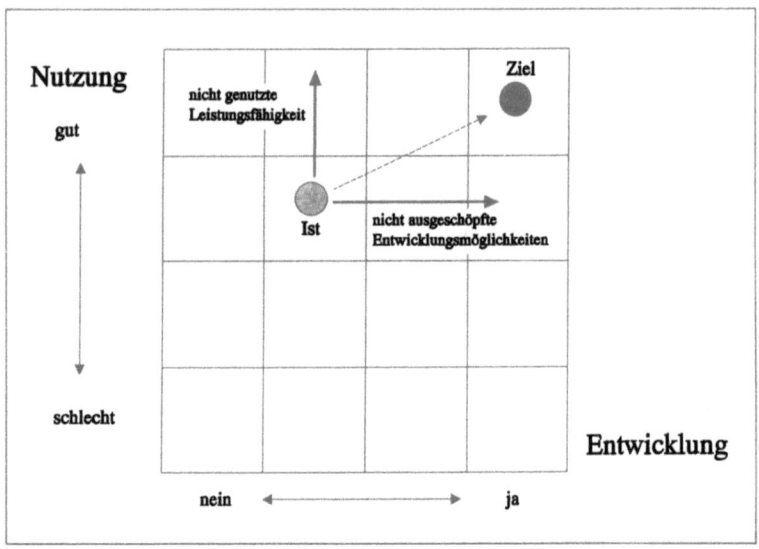

Abbildung 4-2: Dimensionen bei der Ausschöpfung von Humanpotential (Wohlgemuth, Unternehmensdiagnose, 22)

4.4 Ausschöpfung des Potentials durch atomisierte Strukturen

Das Buch befaßt sich mit Möglichkeiten zur Ausschöpfung von Humanpotential durch *atomisierte Strukturen*. Unter „atomisiert" wird dabei eine Organisationsform verstanden, die wie folgt charakterisiert werden kann:

- Sie besteht aus einer Mehrzahl kleiner, weitgehend autonomer und oftmals auch räumlich dezentral angeordneter produkt-, markt- oder aufgabenbezogener Einheiten.
- Diese Einheiten sind mit größeren bzw. den übrigen Einheiten durch Computer und Datenleitungen verbunden und
- werden durch eine gemeinsame Philosophie zu größeren Unternehmen zusammengeschweißt (der Begriff „atomisiert" stammt von Deal/Kennedy, Unternehmenskultur, 206 ff.).

Das Bild eines Atoms wird benutzt, um die relative Kleinheit der einzelnen Einheiten bei gleichzeitigem Eingebundensein in etwas Größeres zu verdeutlichen (obwohl der Begriff „atomisiert" etwas künstlich tönen mag, soll bewußt nicht der vielleicht etwas geläufigere Begriff „atomistisch" verwendet werden, da er den inhaltlichen Schwerpunkt zu stark auf „sehr klein" legen würde).

4.5 Warum Atomisierung?

Das Konzept der Atomisierung erleichtert die Einbeziehung vieler Forderungen der Zukunft und ermöglicht die Integration von Mitarbeiter- und Unternehmensinteressen.

Ganzheitlichkeit: Humanpotential kann nur dann effektiv ausgeschöpft werden, wenn entsprechende unternehmensstrukturelle Maßnahmen mit einbezogen werden. Atomisierung ermöglicht diese ganzheitliche Art von Motivation, die dadurch entsteht, daß man in „einer intimen, relativ einfachen Arbeitsumgebung komplexe Aufgaben" erfüllen kann (Deal/Kennedy, Unternehmenskultur, 206).

Insbesondere ist sie auch ein gangbarer Weg vor dem Hintergrund der Probleme, die Burmann beim Kommentar der Studien über die Arbeitsmotivation der deutschen Führungskräfte erwähnt. Sie bedauert darin, daß zwar die Ansprüche der übrigen Berufstätigen nach Selbstverwirklichung und persönlicher Bewährung, nach Kreativität und Selbständigkeit denen der Inhaber leitender Positionen immer ähnlicher werden, sich ihre Chancen, diese Ansprüche zu realisieren, aber ganz erheblich unterscheiden.

> „Wir haben bereits darauf hingewiesen, daß eine arbeitsteilig organisierte Wirtschaft die hochgespannten Erwartungen vieler Beschäftigter zwangsläufig enttäuschen muß und damit ihr ursprüngliches Motivationspotential nicht ausschöpfen oder, schlimmer noch, sogar zerstören kann. Diese Gefahr ist bei Führungspositionen in weit

geringerem Maße gegeben: Die Arbeitsbedingungen von Unternehmern und leitenden Angestellten sind – wie die Befragung gezeigt hat – überwiegend so, daß sie die hohen Ansprüche zufriedenstellen können. Während die starke Betonung intrinsischer Arbeitsmotive in der Gesamtbevölkerung insofern also zweischneidig ist, als in ihr der Keim der Enttäuschung und damit der Demotivierung bereits angelegt ist, ist die Motivationsstruktur der Führenden sowohl unter einzel- als auch unter gesamtwirtschaftlichen Aspekten eindeutig positiv: Denn berufliches Engagement, das mehr auf einem Interesse an der Aufgabe als auf der Gewährung zusätzlicher Einkommensanreize beruht, ist beständiger, weil es die notwendigen Leistungsanreize sozusagen aus sich selbst heraus produziert" (Burmann, Arbeitsmotivation, 51).

Die Atomisierung von Unternehmen ist der Versuch, das Gesamtsystem Unternehmen in kleine, überschaubare Einheiten „herunterzutransferieren", um dadurch die von vielen Top-Führungskräften empfundene Ganzheitlichkeit für eine größere Anzahl von Menschen zu realisieren.

Dynamik: Mit der Atomisierung verbunden ist auch eine ganz bestimmte Art von Wachstum, indem das Unternehmen, ähnlich einem natürlichen Organismus, durch Zellteilung wächst, was eine multiplikative Dynamik ermöglicht. Das Wachstum wird nicht zentral von der Unternehmensleitung vorangetrieben, quasi verordnet, sondern erwächst dezentral als Ausfluß der jeweiligen Geschäftsaktivitäten. Multiplikativ ist die Wirkung deshalb, weil dieses Wachstum auf mehreren Ebenen stattfinden kann und daraus eine „Multiplikatorwirkung" resultiert.

Flexible Marktausrichtung: Die Organisationsform ermöglicht ein gezieltes und flexibles Eingehen auf die spezifischen Bedürfnisse des Kunden. Von der lokalen Präsenz der Einheiten profitieren sowohl die Kunden wie die Mitarbeiter des Unternehmens. Der Kunde profitiert von den Möglichkeiten einer engen Zusammenarbeit mit dem Unternehmen und den Kenntnissen der örtlichen bzw. branchen- oder marktspezifischen Gegebenheiten. Für den Mitarbeiter bedeutet die Nähe zum Kunden zudem ein nicht zu unterschätzendes Motivations- und Identifikationsinstrument.

Wirtschaftlichkeit: Die Atomisierung von Strukturen wirkt in mehrerlei Hinsicht positiv auf die Wirtschaftlichkeitsbilanz eines Unternehmens ein (wobei es jeweils die spezifische Umwelt/Unternehmens-Konstellation ist, die darüber bestimmt, inwieweit diese Faktoren zum Tragen kommen; vgl. dazu Kapitel 8):

- Sie baut bürokratiebedingte Disfunktionalitäten ab. Thom (Wandel, 151 ff.) umschreibt diese mit „Überkompliziertheit", „Übersteuerung" und „Überstabilisierung".
- Sie reduziert die Anzahl der Schnittstellen durch die Reintegration bisher arbeitsteilig gelöster Aufgaben.
- Sie senkt die Durchsetzungskosten von Entscheidungen. Wobei hier ein Optimum zwischen sinkenden Durchsetzungskosten bei steigenden Konsenskosten zu finden ist (Thom, Wandel, 145 ff.).
- Sie aktiviert Selbststeuerungstendenzen.
- Sie wirkt kreativitätsfördernd.
- Sie unterstützt die Lernfähigkeit des Systems.
- Sie bietet Alternativen zur rein materiell ausgerichteten Anreizgestaltung und verlagert dadurch den Wettbewerb weg von der rein monetären Seite (vgl. Heidemann, Angestellten, 91): „Mit der Zufriedenheit steigen nicht nur Arbeitsmoral und das Interesse am Beruf, sondern gleichzeitig werden materielle Aspekte etwas weniger wichtig.").
- Sie ermöglicht Erfahrungskurveneffekte im Aufbau und in der Führung von Einheiten, da das Unternehmen gewisse Systeme und Prozesse mehrfach anwenden (= multiplizieren) kann (Pümpin, Dynamik, 107 ff.).

Das auftretende Problem einer suboptimalen Größe wird dabei durch folgende Entwicklungen relativiert:

- Die technologischen Entwicklungen im Produktionsbereich (Stichwort flexible Fertigungssysteme, Computer Integrated Manufacturing) senken die optimale Fabrikgröße.
- Der zunehmende Beratungs- und Service-Anteil bei jedem Produkt verändert Prioritäten in der Wertschöpfungskette. Das Augenmerk richtet sich neben der reinen Kostenorientierung vermehrt auch auf die Leistungsseite.

5. Fallstudien

Einige Unternehmen haben diesen Ansatz schon in der einen oder anderen Ausprägung eingeführt. Die folgenden Fallstudien sollen die Thematik illustrieren und zu weiteren Fragen und Erkenntnissen führen.

Die Auswahl der Firmen für die Fallstudien, dies sei vorausgeschickt, hat sich nicht eben leicht gestaltet. Zwar gibt es relativ viele Unternehmen, welche unkonventionelle Konzepte im Personalbereich anwenden. Diese beschränken sich jedoch nur allzuoft auf Teilbereiche und lassen ein integriertes Konzept vermissen. Auf jeden Fall verfolgen nur sehr wenige einen solch konsequenten Atomisierungsansatz, wie er vorgehend aufgezeigt und gefordert wurde.

Die Untersuchung war deshalb bewußt zweigleisig angelegt. Für die Fallstudien wurden nur Unternehmen ausgewählt, welche der Atomisierungs-Idee in hohem Maße entsprachen. Ergänzend wurde eine Reihe von Unternehmen in die Studie einbezogen, welche eines oder mehrere der genannten Kriterien nicht erfüllten, die aber trotzdem in gewissen Bereichen innovative Ansätze verfolgen und deshalb geeignet sind, das Konzept zu ergänzen.

5.1 Enator

Die Fallstudie basiert auf dem mit Lutz Meyer-Scheel, Geschäftsführender Gesellschafter bei der Enator International GmbH, geführten Interview vom 8. 1. 90 in Hamburg, einem von ihm gehaltenen Vortrag anläßlich des Ittinger Management Panels 91 und auf diversen Geschäftsberichten und Firmenbroschüren.

Das Unternehmen

Enator ist eine internationale Firmengruppe, die 1977 in Stockholm gegründet wurde. Als eines der ersten Unternehmen versuchte Enator, sich mit einer Kombination von Managementberatung und Informationstechnologie zu profilieren. Seine Leitidee umschreibt das Unternehmen wie folgt:

„Das Enator Unternehmenskonzept besteht darin, Beratungsunterstützung anzubieten, in welcher Computerfachkenntnis mit strategischen Fähigkeiten in der Unternehmensführung verbunden wird. Die Zielgruppe bilden Entscheidungsträger von mittelgroßen und großen Unternehmen und Organisationen. Mit seinem gut ausgewiesenen Projektmanagement übernimmt Enator die komplette Verantwortung für die Implementierung von Entwicklungsprojekten von der Konzeptphase bis hin zur Vollendung technischer oder administrativer Systeme."
(Pronator, 1988, 16; Übersetzung durch den Verfasser)

Das Unternehmen erlebte seit der Firmengründung eine rasante Entwicklung. Nach zwei bedeutenden Mergern – mit Knight im Jahre 1988 und mit Modulföretagen Data im Jahre 1990 – beschäftigt das Unternehmen heute über 1600 Mitarbeiter in knapp 50 Firmen und generiert einen Umsatz von SEK 1,097 Millionen.

Organisatorische Aspekte

Seit dem Jahre 1989 besitzt die vorher als Spartenorganisation geführte Enator eine Holdingstruktur. Die ehemaligen Enator-Sparten wurden damals in eigene Gesellschaften umgewandelt. Nach einer umfassenden Restrukturierung und strategischen Neuorientierung im Jahre 1990 existieren folgende vier Business Areas:

Enator Information Systems umfaßt Beratungsleistungen und Produkte im Bereich Informationssysteme für Industrie, Banken, Versicherungen, Handel, das Transportgewerbe und den Finanzsektor. Weiter werden Accounting und Konsolidierungssysteme, Schulungs- und Dokumentationsleistungen angeboten. Enator Information Systems beschäftigt ca. 520 Mitarbeiter in 20 Unternehmen.

Enator Technics beschäftigt sich mit der Entwicklung von Hard- und Software im Bereich Telekommunikation, in der Elektronik- und Datenverarbeitungsindustrie und in der Fertigungsindustrie. Das Leistungsspektrum reicht von Machbarkeitsstudien bis zu Komplettlösungen (beispielsweise die Lieferung vollständiger Telekommunikationssysteme). Enator Technics beschäftigt 262 Mitarbeiter in 9 Einzelfirmen.

Knight Industrial Consultants befaßt sich mit industriellem Design und Produktentwicklung, Entwurf, Konzeption und Einführung von Produktionsanlagen und industriellen Informationssystemen. Auch hier reicht die Leistungspalette von reinen Studien über Entwicklungen bis zu schlüsselfertigen Lösungen und Einführungen. Enator Industrie wendet sich schwerpunktmäßig an den Automobil- und Flugzeugbau, den Energiesektor und die Lager- und Fördertechnik und beschäftigt derzeit ca. 170 Mitarbeiter, aufgegliedert in 4 Firmen an 9 Standorten.

Enator Facility Management umfaßt einerseits Kommunikations- und Informationssysteme für die Zeitungsindustrie, den Handel und für den Personalbereich. Zur Leistungspalette gehören sowohl Beratung, Entwicklung, Implementation als auch der Betrieb entsprechender Systeme, zudem werden umfassende Schulungsleistungen angeboten. Ein weiteres Unternehmen konzentriert sich – mit ähnlicher Leistungspalette – hauptsächlich auf die Benutzer von IBM Mainframes. Enator Facility Management beschäftigt ca. 150 Mitarbeiter in 3 Firmen.

Während die schwedischen Unternehmen direkt in diese Business Areas eingebracht sind, existieren für die übrigen Länder, in denen Enator aktiv ist, eigene Holding-Gesellschaften, so in Dänemark, Finnland, Norwegen und Deutschland. Das in diesen Ländern angebotene Leistungsprogramm ist im wesentlichen dasselbe wie oben aufgeführt, doch werden teilweise länderspezifische Schwerpunkte gesetzt.

Jeder dieser Business Areas steht jeweils ein Managing Director vor. Zusammen bilden sie den Vorstand der Holding, bei Enator „Management Team" genannt. Er trifft sich einmal pro Monat.

Die Aufgaben der Holding lassen sich wie folgt zusammenfassen:

1. Verwalten der Finanzen: Eine der wichtigsten Aufgaben ist das gemeinschaftliche Verwalten des Budgets und der Resultate.

2. Festlegen strategischer Schwergewichte: In einem gemeinsamen Prozeß wird entwickelt, welche strategischen Schwerpunkte man in Zukunft setzen will. Zur Zeit sind dies vor allem Entscheide, welche die Expansion Enators außerhalb Schwedens betreffen.

3. Interne methodische Ausrichtung: Soll eine Zusammenarbeit über die einzelnen Einheiten hinaus möglich sein, bedarf es einer einheitlichen methodischen Ausrichtung. Die Diskussion dieser „methodischen Gleichförmigkeit" ist eine weitere zentrale Aufgabe, die das Managementteam wahrnimmt.

4. Auseinandersetzung mit der Unternehmensphilosophie: Beredet wird weiter der Inhalt und die Ausgestaltung der „Enator-Philosophie-Kurse" (vgl. dazu den Abschnitt „Arbeitsumgebung" auf Seite 89).

Die einzelnen Einheiten

Insgesamt umfaßt das Unternehmen also an die 50 größtenteils rechtlich selbständige Einheiten, die je von einem Managing Director geführt werden. Ein solches Unternehmen setzt sich idealtypisch zusammen aus mehreren Projektmanagern und deren Mitarbeitern, welche durch einen Finanzbuchhalter, einen Marketing- und Distributionsverantwortlichen und eine oder mehrere Sekretärinnen unterstützt werden. Keines dieser Unternehmen sollte die Größe von 50 Personen übersteigen.

> „Solchen Unternehmen ist es normalerweise nicht gestattet, mehr als 50 Angestellte zu haben. Alles was diese Zahl übersteigt, wird dadurch zur Verfügung gestellt, daß weitere kleine Firmen formiert werden. Es sind diese kleinen Firmen, welche die aktuellen Beratungsprojekte durch-

ziehen. Es ist dieses Niveau, auf dem beinahe alle bestehenden und zukünftigen Kundenkontakte gepflegt werden. Hier ist der Ort, wo sich die Berater und ihre Aufgaben entwickeln." (Enator, 1989, 10; Übersetzung durch den Verfasser)

Aus diesem Grund sollen auch *alle* Mitarbeiter in Projekte integriert sein. Es existieren keine eigentlichen Stabsstellen. Sowohl der Marketingverantwortliche wie auch der Finanzbuchhalter sind Mitglieder von Projektteams. Dasselbe gilt auch für die Sekretärinnen, die ihrem Arbeitsinhalt entsprechend „Assistentinnen" genannt werden. Sie sind folgerichtig auch nicht einer bestimmten Person, sondern dem Gesamtunternehmen bzw. einem bestimmten Projekt zugeordnet.

Innerhalb der vom Managementteam festgelegten Leitlinien sind die Unternehmen weitestgehend frei in ihren Aktivitäten. Sowohl der Managing Director als auch die Projektleiter verfügen über weitreichende Kompetenzen. So ist beispielsweise ein Projektleiter berechtigt, in vollem Umfang über Anschlußprojekte zu verhandeln, ohne vorher den Geschäftsführer kontaktieren zu müssen.

Konsequenterweise wird dann auch nur auf der Ebene der einzelnen Einheiten geplant. Der Geschäftsführer tut dies zusammen mit seinen Projektleitern. Er bespricht diese Vorhaben mit dem Areamanager. In der Holding findet nur noch eine Konsolidierung und Koordinierung statt. Es existiert somit keine „Enator-Strategie", sondern nur die Konsolidierung der Strategien und Vorhaben der einzelnen Geschäftseinheiten.

Das auf den ersten Blick etwas chaotisch anmutende Organisationskonzept hat verschiedene Vorteile: Man ist nicht Mitglied einer bestimmten „Abteilung". Jeder Mitarbeiter übernimmt Verantwortung in Projekten, in der internen Abwicklung, im Marketing und in allen anderen Bereichen. Dies verhindert Ressortdenken, führt zu ganzheitlichen Arbeitsinhalten, Flexibilität und Sinn für das Ganze. Das konsequente Arbeiten in Projektteams ermöglicht unbürokratische Führung. Enator kennt keine Titel, keine Stellenbeschreibungen, keine Pflichtenhefte. Dadurch, daß man immer wieder in neuen Projekten und mit neuer Teamzusammensetzung engagiert ist, ändern sich auch die Aufgaben ständig. Es macht also wenig Sinn, diese irgendwo schriftlich festzuhalten. Außerdem ist das Team genügend klein, um, sollte es zu Unstimmigkeiten kommen, diese im gemeinsamen Gespräch zu lösen. Die Kleinheit erleichtert gegenseitige Kontakte. Man kennt sich. Die „Du"-Form ist allgemein üblich. Der Kontakt beispielsweise zum Managing Director ist für jeden Mitarbeiter jederzeit möglich. Er arbeitet im allgemeinen in den selben Räumlichkeiten wie die restlichen Mitarbeiter. Die bearbeiteten Projekte sind so gestaltet, daß sie ein in sich geschlossenes Ganzes bilden. Wenn also Fehler geschehen, Kompetenzunklarheiten und sonstige Probleme auftauchen, können sie immer im Team besprochen werden und betreffen kaum je außenstehende Stellen. Jeder Mitarbeiter profitiert von den Vorzügen eines gehörigen Vertrauensvorschusses und einer damit verbundenen weitestgehenden Delegation.

Die Unternehmensphilosophie

Enator ist geprägt von einer spezifischen Leistungsphilosophie. Als zentrale Merkmale lassen sich festhalten:

Eine gezielte Kombination von Informatik- und Branchenwissen. Enator versucht, durch das konsequente Ausrichten der Einheiten auf einzelne Märkte und Branchen, nicht nur ein professionelles Know-how im Bereich Informationstechnologie anzubieten, sondern dieses mit profunden Kenntnissen eines Marktes oder einer Branche zu verbinden. So hat sich – um nur ein Beispiel zu nennen – ein Unternehmen auf Robotic im Automobilbau spezialisiert.

Weiter steht eine ganzheitliche, integrierte, an den unternehmerischen Zielen orientierte Vorgehensweise im Vordergrund. Enator-Mitarbeiter sollen weder reine Strategieberater noch reine Systementwickler sein, sondern konsequent beide Gebiete verbinden. Jedes Projekt beginnt deshalb mit der Diskussion grundlegender Belange auf Top-Management-Ebene. Bevor überhaupt Aspekte der Informationsverarbeitung einbezogen werden, sollen die Geschäftsidee und die unternehmerischen Ziele zum Ausdruck kommen. Fehlen solche – was nicht selten der Fall ist – werden sie zuerst entwickelt. Erst in einem zweiten Schritt wird auf mögliche Auswirkungen von Informationstechnologien eingegangen. Auch hier soll noch möglichst systemunabhängig gedacht werden. Damit wird einerseits gewährleistet, daß auch Lösungen in Betracht gezogen werden, die nicht unmittelbar mit Informationstechnologien zusammenhängen, beispielsweise bei ablauforganisatorischen Änderungen im Zusammenhang mit CIM. Andererseits soll diese Vorgehensweise für die nötige Unbefangenheit beim Aufzeigen gänzlich neuer, durch die Verwendung von Informationstechnologie erst möglich werdender Leistungen sorgen. Erst die dritte und vierte Phase haben dann die konkrete Systemlösung und deren Realisierung zum Inhalt.

Das Unternehmen strebt weiter die volle Durchgängigkeit bei den Beratungsleistungen an. Von der Konzeptionsphase bis zur Implementation soll mit einem Projektteam gearbeitet werden. Durch die eindeutige Projektverantwortung eines Projektleiters können Projekte von der abstrakten Themenstellung (wie Studie, Planung, Konzept) in konkrete Entwicklungen und Implementierungen (wie Produkte, Systeme, Organisationsstrukturen) überführt werden, ohne das Projektteam komplett auszuwechseln. Jede Projektphase soll zudem so abgeschlossen werden, daß entweder das Unternehmen oder gegebenenfalls auch ein Konkurrent das Projekt weiterführen könnte. Enator legt deshalb auf eine ausführliche Dokumentation des Vorgehens und der Zwischenergebnisse großen Wert. Schließlich übernimmt Enator die volle Verantwortung für die Kosten, den zeitlichen Ablauf und die Qualität eines Projektes.

Eng mit der Leistungsphilosophie verbunden ist die Human-Resource-Philosophie des Unternehmens. Ausgehend von den hohen Anforderungen, die das Leistungskonzept mit sich bringt, und der Einsicht, daß die Mitarbeiter dabei die einzigen „Assets" sind, worüber das Unternehmen verfügt (Zitat Lutz Meyer-Scheel), widmet Enator diesen größte Aufmerksamkeit. Im Gegensatz zu einer Vielzahl anderer Beratungsunternehmen, welche ihren Schwerpunkt eher im methodischen und instrumentellen Bereich setzen, investiert Enator vor allem in die „weichen Elemente des menschlichen Verhaltens". Die Bedeutung dieser Dimension wird klar, wenn man sich die aus Enators Leistungsangebot und Arbeitsweise resultierenden Anforderungen an die Mitarbeiter vor Augen hält:

Aus der Leistungsphilosophie erwächst die Notwendigkeit zu integralem Denken. Da jeder Enator-Mitarbeiter sowohl Strategie- wie auch Informatikberatung macht, muß er sich in beiden Gebieten zu Hause fühlen. Enator-Mitarbeiter dürfen also keine „Hacker" sein, die zwar sehr viel Computer-Know-how besitzen, jedoch nicht fähig sind, dieses Wissen an einen ganzheitlichen, an den unternehmerischen Zielen orientierten Beratungsprozeß zu binden. Weiter bedarf es einer hohen Kommunikationsfähigkeit. Als Bindeglied zwischen Informatik- und Managementdimension müssen sie fähig sein, unternehmerische Ziele und Ideen in informationstechnologische Systeme zu transferieren und aus eben dieser Perspektive dem Management Impulse zu vermitteln. Schließlich verlangt die Notwendigkeit, sich von konkreten, systembezogenen Dimensionen und oft nur vermeintlichen Sachzwängen zu lösen und in konzeptuellen, teilweise visionären Dimensionen zu denken, ein großes Maß an geistiger Flexibilität und Kreativität.

Der Anforderungskatalog wird noch erweitert durch die infrastrukturellen Rahmenbedingungen, unter denen diese Leistungen erbracht werden: flache Strukturen, intensive Teamarbeit, weitestgehende Kompetenzen und frühe Verantwortungsübernahme. Gleichzeitig ist dem Unternehmen klar, daß nur durch diese Umgebung die geforderten Leistungen erst möglich werden:

> „Es ist unsere Philosophie, daß Menschen, welche eine Chance erhalten, sich in ihrer Arbeit zu entfalten, sich auch als Individuen entwickeln. Wer ein Gesamtbild sieht, die notwendige Verantwortung erhält und in diesem Prozeß seinen eigenen Fundus an Fähigkeiten entwickeln

kann, wird stärker motiviert und wird eine noch bessere Leistung erbringen. Des weiteren wird eine Aufgabe um ein Vielfaches angenehmer, wenn sie in einer Umgebung wahrgenommen wird, wo Kollegen auch Freunde sind" (Enator, 1989, 10; Übersetzung durch den Verfasser).

Um diesen Prozeß aktiv zu unterstützen, unternimmt Enator größte Anstrengungen. Sie sollen insbesondere dem Neuling ein rasches Einleben und Einarbeiten in die von Enator gepflegte Kultur ermöglichen. Gefördert werden dabei gemäß dem oben skizzierten Anforderungsprofil vor allem Fähigkeiten im methodischen und sozialen und weniger im fachlichen (sprich: computer-technischen) Bereich.

Dies geschieht vor allem in den „Enator-Philosophiekursen". Jeder neue Mitarbeiter hat die Möglichkeit, einem solchen innerhalb der ersten sechs Monate beizuwohnen. Ziel ist es, den neuen Mitarbeitern (a) die Unternehmensphilosophie vorzustellen und (b) deren Sinnhaftigkeit aufzuzeigen. Zu diesem Zweck werden mehrmals jährlich alle neuen Mitarbeiter europaweit für eine intensive Kurswoche zusammengezogen. Mehrere Aspekte sind dabei bemerkenswert:

Moderatoren dieser Kurse sind Mitglieder des Top-Managements. Im Gegensatz zu den meisten andern Unternehmen, wo solche Angelegenheiten fremdvergeben oder von speziellen Schulungsverantwortlichen übernommen werden, betrachtet das Enator Top-Management die Vermittlung der Unternehmensphilosophie als eine ihrer ureigensten und zentralsten Aufgaben.

Die Kurse finden unter höchst attraktiven Rahmenbedingungen statt. Nach den Worten des Geschäftsführers sind dies immer Orte, „wo es schön und warm ist", so z. B. die Kanarischen Inseln. Es wird bewußt eine stimulierende Atmosphäre gesucht, die sowohl Spaß wie auch intensive Arbeit ermöglicht. In bunten, international zusammengewürfelten Gruppen wird diskutiert, werden Workshops und Präsentationen abgehalten. Das Top-Management gibt dabei nur die Themen vor, die Inhalte zu erarbeiten ist Aufgabe aller Teilnehmer. Ziel ist vor allem die Erzielung einer hohen Signalwirkung. Das Unternehmen möchte zeigen, welche grundsätzlichen Werte es vertritt und wo es sich von andern Unternehmen unterscheidet. Durch Präsentationen und viele praktische Übungen soll die Unternehmensphilosophie vermittelt und unter Beweis gestellt werden. Darüber hinaus ermöglicht der Anlaß ein unkompliziertes Sich-Kennenlernen und erlaubt einem zudem festzustellen, ob man tatsächlich ins Unternehmen paßt.

Kommunikation und Information

Enators Unternehmensphilosophie und – als Ausfluß daraus – das Organisationskonzept atomisierter Strukturen basieren auf intensiver und effektiver Kommunikation. Das Unternehmen hat dazu verschiedene Plattformen entwickelt, die den Austausch a) innerhalb der Einheiten und b) zwischen den Einheiten ermöglichen.

Zweimal pro Monat findet in jeder Einheit eine Mitarbeiter-Vollversammlung statt. Bei Enator Deutschland trifft man sich sogar jeden Montag zum „Monday-Morning-Meeting". Es werden Neuigkeiten ausgetauscht, man informiert sich gegenseitig über neue Projekte und den Stand laufender Angelegenheiten, und man hat ausgiebig Zeit, das Gehörte untereinander zu diskutieren. Der Unterschied zu den wohl überall stattfindenden und mit mehr oder weniger Begeisterung „abgesessenen" Sitzungen ist, so der Geschäftsführer, daß dieser Anlaß – als ein unkompliziertes Kommunikations- und Informationspodium – von den Mitarbeitern überaus geschätzt wird. Das Klima ist ungezwungen, man traut sich, offene Fragen zu stellen und hat das Gefühl, darauf ebensolche Antworten zu bekommen. Sehr viele Friktionen, Unsicherheiten, Gerüchte und dergleichen werden so auf einfache Weise vermieden.

Vierteljährlich finden sogenannte „Quarterly Conferences" mit Teilnehmern aus mehreren Einheiten und Ländern statt. Sie dienen einerseits dem Aufgreifen strategisch relevanter Themen, haben aber eindeutig auch Spaßcharakter. Themen, die in der Vergangenheit zur

Sprache kamen, sind beispielsweise: „Ausbildung", „Tools and Methods", „Software-Engineering – Method Approach". Ausgewählte Projektmanager und die Geschäftsführer legen dazu in Gruppen die Themenschwerpunkte und die Ziele fest. Die Konferenz dient dann der Vertiefung des Themas in verschiedenen Arbeitsgruppen. Hier werden Ideen entwickelt und Visionen entworfen, Konzepte besprochen und Aktivitäten initialisiert, Probleme skizziert und Lösungsansätze vorgestellt. Während es in einem Großteil der andern Unternehmen nur das Top-Management ist, welches sich mit strategischen Belangen befaßt, soll hier bewußt jeder einzelne Mitarbeiter damit konfrontiert werden. Eingebettet sind diese Arbeitsblöcke in Aktivitäten wie beispielsweise Skifahren oder Segeln. Auch hier gilt der Grundsatz, daß man immer wieder die Gelegenheit haben sollte, Neues zu lernen.

Enator bezeichnet die Erfahrungen, die mit diesen Arbeits-/Spaßveranstaltungen gemacht werden, als überaus gut. Die „Vorausleistung", die das Unternehmen in Form eines attraktiven Rahmenprogramms erbringt, fließt durch überdurchschnittliche Leistungen der Mitarbeiter oft mehr als zurück. Ganz klar ist es jedoch nicht nur das Rahmenprogramm, welches motiviert, sondern insbesondere auch das Wissen, an strategisch zentralen Themen mitarbeiten zu können.

Jährlich findet dann noch eine Gesamtkonferenz mit sämtlichen 1650 Mitarbeitern statt. Hier handelt es sich um eine reine Spaßveranstaltung, eine Art Betriebsfest. 1989 hatte das Unternehmen beispielsweise eine größere Fähre in Finnland gechartert, um damit während 24 Stunden und mit einem umfangreichen Rahmenprogramm auf elf Decks durch die finnischen Schären zu fahren.

Soviel zu den regelmäßig durchgeführten Treffen. Nebenbei finden natürlich eine Vielzahl unregelmäßiger fachlich orientierter Zirkel, Gesprächsrunden und Konferenzen statt. Auch treffen sich alle Geschäftsführer jährlich zu einem unkomplizierten Gedanken- und Ideenaustausch.

Die Ausführungen lassen unschwer erkennen, welcher Stellenwert der Kommunikation bei Enator zukommt. Kommunikation schafft, so der

Geschäftsführer, die „Bodensaat" für die horizontale Integration der ansonsten weitestgehend autarken Unternehmen, indem sie – über die reine „gegenseitige Bedeutungsvermittlung" (Definition von „Kommunikation" nach Burkart, Kommunikationswissenschaft, 24) hinaus – eine Vielzahl weiterer Auswirkungen mit sich bringt. Kommunikation, wie sie Enator betreibt, schafft ein vielfältiges Beziehungsnetz. Die Leute lernen sich persönlich kennen. Man sieht Gesichter und hört nicht nur Telefonstimmen. Der Mitarbeiter kriegt das Gefühl, direkt in die Gestaltung des Unternehmens miteinbezogen zu werden, und er wird es auch tatsächlich! Der Verzicht auf Formalitäten und der direkte Kontakt zum Top-Management hilft, unnötige Hemmschwellen abzubauen und führt zu einer gegenseitigen Befruchtung. Schließlich macht das Erleben auch nicht geschäftlicher Aktivitäten Spaß und schweißt zusammen.

Aspekte der Leistungsbewertung

Enator strebt eine unkomplizierte, aber gleichermaßen effektive Leistungsbeurteilung und -anerkennung an. Formalisierte und standardisierte Verfahren sollen verhindert werden. Das spezifische Unternehmenskonzept und die Tatsache, daß jeder Managing Director gleichzeitig für Personalbelange zuständig ist, erleichtern dies in hohem Maße.

Die übersichtlichen Verhältnisse und die Nähe zum Markt ermöglichen eine vergleichsweise einfache Einschätzung von Leistungen. Das Unternehmen kann sich dabei nicht nur auf den Feedback vom Markt stützen, sondern erhält auch durch die wöchentlichen Meetings, in welchen regelmäßig Rechenschaft über den Stand aktueller Projekte abzugeben ist, einen Eindruck vom Leistungsbeitrag jedes einzelnen. Jährlich finden überdies zwei informell und unstrukturiert gehaltene Gespräche mit dem Projektmanager und/oder dem Managing Director statt. Die Tatsache, daß letzterer neben der Geschäftsführung auch Personalbeurteilungs- und -entwicklungsfunktionen wahrzunehmen hat, zeugt vom Stellenwert, der diesen Aspekten im Unternehmen zukommt. Personalarbeit wird als Liniensache angesehen. Nur durch diese Ansiedlung auf Geschäftsführerebene ist auch sichergestellt, daß der vom Unternehmen immer wieder thematisierte „Link zwischen generiertem Nutzen und verteilbarer Leistung" auch realisierbar ist. Bewußt existieren deshalb keinerlei Richtlinien – beispielsweise Gehaltsempfehlungen – von seiten des Gesamtunternehmens.

Trotzdem – und das mag hier erstaunen – bezeichnet Enator „Leistungsmotivation durch Geld" als „Unwort". Das Unternehmen möchte bewußt das Arbeitsumfeld und den Arbeitsinhalt als Hauptmotivator in den Vordergrund stellen. Geld ist dann allenfalls eine logische Folge des erfolgreichen Engagements im Unternehmen, soll aber nicht selbst Motivator sein. (Hier ist anzumerken, daß diese etwas „idealistische" Sichtweise nur möglich ist, weil a) das Grundgehalt relativ hoch ist und b) bei entsprechender Leistung recht große Sprünge absolut üblich sind.)

Die Arbeitsumgebung

Schließlich soll auch die physische Arbeitsumgebung nicht außer acht gelassen werden. Sie fällt einem Außenstehenden unmittelbar auf und erlangt ihre tiefere Bedeutung, nachdem man Einsicht in die übrigen Konzeptbausteine erhalten hat. Enator versucht gezielt, die Unternehmensphilosophie auch ins architektonische und arbeitsorganisatorische Umfeld einfließen zu lassen. Beispielsweise begleitete in Schweden ein dreiköpfiges Architektenteam während dreier Monate eine Projektgruppe, um dadurch die Arbeitsweise der Enator-Leute kennenzulernen. Neben dem hohen Interaktions- und Kommunikationsbedarf wollte man insbesondere auch auf den hohen Leistungsdruck aufmerksam machen, welchem das Team vor allem beim Abschluß von Projekten ausgesetzt ist. Die Büros sind aus diesem Grund sehr offen gehalten, ohne dadurch den unpersönlichen Charakter von herkömmlichen Großraumbüros aufzuweisen. Die Arbeitsplätze (inklusive derjenige des Geschäftsführers) sind ungezwungen im Raum verteilt. Lärmabsorber, Raumteiler und teilweise Glastüren dämpfen den Schallpegel. Pflanzen, viel Fensterfläche, helle, sorgfältig abgestimmte Farben sollen für eine – so der Geschäftsführer – „geistöffnende" und angenehme Atmosphäre sorgen. Als Besonderheit, schon fast als Kuriosum, ist die Tatsache zu bezeichnen, daß jedes Enator-Unternehmen über einen Klavierraum verfügt. Dem liegt die Idee zugrunde, daß kaum etwas so entspannend und kreativitätsfördernd wirkt, wie sich eine Zeitlang dem Klavierhören oder -spielen hinzugeben. Uhren – um noch ein anderes bemerkenswertes Beispiel zu erwähnen – findet man bei Enator keine. Ein vom Architekten eingebautes, sehr schönes Exemplar mußte mit der Bemerkung wieder entfernt werden, daß Enator nach Problemen und nicht nach Zeit arbeite. Zeitprobleme stellen sich dann von selbst noch ein ...

Multiplikation/Zellteilung

Seit der Gründung von Enator im Jahre 1977 hat sich die Zahl der Enator-Einheiten auf über 50 erhöht. Obwohl teilweise auch durch Aquisition erworben, multipliziert Enator dabei verschiedene Elemente seines Unternehmenskonzeptes. In erster Linie ist dies einmal die Multiplikation der Philosophie. Als übergeordnetes Ganzes ist sie die Richtlinie im Gestaltungs- und Handlungsraum des Unternehmensgeschehens und ermöglicht eine gewisse Richtungsvorgabe unter Beibehaltung größtmöglicher Freiheiten. Diese Philosophie versucht Enator deshalb bei jeder Zellteilung mitzugeben. Das geschieht einerseits dadurch, daß für den Aufbau neuer Einheiten vor allem auf interne Mitarbeiter zurückgegriffen wird. Weit besser als alle anderen Instrumente kann dieser Ansatz dafür sorgen, daß die von Enator verfolgten Grundsätze auch in neuen Zellen weiterleben. Aber auch den unzähligen Kommunikationsveranstaltungen kommt für die Bewußtmachung der Enator-spezifischen Philosophie und die Konkretisierung der dahinter stehenden Werte eine nicht zu unterschätzende Rolle zu. Enator hat allein 1989 ca. SEK 30 Mio. für solche Veranstaltungen aufgewendet (das

Unternehmen legt Wert darauf, diesen Betrag als „Investition" und nicht als „Kosten" verstanden zu wissen).

Weiter multipliziert das Unternehmen Know-how. Enator bietet durch die Kombination von Informationstechnologie-, Branchen- und Management-Know-how in hohem Maße integrierte Beratungsleistungen an. Diese Kombination kann für den Kunden ausgesprochen wertvoll sein, ist aber auch dementsprechend schwierig zu erreichen. Es gilt, bei unterschiedlichsten Personen vorhandenes Wissen auf effiziente und effektive Weise zusammenzuführen und für den Kunden nutzbar zu machen. Enator versucht, dieses anspruchsvolle Methoden- und Prozeß-Know-how konsequent zu multiplizieren. Beispielsweise wurden die Erfahrungen, welche Enator Deutschland im Bereich „Auswirkungen globaler Vertriebssysteme der amerikanischen Airlines auf die Umgestaltung des Weltreisemarktes" erwarb, in fünf weitere Einheiten eingebracht, welche nun ihrerseits damit arbeiten.

Enator multipliziert, als Folge der vorhergehenden Punkte, ein Image. Dieses entfaltet einerseits Wirkungen auf der Absatzmarktseite (Beratungsleistungen), andererseits aber auch auf dem Arbeitsmarkt. Im Jahresbericht 1984 schreibt dazu der Präsident Christer Jacobsson:

„Dem Unternehmen gelang es, trotz Arbeitskräftemangel, die Anzahl der Berater rapide zu erhöhen, da es im Markt über die richtigen Voraussetzungen verfügt. Dies ist im wesentlichen darauf zurückzuführen, daß es uns gelungen ist, eine positive Unternehmenskultur zu entwickeln; das heißt, unsere Fluktuationsrate liegt sehr tief, und das Einstellen neuer Teammitarbeiter gestaltet sich leichter." (Enator, 1984, 4; Übersetzung durch den Verfasser)

Weiter multipliziert Enator seine Erfahrungen im Architekturbereich. Insbesondere die Gebäude in Schweden sind echte architektonische Wunderwerke. Sie spiegeln das Know-how wider, das Enator AB im Planen, Entwickeln und Ausgestalten seiner Philosophie und Kultur adäquater Gebäude erworben hat.

Nur in geringem Ausmaß werden schließlich Führungssysteme multipliziert. Man beschränkt sich auf die allgemeine Verwendung des Konzeptes der totalen Budget- und Resultatsverantwortung auf Geschäftsführerebene. Der Verzicht auf ein zentrales Administrationssystem hilft, den diesbezüglichen Koordinations- und Konsolidierungsaufwand gering zu halten. Als Führungs-Guideline dienen einige wenige Kenngrößen wie z. B. der Deckungsbeitrag. Die Zahlen sind dafür äußerst schnell verfügbar. Jeweils am 4. des Folgemonats sind die Resultate der eigenen Einheit bekannt, jeweils am 10. des Folgemonats auch diejenigen des Gesamtunternehmens.

5.2 The Body Shop

Die Fallstudie basiert auf den Ausführungen von Ivan C. Levy, dem Head Fanchisee für die Schweiz, auf verschiedenen Firmenbroschüren, auf Geschäftsberichten und Presseartikeln.[8]

Das Unternehmen

1976 eröffnete Anita Roddick einen winzigen Kosmetikladen in einer Nebenstraße von Brighton mit der Idee, verlorengegangene natürliche Hautpflegemittel aus den verschiedensten Kulturen wieder erhältlich zu machen. Ehemann Gordon Roddick hatte sich gerade auf eine längere Südamerika-Reise begeben, und Anita suchte deshalb ihrerseits nach einer Beschäftigung. Da sie mit 4000 Pfund Startkapital nur über bescheidene Möglichkeiten verfügte, galt es sowohl bei der Verpackung als auch bei den Herstellungsprozessen möglichst günstige Lösungen zu suchen. Roddick verwendete Urinfläschchen mit handbeschrifteten Etiketten als Verpackung und stellte die zwanzig angebotenen Produkte größtenteils in der eigenen Küche her. Um die Gestelle einigermaßen zu füllen, verkaufte sie alles in fünf Packungsgrößen.

---

8 Pfluger, Kosmetik; Pfluger, Body Shop; Pfluger, Verantwortung; Köchli, Frau; Meuli, Zahlen; Duttwiler, Natur; Winners, Anarchistin; Burlingham, Woman

Die Idee hatte Erfolg. Ein halbes Jahr später wurde in Chichester ein zweiter Laden eröffnet, für eine weitere Expansion fehlte jedoch das Geld. The Body Shop begann deshalb, ein Franchise-System aufzuziehen.[9] Vorerst noch in England, ab 1978 aber auch immer stärker international orientiert, begann eine höchst dynamische Entwicklung. Heute (März 1991) ist The Body Shop mit über 587 Läden in über 39 Ländern vertreten und beschäftigt insgesamt 9462 Leute (The Body Shop, 1991, 30 f.). Durchschnittlich wird jeden dritten Tag ein neuer Laden eröffnet. Die höchste Zahl von The Body Shop-Neueröffnungen innerhalb eines Monats wurde im Oktober 1990 mit total 20 Neueröffnungen erreicht.

1991 erwirtschaftete das Unternehmen einen Umsatz von 115,6 Millionen Pfund bei einer Eigenkapitalrendite von 30 Prozent, einer Bruttorendite von 56,4 Prozent und einer Nettorendite von 19 Prozent. Das durchschnittliche Umsatzwachstum während der letzten 7 Jahre betrug 64,7 Prozent.

Organisatorische Aspekte

Seit 1986 operiert The Body Shop als Master- oder Head-Franchisee von Littlehampton (West Sussex, England) aus. Hier befinden sich der zentrale Einkauf, die Produktion, die Forschungs- und Entwicklungsabteilung und die PR-Abteilung. Eine eigentliche Marketingabteilung existiert nicht. Von Littlehampton aus werden auch die gut zwei Dutzend eigenen Verkaufsläden betreut.

---

9 (bei „Franchising" handelt es sich mit Tietz um Systeme vertraglich geregelter Zusammenarbeit, „bei denen die Franchise-Nehmer das Recht erhalten, gegen Vergütung und Gewährung von Kontrollrechten ein klar abgegrenztes Programm beim Absatz von Waren und/oder Dienstleistungen zu verwenden", während sich der Franchise-Geber „zur Durchführung von Maßnahmen" verpflichtet, „die die Aktivität des Franchise-Nehmers erleichtern und fördern" (Tietz, Franchising, 22)

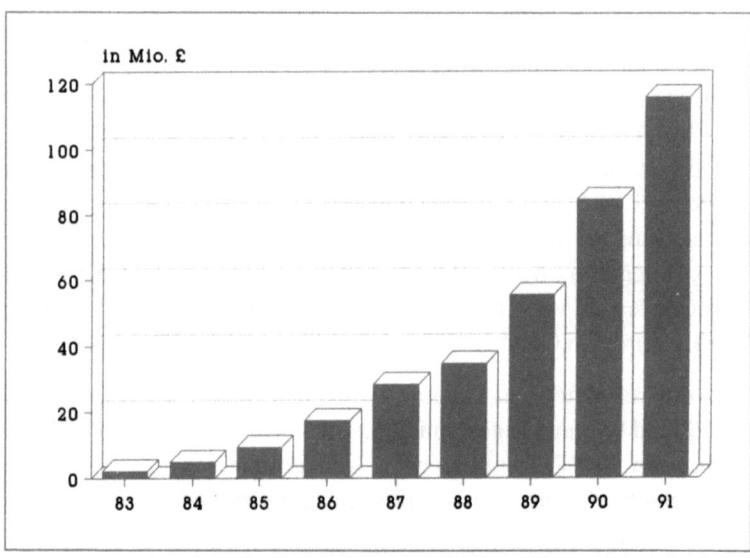

Abbildung 5-1: Umsatzentwicklung bei Body Shop

Für die einzelnen Länder oder Ländergruppen sind sogenannte Head-Franchisees zuständig. Als Bindeglied zwischen den einzelnen Franchisenehmern und dem Hauptsitz nehmen sie folgende Funktionen wahr: Sie sind zuständig für die Lizenzvergabe und die Beurteilung potentieller neuer Franchisenehmer. Sie sind Haupteinkäufer der jeweiligen Länder und verantwortlich für die Lagerbewirtschaftung. Weiter sind sie Kommunikations- und Informationsrelais für beide Seiten. Sie informieren einerseits die Verkaufsläden über neue Entwicklungen, Produkte und Projekte und nehmen andererseits Impulse, Anregungen und Kritik aus den Kundenbefragungen der einzelnen Läden zur Weiterleitung nach England entgegen. Sie veranstalten Schulungen und unterstützen die Verkaufsläden beim Merchandising, insbesondere vor der Eröffnung eines neuen Ladens, aber auch in späteren Phasen. Schließlich fällt ihnen eine gewisse Kontrollfunktion bei der Einhaltung der Lizenzbedingungen zu.

Ihre Verbindung zum Hauptsitz kann als relativ lose bezeichnet werden. Natürlich bestehen strenge Vorgaben im Corporate-Identity-Bereich und mit Bezug auf den Sortimentsmix. Finanziell ist der Großteil dieser Head-Franchisees jedoch autonom. Für geplante Projekte besteht eine gegenseitige Informationspflicht. Die Leistungen des Hauptsitzes (Warenlieferungen, Laden-Design, Ausbildung etc.) werden zu Marktpreisen abgegolten.

Auch die von ihnen betreuten Verkaufsläden werden nicht eigentlich „geführt", sondern eher „gecoacht", ist doch die Hauptfunktion des Head-Franchisees – neben der Auswahl potentieller Kandidaten und der Sicherstellung der Lizenzbedingungen – vor allem diejenige eines Dienstleisters. Zu Abstimmungs- und teilweise auch Kontrollzwecken besteht eine Informationspflicht seitens des Franchisenehmers. Sie bezieht sich auf den eigentlichen Geschäftsverlauf, aber auch auf Projekte, Sortimentsergänzungen, spezielle Werbekampagnen etc. Bei negativen, bzw. nicht dem Durchschnitt entsprechenden Ergebnissen, wird sich der Head-Franchisee zwar um eine Lösung zusammen mit dem Franchisenehmer bemühen, seine Funktion bleibt jedoch diejenige eines Beraters und hat keinerlei direktive Wirkung.

Die Unternehmensphilosophie

Die bisherigen Ausführungen lassen wohl keine besonderen Unterschiede zu herkömmlichen Franchise-Systemen erkennen. Diese werden klarer, wenn wir uns der Unternehmensphilosophie zuwenden, welche bei The Body Shop eine absolut zentrale Rolle einnimmt. Einige Zitate zum Einstieg sollen dies verdeutlichen:

> „Warum The Body Shop? Wir wollen die Welt, in der wir leben und arbeiten, nicht sinnlos ausbeuten. Das ist einer der fundamentalen Grundsätze unseres Unternehmens. (...) Unsere Zutaten kommen aus den unterschiedlichsten Ländern der Erde, und wir sind bemüht, den Handel mit der dritten Welt weiter auszudehnen. Wir verhindern

Verschwendung, wo wir können. Wir bieten unseren Kunden einen Nachfüllservice an, damit unsere Verpackungen mehrmals benutzt werden können. Wir verzichten auf überflüssige Verpackung. Wir verwenden Recyclingpapier und umweltschonendes Plastik, und wir suchen ständig nach neuen Möglichkeiten, die Umwelt zu entlasten. The Body Shop existiert nicht in einem Vakuum. Body Shop Produkte werden mit Rücksicht auf die Natur und die Ansprüche moderner Menschen hergestellt." (The Body Shop, 1988, 5)

„... wir bestimmen uns nicht nur durch das, was wir verkaufen – unsere Ziele und Werte sind für uns ebenso wichtig wie unsere Produkte. Im Gegensatz zur traditionellen Kosmetikindustrie verzichtet The Body Shop auf das Geschäft mit den Träumen und der Hoffnung. Ebenso wie wir darauf verzichten, der Jugend ein falsches Image zu verleihen. Wir stehen mit beiden Beinen auf dem Boden der Tatsachen. (...) Wir verurteilen Tierversuche in der Kosmetikindustrie." (The Body Shop, 1988, 2)

The Body Shop versucht, ein ganzheitliches Unternehmenskonzept zur Nutzenstiftung für verschiedenste Bezugsgruppen zu verfolgen. Dieses schließt sowohl den Kunden und die Mitarbeiter als auch die Natur (als stimmenlose Bezugsgruppe), den Staat und die dritte Welt mit ein.

The Body Shop geht vom Bild eines mündigen und kritischen *Konsumenten* aus. Dieser möchte keine heile Welt verkauft bekommen, sondern ehrliche, sachliche Information. Das Unternehmen versucht, diese durch unverbindliche Beratung, durch weitestgehende Deklaration von Inhalts- und Wirkstoffen und eine Vielzahl über die reine Produktdimension hinausgehende Informationen zu liefern. Aus diesem Grund besteht beispielsweise auch kein ausgebautes Bonussystem auf Verkaufsumsätzen, welches nach Meinung von Body Shop einer seriösen und ehrlichen Beratungs- und Verkaufsstrategie im Wege steht.

Das Verhältnis zum Kunden soll dabei ein lebendiges und dynamisches sein, eine wechselseitige Beziehung. Dies schließt auch engagierte

Appelle an dessen Verantwortungsgefühl nicht aus. Dies illustrieren beispielsweise die folgenden Zeilen, die einem Body-Shop-Leaflet entnommen wurden:

> „Sie entscheiden, ob Sie Produkte kaufen wollen, die an Tieren getestet worden sind, oder nicht. Die Macht des Konsumenten kann auch von Kosmetikherstellern nicht ignoriert werden. Sie haben eine direkte Möglichkeit der Einflußnahme – machen Sie davon Gebrauch!"

Eine deutliche Haltung nimmt das Unternehmen auch gegenüber dem *Mitarbeiter* ein:

> „Manchmal hört man Aussprüche wie: unsere Mitarbeiter sind unser größtes Vermögen. Was für ein dummer Satz. Menschen sind nicht das Vermögen eines Unternehmens, sie sind das Unternehmen. Und die Menschen werden die Zukunft der Wirtschaft bestimmen. Es werden die Individualisten sein, die für die Veränderungen in der Wirtschaft sorgen." (The Body Shop, 1988, 8)

Das Unternehmen ist sich auch bewußt, welche Rahmenbedingungen es bieten muß, um eben diese Menschen anzuziehen.

> „Das Blatt wird sich wenden. In zehn Jahren wird es unzählige Firmen wie uns geben. Die Leute wollen für ein Unternehmen arbeiten, das ganzheitlich denkt und Freundschaften schafft. Und sie wollen keine Produkte kaufen, die nur Profit bringen. Sie wollen Sympathie spüren." (Duttweiler, Natur, 65)

Eine sehr wichtige Rolle spielt die Einstellung von The Body Shop der *Natur* gegenüber. Das Unternehmen verkauft einmal ausschließlich naturnahe Haut- und Haarpflegeprodukte, deren Bestandteile über viele Jahre von Menschen benutzt und im täglichen Gebrauch getestet worden sind. Viele der Zutaten sind pflanzlich, einige werden sogar in Nahrungsmitteln verwendet. Dadurch kann auf Tierversuche verzichtet werden. Durch einen Nachfüllservice, fünf verschiedene Packungsgrößen und unschädlich vernichtbare Verpackungen wird überdies die Belastung der Umwelt möglichst gering gehalten. Schließlich unterstützt The Body Shop aktiv Aktionen von Greenpeace und Friends of Earth.

Bemerkenswert ist ferner das klare Statement dem *Staat* und der *Gesellschaft* gegenüber:

„The Body Shop ist ein expandierendes, erfolgreiches und auch gewinnbringendes Unternehmen. Für diesen Gewinn tragen wir Verantwortung. Unser Unternehmen arbeitet ausschließlich auf diesem Globus, in diesen Umweltbedingungen und in dieser Gemeinschaft! Genau dort liegt unsere Verantwortung: Wir wollen der Gesellschaft etwas zurückgeben." (Aus einem Leaflet „Was ist The Body Shop?")

So hat das Unternehmen beispielsweise in Easterhouse, einem der elendsten Viertel von Glasgow, eine Seifenfabrik eröffnet, welche ausschließlich Langzeitarbeitslose beschäftigt.

Aus ähnlichen Motiven betreibt The Body Shop auch gezielt Handel mit der Dritten Welt. „Trade not Aid" nennt sich ein Projekt, welches in Südindien und Sri Lanka mehrere Kinderdörfer (sogenannte Boy's Towns) aufbauen half. In einer partnerschaftlichen Beziehung stellen diese Produkte für The Body Shop her. Das Unternehmen bietet ihnen dafür einen fairen Lohn, ein eigentliches Zuhause, Ausbildung und die Möglichkeit, sich eine Existenz aufzubauen.

Arbeitsinhalt und Arbeitsmotivation

Deal/Kennedy sehen den wirtschaftlichen Erfolg von Franchisingunternehmen als deutlichen Hinweis dafür, daß „Franchising eine den grundlegenden wirtschaftlichen und auch sozialen Bedürfnissen in dieser Gesellschaft angemessene Geschäftsform ist" (Deal/Kennedy, Unternehmenserfolg, 216). Franchiseunternehmen ermöglichen es potentiellen Jungunternehmern, welche noch ein gewisses Anlehnungsbedürfnis haben, sich unternehmerisch zu betätigen, ohne dabei völlig auf sich selbst gestellt zu sein.

Dies gilt sicher teilweise auch für herkömmliche Filialunternehmen und das restliche Kleingewerbe. Was The Body Shop jedoch aus der Masse heraushebt, sind zwei Dinge: Einerseits die alles bestimmende Unternehmensphilosophie, welche dem beruflichen Engagement gewissermaßen eine neue Dimension eröffnet. Andererseits ist es die Möglichkeit, selbst engagierte und persönlich gefärbte Projekte in das bestehende Konzept zu integrieren. Das System sieht nämlich vor, daß sich jede Verkaufseinheit einer bestimmten Minderheitengruppe annimmt. So organisiert z. B. ein Laden Abendeinkäufe für Blinde, andere kümmern sich um Dorgenabhängige, übernehmen Patenschaften für Kinder in der Dritten Welt oder unterstützen Kampagnen für den Schutz bedrohter Tierarten. Hier bestehen für den Franchisenehmer größte Freiheiten. Um seine Projekte zu verwirklichen, kann er verschiedene Dienste von The Body Shop in Anspruch nehmen (z. B. das Design-Department für Poster, Logos etc.).

Dieser Ansatz ermöglicht die Lösung des wohl größten Problems, mit dem jedes Franchiseunternehmen zu kämpfen hat: der Tatsache nämlich, daß die Franchisenehmer höchst unterschiedliche Ansprüche an das System stellen. Diese liegen natürlich einmal in den unterschiedlichen Charakteren der Franchisenehmer begründet, hängen aber auch in großem Maße von der Dauer der Systemzugehörigkeit der jeweiligen Partner ab. Tendenziell werden diese anfangs mehr Betreuung verlangen und auch bereit sein, mehr Einschränkungen zu akzeptieren, als dies in späteren Phasen der Fall sein wird, wo sie bereits auf eigene Erfahrungen zurückgreifen können. The Body Shop kann diesen unterschiedlichen Bedürfnissen in hohem Maße Rechnung tragen, indem sich beispielsweise ein Franchisenehmer, der bereits Erfahrungen im operationellen Bereich der Führung eines Verkaufsladens gemacht hat, im Laufe der Zeit immer stärker mit Aspekten dieses ganzheitlichen Verkaufskonzeptes befassen und eigene Projekte realisieren kann.

Kommunikation bei The Body Shop

The Body Shop pflegt eine intensive Kommunikation, sowohl unternehmensintern als auch über die Unternehmensgrenzen hinaus. Unternehmensextern soll vor allem das Spezifische an der Unternehmensphilosophie kommuniziert werden. Das Unternehmen betreibt dazu keine Werbung im traditionellen Sinn, beispielsweise via Printmedien, Plakate oder Fernsehen, sondern versucht, sein Programm in umfassendere PR-Aktivitäten einzubetten. Zeitschriftenartikel, Leaflets und die schon erwähnten Projekte sollen als Mitteilungsplattform dienen und gleichzeitig klarmachen, daß Produkte von The Body Shop nur „Instrumente", nur „Vehikel" beim Verfolgen einer übergeordneten Philosophie sind.

Die gleiche Aufgabe hat das Unternehmen natürlich auch unternehmensintern zu lösen. Es gilt, die Philosophie zu kommunizieren und mit Leben zu füllen. Das Unternehmen kennt dazu verschiedenste Kanäle. Ein sehr unkompliziertes und effizientes Instrument sind einmal die allmorgendlichen Telefonate des Head-Franchisees mit jedem der betreuten Läden. Hier werden Umsatzzahlen ausgetauscht, Probleme und Aktualitäten besprochen. Auch während des restlichen Tages steht er jederzeit für Anrufe zur Verfügung. Drei Telefonate allein während des Interviews zeigten dann auch, daß diese Gelegenheit benutzt wird. Etwa drei bis vier Mal jährlich erscheint eine Kundenzeitschrift, welche über neue Produkte, über Projekte und deren Hintergründe berichtet. Ein monatlicher Newsletter für die Läden dient als Diskussionsplattform innerhalb des Unternehmens. Diese Themen können auf nationalen Filialleitertreffen vertieft werden, die etwa alle zwei bis drei Monate stattfinden. Schließlich trifft man sich jährlich zu einem internationales Franchise-Meeting.

Multiplikation/Zellteilung

Wie bei Franchisesystemen üblich, findet auch bei The Body Shop ein relativ präzis definierter Multiplikationsprozeß statt. Dieser wurde mittlerweile 587 mal durchgeführt (vgl. Abbildung 5-2).

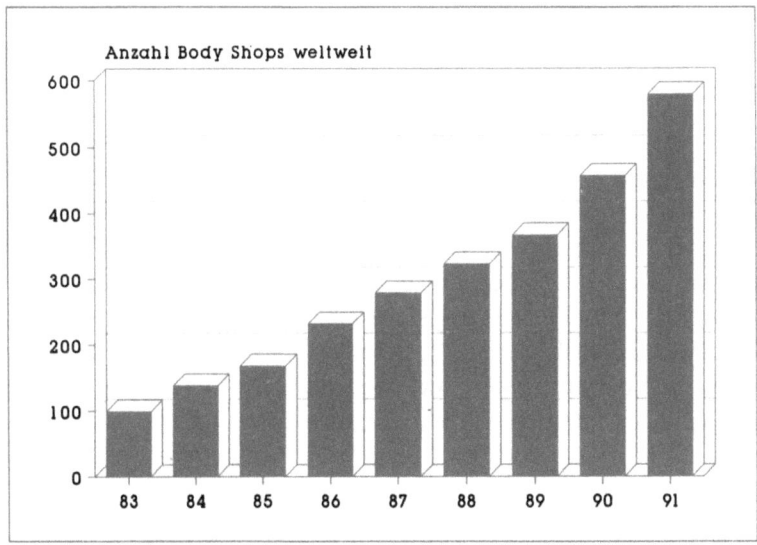

Abbildung 5-2: Weltweite Multiplikation von Body Shop Einheiten

Die bisherigen Ausführungen legen die Interpretation nahe, daß diese Multiplikationsgeschwindigkeit nicht Resultat einer besonders aggressiven Multiplikationspolitik ist, sondern weitgehend einer Art „Sogwirkung" vom Markt her zu verdanken ist. Obwohl das Unternehmen keinerlei Werbung für seine Franchiselizenzen macht, erhält es genügend Anfragen von potentiellen Franchisenehmern, ja es kann viele gar nicht berücksichtigen. Levy, der Head-Franchisee für die Schweiz, spricht von bis zu sechs ernsthaften Anfragen pro Monat.

Ein Multiplikationsprozeß beginnt mit der Bewerbung eines potentiellen Franchisenehmers um eine Lizenz beim Head-Franchisee. Kriterien für die Beurteilung der Bewerbung sind insbesondere die Identifikation mit der Unternehmensphilosophie (es werden beispielsweise keine Lizenzen vergeben, bei welchen das Motiv der Kapitalanlage im Vordergrund steht), die Persönlichkeit des Betroffenen, das Vorhandensein des nötigen Eigenkapitals und die Existenz minimaler Englischkenntnisse. Zudem wird von jedem Bewerber verlangt, daß er während sechs Wochen in einer dem Head-Franchisee gehörenden Filiale arbeitet. Kommt es zu einer Lizenzvergabe, so verläuft die weitere Aufbauarbeit etwa nach folgendem Muster:

Als erstes hat sich der Franchisee auf die Suche nach geeigneten Lokalitäten zu machen. Der Head-Franchisee beurteilt mögliche Lösungen aufgrund verschiedener Kriterien. Erweisen sich Räumlichkeiten und Standort als geeignet, werden die Pläne der Liegenschaft nach England gesandt. Das Design-Department entwirft darauf aufbauend das Ladendesign. Dieses ist weltweit gleich gehalten und im wesentlichen ein Klon des Originals. Je nach Land oder Stadt muß jedoch gewissen örtlichen Vorschriften entsprochen werden. Die erstellten Pläne umfassen weiter infrastrukturelle Belange wie Beleuchtung, Klimatisierung, Elektrizität und Beschallung. Zudem verfügt das Unternehmen über verschiedene, den unterschiedlichen Größen der Läden angepaßte, unter verkaufspsychologischen Gesichtspunkten optimal gestaltete Ladenlayouts. Für die Umbauarbeiten werden üblicherweise örtliche Handwerker beigezogen. Ausgeschlossen davon sind Holzarbeiten für die Fassade. Sie werden durch einen von The Body Shop für diese Arbeiten engagierten Schreiner erledigt.

In diese Periode fallen auch erste Ausbildungsleistungen seitens des Head-Franchisee. Schriftliche Informationen, Videofilme, Schulungen (in den Räumen des Head-Franchisee), aber auch persönliche Gespräche helfen dem zukünftigen Ladenbesitzer, sich vorzubereiten. Bereits zu diesem Zeitpunkt sollten auch weitere Mitarbeiter in den Vorbereitungsprozeß einbezogen sein. Nach Fertigstellung der Räumlichkeiten hat der Franchisee ein vorgeschriebenes Eröffnungsinventar zu übernehmen. Dazu erhält er weitere Instruktionen betreffend Ladenlayout, Etikettierung etc. Drei Tage vor Eröffnung nimmt ein Team des Head-

Franchisee die eigentliche Ladeneinrichtung, das Merchandising, die Dekoration usw. vor. Mit diesem Schritt ist die Aufbauphase beendet. Zwar werden die Kontakte zwischen Head-Franchisee und Franchisenehmer während der nächsten Zeit noch etwas intensiver sein als in späteren Phasen. Grundsätzlich wird der neue Franchisepartner jedoch – mit den bereits erwähnten Einschränkungen – sich selbst überlassen.

5.3 Gore

Die Fallstudie basiert auf einem Interview mit dem Personalverantwortlichen für Gore Deutschland, Eduard Klein. Ferner wurden Firmenbroschüren, verschiedene Exemplare der Firmenzeitschrift „Lattice" sowie Bücher und Artikel herangezogen.[10]

Das Unternehmen

Im Jahre 1958 gründete Bill Gore zusammen mit seiner Frau Vieve ein Unternehmen zur Herstellung von Computerkabeln. Bill Gore hatte zuvor 17 Jahre als Chemiker bei Du Pont gearbeitet. Während längerer Zeit befaßte er sich dort in einem etwa 20 Mann starken Forschungsteam mit einem Polymer, genannt Polytetrafluorethylen (kurz PTFE), welches Du Pont 1937 patentieren ließ und welches Jahre später unter dem Begriff „Teflon" bekannt werden sollte. PTFE hatte eine Vielzahl höchst positiver Eigenschaften wie Säurebeständigkeit, Abriebfestigkeit, Temperaturbeständigkeit und eine fast komplette Isolationsfähigkeit, entzog sich aber herkömmlichen Verarbeitungsverfahren wie Spritzguß- oder Schmelztechniken. Das Team arbeitete während Jahren an verschiedenen Verarbeitungstechniken, wurde dann aber, nachdem ein anderes Forschungsteam mit einem auf herkömmliche Art und

---

10 Naisbitt, Arbeitsplatz; Peters/Austin, Leidenschaft; Levering/Moskowitz/Katz, Companies; Flik, Ameba; Rhodes, Un-Manager; Koch, Team; Altmann; Motivation, Vallaza, Haut; High Tech, Multi-Market-Show

Weise zu verarbeitenden thermoplastischen Co-Polymer aufgekommen war, aufgelöst.

Bill Gore bastelte in der Freizeit, zu Hause in seinem Keller, weiter mit PTFE herum mit der Idee, die hervorragenden Isolationsfähigkeiten für die Isolierung von Computerkabeln zu nutzen, was ihm schließlich gelang. Nachdem er monatelang erfolglos versucht hatte, Du Pont von seiner Entwicklung zu überzeugen, entschloß er sich, selbst ein Unternehmen zu gründen.

Die ersten Jahre operierte das Unternehmen mit mäßigem Erfolg. Es bedurfte einer weiteren Entdeckung, um dem Unternehmen die Startbasis für die nachherige dynamische Entwicklung zu schaffen. Als in den späten sechziger Jahren das Kabelgeschäft immer mehr abzuflachen drohte, versuchte man, durch Dehnen von PTFE und Einschießen von Luft in dessen Molekularstruktur, Material- und damit Kosteneinsparungen bei gleichen Produkteigenschaften zu erreichen, obwohl bekannt war, daß es sich dabei um ein fast unlösbares Problem handelte. Das unmöglich Scheinende gelang schließlich. Man brachte es fertig, PTFE zu recken und eine Art mikroporöse Membrane zu erzeugen. Damit öffnete sich – wie sich zeigen sollte – ein praktisch unbegrenztes Feld von Anwendungsmöglichkeiten. Gores Mitarbeiter wurden eingeladen, Vorschläge für die Nutzung dieser Membrane einzureichen. Als das Verfahren 1970 patentiert wurde, hatte man sich bereits über alle Anwendungsmöglichkeiten Gedanken gemacht, welche während der nächsten 12 Jahre entwickelt werden sollten, mit einer Ausnahme: den künstlichen Gefäßen.

GORE-TEX®, wie die Membrane von da an genannt wurde, brachte dem Unternehmen eine stürmische Entwicklung. Seit den 70er Jahren verdoppelte sich der Umsatz regelmäßig alle drei Jahre. Heute beschäftigt Gore 5700 Mitarbeiter in 37 Werken und erarbeitet einen Umsatz von über 600 Millionen Dollar. (Es handelt sich hier um eine Angabe aus dem Jahre 1989 von Valazza, Haut, 206. Genauere Zahlen sind leider trotz intensiver Nachforschungen nicht erhältlich.) Praktisch jedes neue Produkt, welches während der nächsten Jahrzehnte entwickelt wurde, basierte auf PTFE. Die semi-permeable Membran erwies sich als in höchstem Maße multifunktionell und findet heute in den verschiedensten Bereichen Verwendung.

Textilien: Mit diesem Produktebereich wird Gore hauptsächlich in Verbindung gebracht. Obwohl das Unternehmen selbst keine Textilien herstellt, sondern nur das Grundmaterial – die GORE-TEX®-Membrane – liefert, haben „GORE-TEX®-Produkte" einen hohen Bekanntheitsgrad erlangt. Seit den siebziger Jahren arbeitet Gore mit einer Vielzahl von Partnern aus der Textil- und Freizeitbranche zusammen. Zu den hergestellten Produkten gehören Sport- und Freizeitbekleidung, Schuhe, Zelte, Schlafsackhüllen etc. Das Unternehmen stellt neben der Membrane selbst vor allem auch Know-how zu deren Verarbeitung zur Verfügung und übernimmt eine gewisse Qualitätskontrolle.

Elektronik: Dazu gehört das ursprüngliche Stammgeschäft. Gore entwickelt in naher Zusammenarbeit mit seinen Kunden Kabelsysteme für High-Tech-Bereiche wie beispielsweise die Computerindustrie, die Luft- und Raumfahrt, die Telekommunikation oder die Medizinaltechnologie.

Medizin: PTFE ist auch für den Einsatz in der Medizin ein ideales Material. Die mikroporöse Grundstruktur erlaubt das Einwachsen von menschlichem Gewebe. Dadurch werden Abstoßungsreaktionen fast völlig ausgeschlossen. Gore verwendet es für künstliche Gefäße, Bänder (z. B. künstliche Kreuzbänder) und Gewebsbrücken.

Weiter beschäftigt sich das Unternehmen mit Dichtungstechnik (für jegliche gasförmigen oder flüssigen Substanzen), mit Packungsgarnen (für Pumpen und Rührwerke) und Webgarnen (z. B. für Raumanzüge). Hier zählt vor allem die hohe Temperaturbeständigkeit von PTFE, die Abriebfestigkeit und die Unempfindlichkeit gegenüber Chemikalien.

Schließlich findet PTFE für Mikrofiltration (z. B. in medizinischen Geräten), in industrieller Filtration und für Lecksondensysteme Verwendung. Hier ist vor allem die mikroporöse Oberfläche von PTFE von Bedeutung.

Organisatorische Aspekte

Es war schon immer Bill Gores Ziel, die Arbeitsatmosphäre des Forschungs- und Entwicklungsteams bei Du Pont auch im eigenen Unternehmen weiterzuführen. Dies gelang anfangs recht gut, bis dann, bei einer Unternehmensgröße von ungefähr 200 Leuten, gewisse Veränderungen eintraten:

> „... Als Bill entdeckte, daß er nicht mehr alle Namen kannte, realisierte er auch, daß es den anderen genauso ging. Als noch alarmierender empfand er die feine Verschiebung in der Perspektive: Die einst eng zusammengekittete Gruppe hatte ihren Sinn für Identität verloren. Obwohl er sich über den Grund nicht sicher war, legten ihm seine Erinnerungen an die Task Force bei Du Pont nahe, daß es mit der Anzahl Leute in der Gruppe zu tun hatte. Offensichtlich, dachte er, wurde die Gruppe, als die Anzahl der Mitglieder gegen 200 ging, irgendwie zu einer Masse, in welcher die Individuen zunehmend anonymer und bedeutend unkooperativer wurden" (Rhodes, Un-Manager, o. S.; Übersetzung durch den Verfasser).

Man realisierte, daß die Größe des Unternehmens allmählich die informelle Organisationsstruktur des Unternehmens gefährdete und das Unternehmen seine Identität zu verlieren drohte. Die Beobachtung führte dazu, daß 1967 ein zweites Werk eröffnet wurde, was die Mitarbeiterzahl in Newark auf 150 fallen ließ.

Es blieb nicht bei dieser einen Zellteilung. Gore hat diesen Prozeß seither 35 mal wiederholt. Immer wenn sich die Mitarbeiterzahl in einem Werk dieser Grenze von plus/minus 150 Leuten nähert, wird eine neue Einheit aufgebaut. Sehr oft geschieht dies in geographischer Nähe zum bisherigen Werk. Mit der Zeit entstehen dadurch Cluster benachbarter Werke. Dadurch können gewisse Infrastrukturelemente und ausgewähltes Spezialisten-Know-how gemeinsam genutzt werden. Außerdem erleichtert dies die persönliche Face-to-Face-Kommunikation zwischen den Einheiten.

Auf diese Art sind in Deutschland seit den siebziger Jahren sechs Werke in zwei Clustern entstanden. Vier dieser Einheiten sind in Putzbrunn bei München, zwei davon in Pleinfeld bei Nürnberg lokalisiert. Obwohl beispielsweise in München alle vier Werke auf demselben Areal stehen, sind sie so aufgebaut, daß sie vollständig als eigene Unternehmen operieren können; beispielsweise führt jedes dieser Unternehmen eine eigene Kantine. Lediglich ein Minimum an Infrastruktur wird gemeinsam genutzt, etwa der Hauptrechner oder die Telefonzentrale.

Die 150er-Grenze ermöglicht dem Unternehmen eine vergleichsweise einfach gehaltene Struktur. Gore spricht von einer „Lattice-Organisation", einer „Gitter-Organisation". Sie ist charakterisiert durch einen weitestgehenden Verzicht auf herkömmliche Hierarchien und ein Minimum an Formalismen. Jeder Mitarbeiter soll direkt mit jedem Kollegen kommunizieren. Ein Dienstweg existiert nicht. Begründet wird diese Form von Bill Gore damit, daß jedes Unternehmen unter der Fassade einer autoritären Hierarchie sowieso eine Gitter-Organisation habe:

> „Durch diese Gitter-Organisation werden die Dinge vorangebracht, und die meisten von uns machen sich ein Vergnügen daraus, die offziellen Verfahrensregeln zu ‚umgehen' und die Dinge auf dem direkten und einfachen Weg zu erledigen" (Naisbitt, Arbeitsplatz, 52).

Es geht also lediglich darum, diese informelle Struktur zu legitimieren und das Überflüssige – Hierarchie, Titel, Ränge – zu eliminieren. Gore kennt deshalb weder Organigramme, noch Stellenbeschreibungen, noch Funktionendiagramme. Da das Unternehmen von einer Vielzahl temporärer Teams und Mitarbeiterkreise geprägt ist, würden diese kaum Sinn machen. Man organisiert sich über freiwillige „Commitments".

> „Wir bei GORE sind der Meinung, daß Hierarchien, Titel, Arbeitsplatzbeschreibungen, Organigramme, Befehle u. ä. m. dazu führen, daß man sich mehr auf Strukturen denn auf Prozesse konzentriert. Dadurch erstarrt die Fä-

higkeit, die rasch wandelnde Umwelt zu erkennen und darauf zu reagieren" (Flik, Ameba, 118 f.; Übersetzung durch den Verfasser).

Die Kommunikation über die einzelnen Einheiten hinaus wird durch die Cluster-Anordnung und ein technisch hochstehendes Kommunikationsnetz („Gore-Com") mit Mailvoice erleichtert.

Über diese organisatorisch-strukturellen Belange hinaus ist zu vermerken, daß jedes dieser Werke eigene Business-Pläne erstellt und für deren Durchführung und Kontrolle verantwortlich ist. Eine Gesamtstrategie wird aufgrund der unterschiedlichen Leistungspalette als nicht sinnvoll angesehen.

Als Regulativ zur chaotisch-kreativen Arbeit in den einzelnen Zellen dient ein professionelles Finanzsystem, welches die Daten aus allen Einheiten international zusammenfaßt. Alle Verkaufsgruppen geben regelmäßig kurz- und langfristige Absatzprognosen für ihre Gebiete und Produkte ab, woraus ein selbstentwickeltes Softwarepaket Hochrechnungen über Liquidität ableitet und potentiellen Investitionsbedarf feststellt. Als Kontrollgrößen dienen einige wenige, dafür aber um so bewußter verfolgte Kennzahlen wie beispielsweise Discounted Cash Flow, P-Ratios, Umsatz pro Mitarbeiter oder die Eigenkapitalrendite.

Die Unternehmensphilosophie

„To make money and have fun", so lautet Gores oberster Leitsatz. In einer eindrücklichen „Mind-Map" zeigt Geschäftsführer Flik, wie diese zwei Dimensionen zusammenhängen, daß es sich sozusagen um die zwei Seiten der gleichen Medaille handelt.

„Für uns sind Geld und Spaß zwei unsichtbare Teile des gleichen Zieles, welche sich gegenseitig unterstützen wie in einer Feedback-Schlaufe. Unsere Erfahrung zeigt, daß das Zusammenspiel dieser zwei Elemente recht häufig eine ansteigende Spirale mit guten Resultaten sowohl für

den Kunden als auch für den Berater nach sich zieht."
(Flik, Ameba, 95; Übersetzung durch den Verfasser)

Vier Prinzipien unterstützen diesen obersten Leitsatz:

Freiheit: Jeder soll die Möglichkeit haben, sich gemäß seinen Neigungen und Stärken zu entwickeln und mit selbstgewählten Aufgaben zu wachsen:

„Freiheit erlaubt beides für die persönliche Entwicklung und ermutigt Associates, im Wissen, bei den Fähigkeiten, dem Verantwortungsbereich und dem Aktivitätsfeld zu wachsen. (...) ein Mitarbeiter wird ermutigt zu träumen, teilzuhaben und zu kommunizieren, allem voran aber zu handeln, um etwas beizusteuern und auf diese Weise den Rahmen seiner Freiheit zu vergrößern. Freiheit will verdient sein." (Flik, Ameba, 96; Übersetzung durch den Verfasser)

Selbstverpflichtung: Aus diesem Grund wird man bei Gore nicht für einen von vornherein exakt definierten Aufgabenkomplex angestellt und mit bestimmten Kompetenzen ausgestattet. Das Unternehmen erwartet, daß man sich diese Aufgaben in Form von „Commitments" teilweise selbst schafft. Dazu Bill Gore:

„Wir organisieren uns, wenn irgendwie möglich, um freiwillige Verpflichtungen herum. Es besteht ein fundamentaler Unterschied zwischen einer freiwilligen Verpflichtung und einem Befehl" (aus einer Firmenbroschüre).

Im Gegensatz zu den USA, wo es tatsächlich vorkommen soll, daß man Leute mit dem Hinweis einstellt, sie sollen sich selbst etwas Interessantes zu tun suchen (Rhodes, Un-Manager; Naisbitt, Arbeitsplatz, 18 und 64), werden in Deutschland die Leute größtenteils für einen, wenn auch lose definierten, Aufgabenbereich eingestellt. Die bewußt knappe Umschreibung sorgt dabei für eine gewisse Orientierung und setzt inhaltliche Schwerpunkte, sichert aber auch genügend Spielraum für spätere Entwicklungen. Grundsätzlich organisiert man sich auch hier um „Commitments" herum. Man bekommt Aufgaben und Kompetenzen nicht zugewiesen, sondern man nimmt sie sich. Dazu der Personalverantwortliche Eduard Klein:

„Wenn jemand Dinge erkennt, die getan werden müssen, dann soll er diese tun."

Dies sei an einem Beispiel erläutert: Eine Person wird für die Führung der Buchhaltung des Bereiches X angestellt. Nach einiger Zeit, in der sie ihr Tätigkeitsgebiet besser kennengelernt hat, fallen ihr verschiedene ablauforganisatorische Mängel auf, die sich unter besserer Zuhilfenahme von EDV verhindern ließen. Die betroffene Person hat dann die Möglichkeit, ein freiwilliges Commitment für die Lösung dieses Problems zu übernehmen. Nachdem sie dieses Commitment übernommen hat, ist sie vollständig für das Projekt verantwortlich.

Prinzip Wasserlinie: Das Maß an Freiheit, welches die Mitarbeiter von Gore wahrnehmen können, wird bestimmt durch den obersten Leitsatz „To make money and have fun". Als weitere Leitplanke dient das „Waterline-Principle". Hierbei handelt es sich um ein einfaches Regulativ für die Verhinderung von in hohem Maße „gefährlichen" Aktivitäten. Gore wird dabei mit einem Schiff verglichen, welches es auf See zu halten gilt. Bohren *über* der Wasserlinie ist dabei grundsätzlich erlaubt. Es handelt sich hier um Fehler, welche unabdingbar mit dem Such- und Entwicklungsprozeß von Gore verbunden sind. Bohren *unter* der Wasserlinie könnte jedoch das Schiff zum Sinken bringen.

> „Aus diesem Grunde verlangt das „Wasserlinien-Prinzip", daß sich jeder Mitarbeiter für jede Handlung, die dem Erfolg, dem Ruf und dem Überleben des Unternehmens ernsthaft schaden könnte, mit einem weiteren geeigneten Mitarbeiter berät, welcher die Verantwortung für diese Handlung mit ihm teilen könnte." (Flik, Ameba, 96; Übersetzung durch den Verfasser)

Fairneß: Schließlich wird davon ausgegangen, daß sich Gores Mitarbeiter um Fairneß zu bemühen haben, sowohl untereinander als auch gegenüber den Lieferanten und den Kunden. In Seminaren mit externen Trainern, in Kommunikations-Workshops und bei Konfliktfällen in der täglichen Praxis wird dieses Problem bewußt immer wieder thematisiert.

Aspekte der Leistungsbewertung

Die Überschaubarkeit der Einheiten und die Organisation um freiwillige Commitments herum ermöglicht Gore eine ausgeprägte Leistungsorientierung, wobei sich das Unternehmen bewußt von eindimensionalen Konzepten im Sinne von „Wenn Du 1000 machst, kriegst Du 100" distanziert. Was zählt, ist der Beitrag zum Unternehmenserfolg.

Gore hat dazu ein in mehrerlei Hinsicht bemerkenswertes Modell entwickelt, welches verschiedene Arten von „Sponsoren" unterscheidet. Die Aufgabe des „Advocate-Sponsors" ist es, die Leistung und Mitarbeit eines Angehörigen der Organisation zu kennen, zu bewerten und sie nach außen zu vertreten. Dabei handelt es sich im allgemeinen nicht um einen direkten Vorgesetzten, sondern um irgend eine Person, welche fähig ist, den Leistungsbeitrag dieses Mitarbeiters zu würdigen. Sie berät sich mit dem „Compensation-Sponsor", welcher auch die andern Mitglieder des Arbeitsteams kennt, und weiteren Mitgliedern des „Vergütungs-Teams", um die Leistungen aufzuzeigen, zu vergleichen und ein angemessenes Entgelt festzusetzen (Naisbitt, Arbeitsplatz, 53). Das Einkommen hängt damit weder von Rängen oder Dienstjahren, sondern allein vom geleisteten Beitrag für die Zielerreichung des Unternehmens ab. Bedingung für ein solches System ist natürlich, daß man einander kennt und die Beiträge der einzelnen Personen sichtbar werden können. Die von Gore gewählte Struktur bietet hier das ideale Umfeld. Weiter kennt Gore den „Initial Sponsor". Er hat ein Commitment für einen neuen Mitarbeiter übernommen und begleitet diesen während der ersten, oft schwierigen, weil kaum durch verbindliche Anweisungen geregelten, Zeit im Unternehmen.

Neben diesem Leistungsbeurteilungs- und Salärfestsetzungsverfahren ist auch das Kapitalbeteiligungssystem ASOP (Associate Stock Ownership Plan) von Interesse. Für Gore ist es logischer Bestandteil einer auf Identifikation und persönliches Engagement zielenden Unternehmenspolitik. Nach Flik besteht ein fundamentaler Unterschied

„zwischen der Arbeit für (irgend) ein Unternehmen, das ein mehr oder weniger angemessenes Salär zahlt, und dem Arbeiten für mein Unternehmen, bei welchem ich ein beachtliches finanzielles und psychologisches Stück des ganzen Gefüges halte." (Flik, Ameba, 128; Übersetzung durch den Verfasser)

Aus diesem Grund erhält jeder Mitarbeiter jährlich zusätzlich zu seinem Gehalt einen bestimmten Prozentsatz des Vorjahresgehaltes in Form von Aktien. Diese werden in einem Depot verwaltet. Um die Mitarbeitertreue zu fördern und das langfristige Engagement zu stärken, erwächst erst nach 5 Jahren ein unverfallbarer Anspruch von 25 Prozent, der jedoch noch nicht ausbezahlt werden kann. Nach 15 Jahren besteht dann ein hundertprozentiger Anspruch, der bis zu 50 Prozent ausbezahlt werden kann. Diese Mitarbeiterbeteiligung ist auch der Grund, daß sich jeder Mitarbeiter von Gore „Associate" nennt.

Die Entwicklungsmöglichkeiten bei Gore

Um einen Einblick in die Karriere- und Entwicklungsmöglichkeiten bei Gore zu erlangen, ist vorerst ein kurzer Exkurs in das von Gore „Amöben-Konzept" genannte Organisations- und Entwicklungskonzept nötig (vgl. hierzu Flik, Ameba). Gore nimmt darin die Metapher einer Amöbe zu Hilfe, um die Funktionsweise seiner intern ablaufenden Arbeits-, Lern- und Entwicklungsprozesse aufzuzeigen.

Bei einer Amöbe handelt es sich um einen Einzeller ohne feste Form. Um sich fortzubewegen oder um Nahrung aufzunehmen, kann die Amöbe ihr Plasma in irgendeine Richtung bewegen und dabei sogenannte „Pseudopode" bilden. Mit diesen „Plasma-Armen" umschließt sie umherschwimmende Partikel, um sie mittels einer semi-permeablen Membran auf deren Verwertbarkeit zu überprüfen. Je nach Resultat wird sie diese definitiv einschließen und verwerten oder wieder abstoßen.

„(...) dieses Kleinstlebewesen, das in süßen und marinen Gewässern vorkommt, dient als Beispiel in sich geschlossener, gegensätzlicher Grundsätze. Obwohl die Amöbe einerseits von sehr einfacher Struktur ist, ist sie andererseits ein äußerst hochentwickelter Generalist mit sämtlichen lebensnotwendigen Grundfunktionen wie Atmung, Verdauung, Ausscheidung, Fortbewegung, Fortpflanzung und Reaktion auf die Reize der Umgebung. Auch wenn sie dauernd ihre Form ändert, bleibt sie stets gleich und überraschend stabil in ihrer inneren Anatomie – scheinbar mehrdeutige Eigenschaften innerhalb dieses sehr einfachen Organismus lassen ihn dennoch lange Zeit in einer feindseligen Umgebung überleben. Gibt es eine bessere Analogie zu unseren Unternehmen, die eher oft als selten unter widersprüchlichen Konzepten wählen müssen, wenn es darum geht, in einem von ständigem Wettbewerb bestimmten Markt Entscheidungen zu treffen, welche über Leben und Tod entscheiden werden" (Flik, Ameba, 101; Übersetzung durch den Verfasser).

Über die Charakterisierung des Wesens und des Verhaltens des Gesamtunternehmens hinaus findet die Metapher auch Verwendung zur Beschreibung der Vorgänge bei der Übernahme von Commitments durch einzelne Mitarbeiter. Das Ausfahren von Pseudopoden zur Abtastung der Umgebung nach verwertbaren Partikeln stimmt bis zu einem gewissen Ausmaß mit dem Prozeß überein, der vor sich geht, wenn ein Mitarbeiter sein Umfeld nach Wertschöpfungsmöglichkeiten abtastet. Auch hier geht es darum, mittels Versuch und Irrtum festzustellen, wo die eigenen Stärken und Präferenzen auf ein fruchtbares Aktivitätsfeld stoßen. Solche Aktivitätsfelder können dabei sowohl außerhalb wie auch innerhalb des Unternehmens bestehen. Außerhalb beispielsweise in einer neuen Anwendungsmöglichkeit einer Technologie, innerhalb bei den Problemen eines Kollegen mit einem seiner Projekte.

Dieses Abtasten von Möglichkeiten für eigene Leistungsbeiträge dient damit sowohl dem Gesamtorganismus, indem dieser vom Engagement seiner Mitglieder profitiert, andererseits aber auch dem einzelnen, der gezielt an seinen Stärken arbeiten kann. Damit sollen jene echten „Win-Win-Situationen" möglich werden, in denen jemand Aufgaben übernehmen kann, die seinen eigenen Fähigkeiten entsprechen und die ein anderer nur zu gerne abgibt, da sie ihm nicht liegen und ihn seinerseits an der Ausnutzung seiner Stärken hindern (in Abschnitt 6.5 soll noch näher darauf eingegangen werden).

Welchen Einfluß hat dieses Verständnis nun auf die Entwicklungs- und Karrieremechanismen im Unternehmen? Verschiedene Aspekte sind bemerkenswert:

Für den einzelnen ist einmal von Bedeutung, daß er sich gezielt entwickeln und seine Fähigkeiten nutzen kann, wobei ihn das Unternehmen in hohem Maße unterstützt. Damit weiß er auch, daß das Unternehmen an diesen Stärken interessiert ist und nicht danach trachtet, seine Schwächen auszumerzen. Er kann somit Aufgabengebiete, bei welchen er sich unwohl fühlt und für die er keine Neigungen verspürt, auch wieder verlassen, ohne dabei sein Gesicht zu verlieren.

„Wenn eine Amöbe erfolglos einen Pseudopod ausgefahren hat – kein Nahrungspartikel – zieht sie diesen wieder zurück. Sie kehrt zu einem ähnlichem Zustand zurück, wie sie ihn vorher innegehabt hat – ohne dabei das Gesicht zu verlieren" (Flik, Ameba, 115; Übersetzung durch den Verfasser).

Dies bedeutet gleichzeitig eine Verlagerung der primären Motivationsinstrumente. Nicht der potentielle Status („Aufstieg") einer neuen Aufgabe soll von Bedeutung sein, sondern die Möglichkeit, seine Fähigkeiten zu nutzen und zu entwickeln und das zu tun, woran man Spaß hat.

Diese Verlagerung weg von rein materiellen Motivationsinstrumenten hin zu mehr ideellen Aspekten bedarf jedoch einer entsprechenden

Unternehmenskultur. Gore versucht – die Anstrengungen um die Verbildlichung dieses Prozesses im Ameba-Konzept zeigen es –, gezielt an einer solchen Kultur zu arbeiten und tut dies mit einigem Erfolg.

Zellteilung/Unternehmensentwicklung

Wir haben bereits erwähnt, daß Gore normalerweise bei ca. 150 Leuten eine Einheit aufteilt, wobei Flik beifügt:

„Es gibt keine exakte Formel für den geeigneten Zeitpunkt, an welchem eine wachsende Organisationseinheit in neue Einheiten aufzuteilen ist. Es gibt natürlich einige frühe Hinweise wie eine „kritische Menge" von Marktsegmenten, Technologien, Produkten, Mitgliedern in einer gewissen Umgebung oder von Kommunikationsproblemen, die helfen, diesen Entscheid zu fällen, bevor das Maximum von 150 bis 200 Associates erreicht ist" (Flik, Ameba, 97; Übersetzung durch den Verfasser).

Es fällt auf, daß das Unternehmen lediglich Kriterien nennt, welche eine Art Obergrenze für das weitere Wachstum einer Einheit umschreiben. Dies im Gegensatz zur herkömmlichen, auf Stückkostendegression ausgerichteten Denkweise, welche sich schwerpunktmäßig an Mindestgrößen orientiert.

Dies hängt damit zusammen, daß sich Gore als ausgesprochen nischenorientiertes Unternehmen versteht. Wächst eine ehemalige Nische zu einem Massenmarkt heran, wie dies beispielsweise bei den atmungsaktiven Textilien geschehen ist, versucht Gore, diesen Massenmarkt erneut zu segmentieren und neue Nischen zu schaffen. Bei den Textilien geschah dies beispielsweise dadurch, daß sich das Unternehmen auf Fischereibekleidung, Fahrradbekleidung und einige weitere Spezialanwendungen konzentrierte. Auf diese Art ist es dem Unternehmen möglich, weiterhin seinem Leitsatz nachzukommen, Produkte von hohem *Nutzen* zu schaffen, welche die Finanzierung eines Organisationskonzeptes erlauben, das *Spaß* macht.

5.4 Ebnöther

Die Fallstudie basiert auf verschiedenen Gesprächen mit dem Delegierten des Verwaltungsrates Gerry Leumann, dem Kommunikationsbeauftragten Rolf Menke und weiteren Mitarbeitern der Ebnöther Gruppe. Ferner wurden Geschäftsberichte, das Umweltleitbild, das Führungsleitbild und verschiedene Presseartikel herangezogen.[11]

Das Unternehmen

Die Gründung der schweizerischen Ebnöther-Gruppe geht auf das Jahr 1947 zurück. Dr. Marcel Ebnöther gründete damals sein Unternehmen zur Entwicklung von PVC-Klebstoffen. Die technischen Qualitäten der Produkte, gepaart mit einer realistischen Preispolitik, verhalfen dem Unternehmen zu einer gesunden Entwicklung. In den frühen 70er Jahren zeigten sich jedoch immer deutlicher die Grenzen, die mit einer produkt- und produktionsorientierten Denkweise verbunden waren. Da Marcel Ebnöther an die Notwendigkeit einer Neuorientierung glaubte, gleichzeitig jedoch wußte, daß er als analytischer Chemiker dazu nur bedingt geeignet war, suchte er eine Person mit Marketing-Background. Er fand sie in Gerry Leumann, welchen er schon bald mit weitreichenden Kompetenzen ausstattete. Kurze Zeit später zog sich Ebnöther aus dem Alltagsgeschäft zurück. 1978 konnte Gerry Leumann das Unternehmen in einem Management Buyout zusammen mit einem Partner übernehmen. Seine Innovationskraft und seine visionäre Stärke prägten in der Folge die weitere Entwicklung des Unternehmens.

1990 ist Ebnöther auf eine Gruppe von 14 Unternehmen angewachsen, wovon 6 auch produzieren. Zwei dieser Unternehmen sind in den USA domiziliert. Weiter besteht dort auch ein Joint-Venture mit einem lokalen Partner. Die Gruppe erwirtschaftete 1990 mit 280 Mitarbeitern einen Umsatz von 121 Millionen Schweizer Franken bei einem Cash flow von 7,9 Millionen Schweizer Franken.

---

11 Leumann, Unterwegs; Leumann, Unternehmensführung; Zapattini, Gruppenkonzept.

Organisatorische Aspekte

Seit 1986 besitzt das Unternehmen eine Holdingstruktur. Die 14 rechtlich selbständigen Unternehmen sind in vier Geschäftsfeldern zusammengefaßt: Verbindungs- und Oberflächentechnik, Bindemittel, Feinpartikeltechnologie und Umwelttechnik. Zur Ebnöther Holding AG, einer reinen Finanzholding, gehört darüber hinaus die Ebnöther Management AG, welche verschiedene Serviceleistungen für die operativen Gesellschaften erbringt. Jedes der in den Geschäftsfeldern zusammengefaßten Unternehmen ist weitestgehend autark. Die Geschäftsführer berichten halbjährlich dem Delegierten des Verwaltungsrates Leumann. Gemäß dem Subsidiaritätsprinzip werden möglichst viele Funktionen auf Unternehmens- bzw. Geschäftsfeldebene wahrgenommen, wobei bewußt auch Doppelspurigkeiten in Kauf genommen werden.

Trotzdem ist das Unternehmen durch vielfältigste Interaktion und eine gemeinsame Marschrichtung geprägt. Erreicht wird dies einerseits durch gewisse formelle Maßnahmen, mindestens so stark aber auch durch eine gemeinsame ideelle Basis. Formell geschieht dies in qualitativ gehaltenen Fünfjahresplänen, in denen eine grob-strategische Stoßrichtung – teilweise eher visionär, teilweise recht konkret – festgehalten wird. Diese Fünfjahrespläne werden in qualitativen und quantitativen Zielbeschreibungen über eine Periode von zwei Jahren konkretisiert. Es handelt sich dabei um auf monatlicher Basis stattfindende Einzelgespräche zwischen der Unternehmensleitung und den Geschäftsführern, ergänzt durch ein halbjährlich stattfindendes Audit, bei dem alle Geschäftsführer der Gruppe anwesend sind und auch ein Mitspracherecht besitzen. Auf informelle Art und Weise wird dadurch eine gewisse Koordination möglich. Man nimmt in Kauf, daß hie und da „das Rad doppelt erfunden wird" (Zitat Gerry Leumann), kann aber dadurch die Ressourcen für Koordination und Abstimmung in Schranken halten.

Innerhalb der einzelnen Geschäftsfelder werden die Unternehmen etwas stärker koordiniert. Hier wird versucht, eine sehr große Kundennähe mit einem zweckmäßigen Zusammenfassen von Ressourcen zu kombinieren. Obwohl sich auf den ersten Blick die Spezialgebiete der einzelnen Unternehmen recht stark zu unterscheiden scheinen, beispielsweise

Bau- und Nebenprodukte,
Papierverarbeitung,
Hygiene- und Medical-Anwendungen,
Produkte für montierende Industrien,

sind doch manche Vorgänge und Tätigkeiten in allen diesen Spezialanwendungen von Bedeutung. Hier ist es wichtig, daß die betreffenden Unternehmen auf Grundrezepturen zurückgreifen und einen gemeinsamen Ressourcenpool in Anspruch nehmen können. Ähnliches gilt für den Produktionsbereich. So hat sich beispielsweise ein Bereich der Ebnöther AG auf die Herstellung wäßriger Systeme spezialisiert und kann dadurch andere Einheiten mit Know-how und Halbfabrikaten beliefern. Ein anderer Bereich tut Gleiches im Bereich Schmelzklebetechnologie. Aufgabe eines Geschäftsfeldleiters ist es, die Koordination zwischen Marketing und Anwendungstechnik einerseits und Entwicklung und Fabrikation andererseits sicherzustellen.

Die Management AG nimmt erstens Führungsfunktionen wahr, die die einzelnen Unternehmen nicht wahrnehmen können oder wollen: die Gesamtleitung und die Repräsentation der Gruppe nach innen wie auch nach außen sowie die eigentliche strategische Führung. Dazu kommen drei weitere, von Ebnöther bewußt auch der Gesamtleitung zugeordneten Funktionen: Finanzmanagement, Mensch und Unternehmen (Human Ressource Management) sowie Kommunikation. Dieser Teil der Management AG ist sehr klein gehalten und besteht nur aus den vier Funktionsträgern.

Weitere 40 Leute nehmen Stabsfunktionen wahr. Für diese Dienstleistungen gelten folgende Grundsätze: Als Dienstleistung wird nur angeboten, was entweder gar nicht von Dritten bezogen oder günstiger bzw. effektiver selber erbracht werden kann.

Stabsfunktionen werden zu Marktpreisen bezahlt. Jeder Geschäftsführer kann und soll selbst bestimmen, wieviele dieser Dienstleistungen er beziehen will. Er kann jederzeit auf Drittangebote ausweichen.

Die Unternehmensphilosophie

Ebnöthers Geschäftsaktivitäten sind geprägt von einer Unternehmensphilosophie, die drei Dimensionen gleichermaßen berücksichtigt:

Umwelt:

„Das Umweltbewußtsein ist zur wichtigen Zielgröße geworden, gleichberechtigt neben den sozialen und ökonomischen Zielsetzungen" (Leumann, Unternehmensführung, 6).

Bereits beim Firmengründer Dr. Ebnöther waren deutliche Ansätze ökologie-orientierter Unternehmensführung vorhanden. So hat er beispielsweise bereits damals keine hochtoxischen Rohstoffe eingesetzt und damit auf eine Anzahl lukrativer Märkte verzichtet. Stattdessen beschäftigte er sich vor allem mit, dazumal noch nicht als schädigend erkannten, leicht flüssigen und leicht brennbaren Lösungsmitteln. Auch erste Versuche mit Substanzen auf wäßriger Basis fielen in jene Zeit.

Gegen Ende der 70er Jahre widmete sich das Top-Management dann verstärkt ökologischen Belangen. Einige beispielhaft ausgewählte Aktivitäten mögen aufzeigen, welch zentrale Bedeutung dieser Problembereich mittlerweilen erlangt hat.

Ein Umweltleitbild wurde formuliert. Mit einem persönlichen Brief an die Privatadresse aller Mitarbeiter wurde die Wichtigkeit dieses Papieres signalisiert. Verschiedene publik gemachte Vorfälle im Zusammenhang mit der Durchsetzung des Leitbildes sorgten für Aufsehen und eine Verankerung im Bewußtsein der Mitarbeiter.

Weiter wurde die Stelle eines Sicherheits- und Umweltbeauftragten geschaffen. Aufgabe dieser Person ist die Überprüfung und Durchsetzung externer und interner Vorschriften, das Evaluieren von Gefahrenpotentialen und die Beurteilung von Investitionsvorhaben unter ökologischen Gesichtspunkten. Mit sehr weitreichenden Kompetenzen ausgestattet, kann sie beispielsweise bei Verstößen gegen das Umweltleitbild mit sofortiger Wirkung die Produktion oder die Weiterführung der betreffenden Tätigkeit sperren. Auch gehört bei jedem Investitionsauftrag die Unterschrift des Umweltbeauftragten ebenso dazu wie diejenige des Finanz-Controllers.

Um den Anteil gesetzlich erlaubter, aber intern unerwünschter Substanzen zu senken, führte das Unternehmen 1990 eine interne Lenkungsabgabe („Umweltfranken") ein, die bei Gebrauch solcher Stoffe zu bezahlen ist. Waren es anfangs noch 238 bewilligungspflichtige Substanzen, sank die Zahl innerhalb kürzester Zeit auf knapp die Hälfte. Die Lenkungsabgabe wird dazu verwendet, das Cost-Center „Arbeitssicherheit und Umwelt" zu finanzieren.

Als weitere Maßnahmen seien erwähnt: Die Entscheidung, die Entwicklung lösungsmittelbasierter Produkte einzustellen und bestehende Produkte dieser Art abzubauen; die betriebsinterne Abfallsortierung und -recyclierung, welche den Hauskehricht innerhalb kurzer Zeit um 70 Prozent reduzierte; gemeinsam mit Kunden erarbeitete Abfallkonzepte oder die aktive Zusammenarbeit mit den Behörden im Bereich der Katastrophenvorsorge.

Wirtschaftlichkeit:

> „Für uns ist klar, daß die Entwicklung ökologisch verträglicher Produkte und Verfahren weiterhin erhebliche Mittel in Anspruch nimmt – ebenso wie die umweltbewußte Betriebsführung. Die größere Rücksicht auf Mensch und Natur ist nicht zum Nulltarif zu haben – das gilt für Ebnöther wie für die gesamte Volkswirtschaft. Auch in dieser Hinsicht hat die Zukunft ihren Preis. Wir rüsten uns darauf, daß das ökologische Bewußtsein und damit einhergehende Korrekturmaßnahmen von Staat und Gesellschaft unaufhaltsam fortschreiten. Auf diese Entwicklung stellen wir uns bewußt konstruktiv ein, um daran gestaltend teilzuhaben. Deshalb orientieren wir unsere Tätigkeit nicht allein an einer übergeordneten wirtschaftlichen und sozialen Zielsetzung, sondern gleichrangig auch am ökologischen Ziel" (Ebnöther, 1989, 4).

Ebnöther ist sich des zumindest kurz- bis mittelfristigen Zielkonflikts zwischen ökologischer und wirtschaftlicher Dimension durchaus bewußt. Trotzdem ist das Unternehmen überzeugt, daß ökologisch und sozial sinnvolle Konzepte für ein langfristiges Prosperieren eine unabdingbare Voraussetzung sind.

Mensch: Mit dem Menschen ist Ebnöthers Philosophie auf zwei Arten verknüpft. *Indirekt* durch das unmittelbare Eingebundensein des Menschen in die Natur:

„Wir handeln nicht der Natur, sondern uns zuliebe" (G. Leumann).

„Mit dem Menschen und seiner Umwelt sind wir unwiderruflich verknüpft. Die Sorge um beide bestimmt unser unternehmerisches Handeln" (Ebnöther, Sicherheits- und Umweltleitbild).

Direkt aber auch dadurch, daß es sich bei jedem Unternehmen – wie dies Ebnöther selbst sagt – um eine „Arbeits- und Erwerbsgemeinschaft von Menschen" (Ebnöther, Profil) handelt. Der Begriff „Gemeinschaft" deutet bereits darauf hin, daß das Unternehmen bewußt mehr sein möchte als ein bloßes Vehikel betrieblicher Faktorkombination:

„Jeder in der Wirtschaft Tätige muß sich fragen, weshalb überhaupt ein wirtschaftliches Unternehmen betrieben wird. Die vordergründige Antwort, nämlich um des Gewinnes willen, kann einen ernsthaften Unternehmer nicht befriedigen. Wir bei Ebnöther beantworteten vor über 10 Jahren diese Frage damit, daß unser Unternehmen letztlich nur die Aufgabe haben kann, nebst der Selbstverständlichkeit der materiellen Sicherheit für unsere Arbeitnehmer (und damit ist bereits auch die Rentabilität definiert), vor allem Arbeitsplätze zur Verfügung zu stellen, welche den Mitarbeitern Befriedigung und Herausforderung bieten" (Leumann, Unternehmensführung, 10 f.).

Die Humandimension

Bereits der Gründer wählte vor nahezu 50 Jahren, berührt durch die Abgestumpftheit der damaligen Fabrikarbeiter in seinem Wohnort, eine Art teilautonome Arbeitsgruppe als Organisationskonzept für seinen Betrieb. Während der vergangenen Jahre wurde dieser Ansatz dauernd weiterentwickelt und ist auch heute noch als typische Organisationsform vorhanden. Dabei organisieren sich Betriebsmitarbeiter in Absprache mit dem Betriebsleiter selbst in bezug auf Arbeitszeit, Abwesenheiten und Funktionsverteilung. Sie sind verantwortlich für den Einkauf, die Lagerverwaltung, die Produktion, den Versand oder auch die Beschaffung von Ersatzteilen. Sie bearbeiten Rationalisierungs- und Modernisierungsprojekte weitgehend selbst und besuchen dazu Fachmessen im In- und Ausland. (Es stehen ihnen jedoch Fachleute aus Verfahrenstechnik, Ingenieurwesen, Umweltsicherheit und aus dem Finanzbereich beratend zur Seite.)

Diese Überschaubarkeit gilt nicht nur für den Produktionsbereich, sondern ist grundsätzliches Merkmal sämtlicher Unternehmensstrukturen bei Ebnöther. So kennt das Unternehmen weiter eine Vielzahl sogenannter „Missions-orientierter Teams". Sie setzen sich im Idealfall jeweils aus einem Entwicklungschemiker, einem Anwendungstechniker und einem Marketingspezialisten zusammen und bearbeiten spezifische Marktsegmente oder Kundengruppen.

Die Überblickbarkeit dieser Teams, die Kleinheit der Unternehmen, in welche sie eingebettet sind (bei Ebnöther existieren Unternehmen mit zwischen 5 und 100 Mitarbeitern, wobei 30 als Idealgröße angesehen wird), und die geringe bis fast gänzlich fehlende Hierarchie sorgen für einen vertieften Einblick in das Unternehmensgeschehen und eine verständliche Input-Output-Relation bei jedem Mitarbeiter. Die Vorgänge im Unternehmen werden als einseh- und gestaltbar empfunden.

Für die einzelnen Unternehmen existieren zudem weder Organigramme noch schriftlich festgehaltene Kompetenzabgrenzungen. Das Unternehmen möchte flexibel auf individuelle Präferenzen, auf Stärken und

Schwächen von Mitarbeitern eingehen können. Als Grundsatz gilt, daß sich ein neuer Mitarbeiter diejenigen Kompetenzen nehmen soll, welche er zu benötigen glaubt. Tangieren sie dabei den Verantwortungsbereich eines andern, wird erwartet, daß dies intern zwischen den Betroffenen geregelt wird. Erleichtert wird diese bewußte „Unterorganisation" durch die exakte Definition von Schnittstellen. Jede Einheit wird so gestaltet, daß sie möglichst in sich geschlossen tätig sein kann. Funktionen, die für das Team lebenswichtig sind, sollten im Team vereinigt sein. Kompetenzen, die nicht das Team betreffen, werden klar geregelt.

Ganz allgemein fehlen Reglementierungen, Weisungen und andere bürokratisierende Elemente fast gänzlich. So wurden beispielsweise vor zehn Jahren zugunsten von reinen Funktionsbezeichnungen alle Titel abgeschafft. Jedermann unterschreibt seine Briefe selber, so auch der Lehrling; Bedingung ist allerdings, daß er der Unterschrift seine Funktionsbezeichnung beifügt.

Der durch dieses Anregen zum Mitdenken und Mitgestalten ausgelöste Entwicklungsprozeß bei jedem einzelnen Mitarbeiter führt natürlich gelegentlich auch zu einer gewissen Eigendynamik und divergierenden Interessen. Ebnöther bringt einer solchen Entwicklung grundsätzlich Verständnis entgegen. Angestellte, die an einen Punkt gelangt sind, wo sie sich lösen möchten, werden nicht nur „nicht gehindert", sondern oft sogar aktiv unterstützt. Das Unternehmen versteht sich dabei nicht zuletzt auch als eine Art „Unternehmerschule". Dies aus der Überzeugung heraus, daß Klein- und Mittelbetriebe nicht nur für den einzelnen, sondern auch volkswirtschaftlich gesehen etwas Sinnvolles darstellen und deshalb gefördert werden sollten.

Kommunikationsaspekte

Ebnöther sieht in der Fähigkeit, mit Kommunikation umzugehen, ein wesentliches Erfolgskriterium bei der Umsetzung des Unternehmenskonzeptes. Sie wirkt sowohl nach innen als auch nach außen, auf der

Ebene des Gesamtunternehmens wie auf der Ebene der einzelnen Einheiten. Kommunikation sorgt für eine Sichtbarmachung und Verbreitung der Philosophie, sie koordiniert, führt zu neuen Problemlösungen und motiviert.

Ebnöther hat ein vitales Interesse, die Unternehmensphilosophie, das heißt die Ausrichtung auf ökologieorientierte Problemlösungen einerseits und den Willen zur Gestaltung unternehmerischer Strukturen andererseits, bei Kunden, Lieferanten, den eigenen und potentiellen Mitarbeitern offenzulegen. Der Kunde ist mit neuen Denkweisen vertraut zu machen. Es gilt, Bewußtsein für die Problematik bisheriger Anwendungs- und Verhaltensmuster (z. B. Klebverfahren) zu wecken und die Vorteile neuer, auf den ersten Blick möglicherweise ungewöhnlich wirkender, Problemlösungen aufzuzeigen. Auch dem Lieferanten ist die Philosophie unmißverständlich weiterzugeben. Dies hilft ihm herauszufinden, „was es braucht, um bei Ebnöther ins Rennen zu kommen" (Leumann, Unterwegs, 14).

Weiter haben Kommunikationsaktivitäten die Koordination innerhalb und insbesondere auch zwischen den einzelnen Einheiten sicherzustellen. Die zwischenbetrieblichen Koordinationsaktivitäten werden durch verschiedene Medien unterstützt, z. B. durch ein elektronisches Kommunikationssystem, an welches zehn schweizerische und drei Standorte in Übersee angeschlossen sind, oder auch durch die Firmenzeitschrift „wir". Für eine effektive innerbetriebliche Kommunikation sorgen verschiedene Maßnahmen im Ausbildungsbereich.

Ein nischen- und problemlösungsorientiertes Unternehmen bedarf ferner einer intensiven Kommunikation mit dem Markt, um auf diese Weise zu innovativen, praxisgetriebenen Produkten von hoher Akzeptanzrate zu gelangen. Ebnöther ist von der motivierenden Wirkung von Information und Kommunikation überzeugt:

„Die Rückmeldung und Beschreibung erzielter Erfolge spielt dabei eine unersetzlich wichtige Rolle. Sie stärkt das Vertrauen in den eigenen Kurs und die eigenen Fähigkeiten der Gruppe. Und sie stärkt das Selbstwertgefühl. Daraus erst strömt die Kraft für weitere positive Entwicklungen." (Leumann, Unterwegs, 11 f.)

Ebnöther bietet deshalb – ähnlich einer Zeitung – eher zuviel Information an. Der Betroffene soll auswählen können, was ihn interessiert. Zweimal jährlich wird über den Geschäftsgang informiert, und zwar in qualitativer wie auch in quantitativer Hinsicht. Die Mitarbeiter der zweiten und dritten Stufe erfahren monatlich die Resultate ihres Bereiches bis hinunter zum Betriebsgewinn. Die Öffentlichkeit wird, obwohl es sich nicht um eine Publikumsgesellschaft handelt, durch einen Geschäftsbericht informiert. Zu wesentlichen Beschlüssen, welche die Arbeitsweise sämtlicher Mitarbeiter betreffen, werden Hearings durchgeführt.

Der Wichtigkeit der Ressource Information gehorchend, hat Ebnöther eine direkt dem Delegierten des Verwaltungsrates unterstellte Stelle für „Corporate Communication" geschaffen. Sie soll in professioneller Weise eine Realisierung der obengenannten Ziele sicherstellen.

Aspekte der Leistungsbewertung

Die Modularität und die klar definierten Schnittstellen in Ebnöthers Konzept ermöglichen eine ungleich einfachere und klarere Erfolgszuweisung bzw. Leistungsanerkennung als in herkömmlichen Unternehmen. Da das Unternehmen zudem in hohem Maße vom ganz persönlichen Einsatz jedes Mitarbeiters lebt, versucht es, wo immer möglich, auf dieses Austauschverhältnis hinzuweisen. Ein Teil des Gehalts ist deshalb direkt an den Geschäftserfolg gebunden.

Im Gegensatz zu vielen Unternehmen, welche infolge der Schwierigkeiten bei der Leistungszuordnung auf erfolgsbezogene Gehaltssysteme weitgehend verzichten, lebt Ebnöther bewußt mit diesen Schwierigkeiten. Eine Abhängigkeit des Salärs von den eigenen Leistungen wird als logischer Bestandteil des unternehmerisch orientierten Ansatzes gesehen und dementsprechend propagiert.

Den Zurechnungs-Problemen wird grundsätzlich durch den Versuch begegnet, Verständnis dafür zu wecken, daß Erfolg kaum je das Produkt eigener Bestrebungen allein ist, sondern immer aus einer Vielzahl von Faktoren resultiert, welche die eigenen Bestrebungen verstärken oder abschwächen können. Weiter sichern verschiedene Wahloptionen das Eingehen auf individuelle Präferenzen der Mitarbeiter. Zwar wird beispielsweise bei Marketingleuten erwartet, daß sie mindestens 20 Prozent ihres Gehaltes in Funktion des erreichten Deckungsbeitrages beziehen. Dieser variable Anteil kann jedoch bis zu 80 Prozent gesteigert werden. Weiter wird versucht, das Zustandekommen der Leitgröße (also z. B. des Deckungsbeitrages) genügend transparent zu gestalten. Der Betroffene soll die Einflußfaktoren kennen und nicht das Gefühl haben, sein Einkommen sei an irgendwelche Zufallszahlen gebunden. Schließlich soll die Leitgröße sinnvoll und den Umständen angepaßt sein. Je anspruchsvoller und verantwortungsvoller die Position, desto stärker aggregiert wird die gewählte Leitgröße sein.

Entwicklungs- und Karrieremöglichkeiten

Die flache Organisationsstruktur führt dazu, daß herkömmliche, hierarchiedurchlaufende Karrieren nur beschränkt realisierbar sind. Entwicklungsmöglichkeiten bestehen vielmehr in vertikaler Hinsicht, durch die Übernahme von zwar hierarchisch gleichgestellten, jedoch inhaltlich anspruchsvolleren Aufgaben, und in der Übernahme von New Ventures. Bei Ebnöther kommt insbesondere letzterem eine zentrale Bedeutung zu.

Wie wir noch sehen werden, verfügt Ebnöther über einen ausgeprägten Zellteilungsansatz. Die ausgesprochene Nischenorientierung, gepaart mit innovativen unternehmerischen Einheiten, bringt eine hohe Rate an potentiellen neuen Geschäftsideen mit sich. Hierfür gilt es, die nötigen Humanressourcen bereitzustellen. Vorangetrieben wird diese Entwicklung einerseits von den Mitarbeitern selbst, andererseits aber auch in hohem Maße vom Delegierten Leumann. Dieser sieht in der Entwicklung neuer Geschäftsideen eine seiner wichtigsten Aufgaben. Aus Gesprächen mit Mitarbeitern und Kunden, aus Seminarien und Büchern heraus erwachsene Venture-Ideen werden von ihm zunächst auf einigen wenigen Seiten festgehalten. Mit diesem kurzen, bruchstückhaften Konzept „hausiert" er dann bei geeigneten Personen innerhalb und außerhalb des Unternehmens, die sich für ein solches Vorhaben begeistern lassen könnten, um sie – bei Bedarf – sowohl finanziell, infrastrukturell als auch ideell zu unterstützen. Während dabei das Coaching anfangs noch recht intensiv sein kann, wird sich dieses schon nach relativ kurzer Zeit dem Betreuungsaufwand der übrigen Einheiten angleichen. Auf diese Art war es verschiedenen Ebnöther Mitarbeitern möglich, schon in jungen Jahren verantwortungsvolle und vor allem herausfordernde unternehmerische Aktivitäten zu verwirklichen.

Ausbildungsaspekte

Ebnöther legt höchste Priorität auf Aus- und Weiterbildung. Etwa 10 Prozent der Arbeitszeit werden dafür aufgewendet. Dabei kommt nicht – wie man vielleicht erwarten würde – der fachlichen Ausbildung Priorität zu, sondern der sozialen und kulturellen. So fanden beispielsweise zur Zeit des Interviews ein Architektur- und ein Staatskundekurs statt. Ein Lehrgang in „Private Investment" war gerade abgeschlossen worden. Ganz bewußt werden also auch nicht-arbeitsbezogene Ausbildungsmöglichkeiten angeboten. Die Idee, die dahinter steckt, ist „Lernen" jedermann als einen ständigen und niemals endenden Prozeß bewußt zu machen. Dies mit der Begründung, daß heute der Nachholbedarf an Aus- und Weiterbildung nicht in erster Linie im fachlichen Bereich bestehe, da junge Leute im allgemeinen fachlich sehr gut ausgebildet seien und fehlendes Know-how zudem oft relativ leicht zugekauft oder in externen Kursen erworben werden könne. Dies sei bei kultureller und sozialer Kompetenz nur schwer möglich. Die damit verbundenen zeitlichen und finanziellen Ressourcen würden, so Leumann, vielfach unterschätzt.

Um zehn Führungsnachwuchsleute von der zweiten auf die oberste Führungsebene vorzubereiten, begleitete sie Leumann, zusammen mit professionellen Trainern, während dreier Jahre in einem intensiven Entwicklungsprozeß. In Ermangelung vorhandener Programme wurde ein eigenes, auf die spezifischen Verhältnisse bei Ebnöther abgestimmtes Programm entwickelt. Die ersten 1 1/2 Jahre dienten vor allem der Entwicklung von Fähigkeiten im Umgang mit sich selbst und andern. Dazu gehörten einmal verschiedene gruppendynamische Übungen. Im weiteren hatte die Gruppe während einer Woche ein 4-Sterne-Hotel in Engelberg zu führen (mit Gästen!). Alle Chargen, vom Küchenburschen über den Service bis zum Hoteldirektor, waren innerhalb des Teams aufzuteilen. Das völlig andere Umfeld und die ungewohnten Rollen sollten Gruppenprozesse offenlegen, Konfliktpotential aufzeigen und mithelfen, sich auf einer anderen Ebene zu treffen. Gleichzeitig wurde – auch als Geste des Dankes an den Hotelier – ein Marketingkonzept für das Hotel erarbeitet. Einige Zeit später fand ein einwöchiges Seminar für die Ehepartner dieser Nachwuchskräfte statt, während letztere das „Management" des Haushaltes und der Kinder zu übernehmen hatten. Schließlich gehörte auch eine Frühschicht in einem fleischverarbeitenden Betrieb zum Ausbildungsprogramm. Die zweiten 1 1/2 Jahre waren dann eher fachlich orientiert. So hatte jeder eine Einzelarbeit zu einem spezifischen betriebswirtschaftlichen Thema anzufertigen, welche dann während zweier Tage besprochen wurde. Es folgten ein Innovations- und Kreativitätsseminar mit einem Profi aus der Uhrenbranche und eine vertiefte fachliche Ausbildung, welche teilweise von den Mitgliedern selbst organisiert wurde. Als letzte Aufgabe erfolgte kurzfristig die Einladung zu einer Filmwoche, während der das ganze dreijährige Programm dokumentarisch festgehalten werden sollte. Diese Aufgabe traf bewußt sehr spät ein, und den Teilnehmern blieben nur wenige Stunden, um sich für diesen Anlaß vorzubereiten und die folgende Geschäftswoche zu organisieren.

Multiplikation/Zellteilung

Auch Ebnöther betreibt einen Multiplikationsprozeß im Zusammenhang mit dem Absplitten und Neugründen von Einheiten.

"Sobald dies einigermaßen vertretbar ist, trennen wir eine Aktivität in zwei Teile auf und lassen die beiden neuen Organismen unter eigenem Firmennamen und mit autonomer Struktur, möglichst auch geographisch getrennt, weiterleben" (Leumann, Unternehmensführung, 17).

Multipliziert werden aber keine ganzen Einheiten, sondern lediglich die sie überspannenden Werthaltungen und spezifische, mit dem Multiplikationsprozeß verbundene Know-how-Elemente. Dies aus der tiefen Überzeugung heraus, daß Instrumentelles veränderbar, Ideelles jedoch stabil sein soll. Bei Organisationsformen, Planungs-, Gehaltssystemen etc. handelt es sich um Werkzeuge. Ebnöther legt Wert darauf, daß sie auch so gesehen und folgerichtig ständig vorbehaltlos auf Effizienz und Effektivität überprüft werden. Was hier und heute sinnvoll ist, kann sich schon morgen als höchst disfunktional erweisen. Ebnöther ist bestrebt, den instrumentellen Charakter dieser Elemente immer wieder herauszustreichen und die Wünschbarkeit von Veränderungen in diesem Bereich bewußt zu machen.

"Letztlich streben wir nach einem Bewußtsein, das uns unruhig macht, wenn wir während mehr als 12 Monaten einen Vorgang unverändert gelassen haben" (Leumann, Unternehmensführung, 16).

Eine Multiplikation instrumenteller Faktoren ist damit nur sehr beschränkt bzw. gar nicht sinnvoll und wird deshalb nicht angestrebt. Dies gilt nicht für die ideellen bzw. die Software-Elemente des Unternehmens. Ebnöther multipliziert einerseits Know-how, welches sich darauf bezieht

"... Erkenntnisse der Grundlagenforschung aufzunehmen und zu kommerzialisierbaren Marktleistungen zu transformieren, diese Marktleistungen bei den Abnehmern einzuführen und den sich ändernden Bedürfnissen des Kunden laufend anzupassen" (Leumann, Unternehmensführung, 12).

Im Vordergrund steht also nicht spezifisches Chemie-Fach-Know-how, sondern das Know-how darüber,

„wie die künftigen Bedürfnisse eines Marktes aufgespürt werden, wo wir die richtigen und nützlichen wissenschaftlichen Erkenntnisse finden und wie diese Erkenntnisse in den Markt gebracht werden können..." (Leumann, Unternehmensführung, 21).

Das Unternehmen wird damit zum Systemspezialisten, welcher sich die nötigen Fachkenntnisse von Fall zu Fall aneignet und mit immer wieder anderen außenstehenden Fachleuten zusammenarbeitet, um auf neuen Gebieten sein spezifisches Können auszuprobieren. Ebnöther spricht in diesem Zusammenhang von „phasenorientiertem" Management, weil sich das Unternehmen bei dieser Vorgehensweise letztlich auf ganz bestimmte Phasen innerhalb eines Produktlebenszyklusses spezialisiert: auf die Entwicklungs- und frühe Wachstumsphase.

Multipliziert wird auch Know-how im Bereich Organisation. Obwohl teilweise bereits instrumentell geprägt, wendet Ebnöther dieses Wissen multiplikativ an. Dies jedoch nicht aus rein wirtschaftlichen Gründen, sondern vielmehr aus der Überzeugung heraus, daß diese Unternehmensform der kleinen, überblickbaren Strukturen für den betroffenen Menschen Sinn macht.

Damit sind wir bei einem zweiten wichtigen Multiplikationselement angelangt, bei den Werten. Hier ist eine gewisse Stabilität nicht nur möglich, sondern höchst erwünscht. Werte geben Sinn und können einem Unternehmen zur nötigen Orientierung in einem dynamischen Umfeld verhelfen. Bei Ebnöther schlagen sich diese Wertvorstellungen einerseits im „Profil einer Gruppe" nieder. Zwei Verfeinerungen in, so Leumann, „zwei uns besonders wichtigen Bereichen", dienen dazu, dieses Wertesystem noch transparenter und verständlicher zu machen. Es sind dies das „Führungs-" und das „Umweltleitbild".

Als thesenartiges Unternehmenskonzept spiegelt das „Profil einer Gruppe" die zentralen Wert-Eckpfeiler des Unternehmens wider:

„An unserem Erfolg arbeiten andere maßgeblich mit. Nämlich unsere Abnehmer. Je besser die gemeinsam erarbeitete Marktleistung ist, desto enger wächst die Partnerschaft.

Wo alle sind, finden Sie uns kaum. Unsere Stärke liegt im gezielten Ausnützen von Marktnischen.

Hohe Qualität heißt nicht unbedingt das absolut Beste. Sondern das Richtige. Weil der Kunde genau jenen Qualitätsstandard sucht, der seinen Ansprüchen am besten entspricht.

Kritische Mitarbeiter sind ein Schlüssel zum Erfolg. Wer nur auf Bestehendem verharrt, denkt und handelt nicht aktiv mit. Deshalb verlangen wir von unseren Mitarbeitern stets ein wenig mehr.

Unseren guten Ruf prägen wir nicht allein. Denn die Qualität unserer Leistung ist engstens mit jener unserer Zulieferanten verknüpft.

Freiheit hat ihren Preis. Doch wir nehmen sie uns. Wir achten auf ein gutes Verhältnis zwischen Fremd- und Eigenkapital. Damit bleiben wir frei in unserer Entscheidung, Leistungen zu entwickeln und anzubieten, die sinnvoll sind und an die wir glauben." (Ebnöther, Profil)

Diese sechs Punkte und die Aussagen im Führungs- und Umweltleitbild zeigen einen Grundkonsens, welcher die auf den ersten Blick recht heterogene Ausrichtung von Ebnöther auf eine gemeinsame Basis zurückführt. Sie dienen zugleich als inhaltliche und formale Richtschnur für die Entwicklung neuer Geschäftsideen. Großvolumina oder die Beschränkung auf Grundlagenforschung wären damit eindeutig Aktivitäten, die nicht ins Konzept von Ebnöther passen.

6. Atomisierte Strukturen: Ein Konzept zur Ausschöpfung von Humanpotential

Wiederholen wir kurz die bisherige Vorgehensweise: Ausgehend von aktuellen wirtschaftlichen, sozialen und ökologischen Rahmenparametern und den Erkenntnissen aus bisherigen Nutzungsansätzen, haben wir eine grobe Vor-Überzeugung darüber entworfen, wie ein „ideales" Konzept zur Nutzung des Humanpotentials gestaltet sein müßte. Mit dieser „Konzept-Brille" wurden verschiedene Unternehmen untersucht, die diesen Erfordernissen in den zentralen Eckpunkten entsprechen.

In diesem Abschnitt werden nun grundlegende, konstituierende Gemeinsamkeiten in den Unternehmens- bzw. Führungskonzepten dieser Unternehmen „herausdestilliert". Folgende Fragen sind dabei von Interesse:

- Welche *Elemente* charakterisieren ein atomisiertes Unternehmen?
- Welche *Bedeutung* fällt den Elementen als solchen, insbesondere aber in der Verbindung mit den übrigen Konzeptelementen, zu?
- Welche *Wirkungsmechanismen* sind von Belang?

Folgende Konzeptelemente sollen dabei genauer betrachtet werden: die Unternehmensstruktur, die Arbeitsgestaltung, die Kommunikation, die Leistungsbeurteilung, die Entwicklungsmöglichkeiten und die Ausbildungsschwergewichte.

Abbildung 6-1 gibt die Verhältnisse wieder. Die einzelnen Elemente sind bewußt in einem Kreis angeordnet, um der Gefahr einer Hierarchisierung zu entgehen. Natürlich ist diese Aufteilung bis zu einem gewissen Grad willkürlich, existiert doch eine Vielzahl von Interdependenzen und Überschneidungen, welche eine eindeutige Abgrenzung verunmöglichen. Trotzdem scheint es aus didaktisch-methodischen Gründen Sinn zu machen, jedes Element gesondert anzugehen.

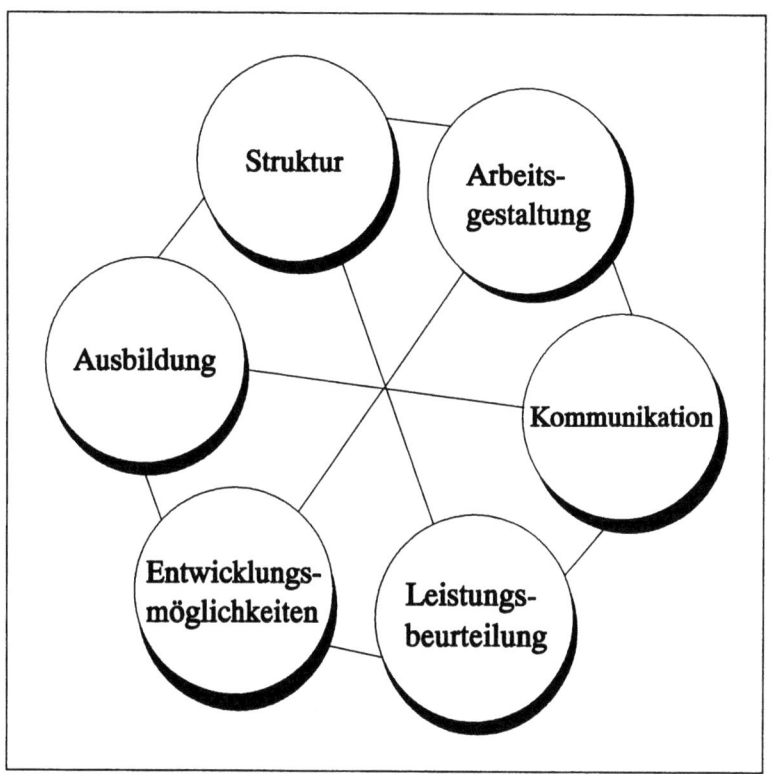

Abbildung 6-1: Die Konzeptelemente

6.1 Die Struktur eines atomisierten Unternehmens

Anforderungen an eine zukünftige Strukturgestaltung

Wir haben gesehen, wie sich die jeweilige Unternehmensumwelt einer bestimmten Epoche in der Ausgestaltung der Unternehmensstruktur niederschlägt. Gleichzeitig wurde klar, daß dieser Änderungsprozeß immer mit einem Time-Lag verbunden ist und keineswegs von selbst abläuft. Ein Unternehmen, welches sich gezielt auf veränderte Bedingungen ausrichten will, muß sich früh genug überlegen, welchen zukünftigen Anforderungen seine Organisationsstruktur zu genügen hat:

Fähigkeit zu motivieren

„Unternehmen sind selbstgebastelte Abenteuer-Spielplätze für Erwachsene mit den Zielen: Kundennutzung und Selbstentfaltung" (Mann, Controlling, 115).

Während in der Vergangenheit das Systematisieren und Kanalisieren von Beziehungen und Abläufen im Vordergrund stand, geht es heute vermehrt darum, die richtigen Rahmenbedingungen für eine bestmögliche Entfaltung des menschlichen Potentials zu setzen. Die Struktur soll nicht mehr nur ordnen, regeln und unterbinden, sondern sie soll ein Gestaltungsraum sein, welcher Eigeninitiative, Erfindergeist, Kreativität und Spaß an der Aufgabe ermöglicht.

Sinngebung

„Den größten Wettbewerbsvorteil auf dem Arbeitsmarkt von morgen hat die Unternehmung mit dem besten Sinnangebot" (Weiß, Mitarbeiter, o. S.).

Die vermehrte Freizeitorientierung ist nicht zuletzt ein Beweis dafür, daß viele Leute ihre Befriedigung und Bestätigung nicht mehr in der Arbeit, sondern zunehmend in anderweitigen Aktivitäten suchen. Der steigenden Sensibilisierung der heutigen Menschheit für Umweltprobleme verschiedenster Art haben Unternehmen bisher zu wenig Rechnung getragen, ebenso dem Bedürfnis, die eigenen Interessen und Fähigkeiten ins Erwerbsleben einzubringen. Arbeiten um zu leben ist heute nicht mehr Legitimation genug. Ein Unternehmen muß über diese rein materielle Komponente hinaus einen Beitrag zur Sinngebung für den einzelnen und die Gesellschaft leisten.

Lernfähigkeit

„Die moderne Firma muß eine lernende und nicht eine wissende Organisation sein" (Fortune, 21. 7. 1978, zitiert in Simon, Unternehmenskultur, 8).

Damit sind nicht nur die herkömmlichen Ausbildungsprogramme gemeint, bei denen der Praxistransfer oft nur schlecht gelingt. Ein Unternehmen hat sich darum zu bemühen, vielfältige praktische *Lernfelder* (Schmid, Ausbildung, 160) zu schaffen. Dies nicht nur in fachlicher Hinsicht, sondern auch mit Bezug auf Sozialkompetenzen. Nur so wird es möglich sein, der immer höheren Dynamik bei Technologien, Produkten und Märkten und den steigenden Anforderungen an zwischenmenschliche Interaktionsfähigkeiten zu entsprechen.

Flexibilität

„Somit werden Bewohner einer veränderlichen Umwelt eher ein Zelt benötigen. Eine Zeltorganisation legt mehr Wert auf Flexibilität, Kreativität, Direktheit und Initiative als auf Autorität, Klarheit, Entschlossenheit oder Reaktionsfähigkeit" (Hedberg, Tents, 29).

Eine Organisationsstruktur muß dem Unternehmen Flexibilität ermöglichen. Dies nicht nur zur Risikovorsorge im Falle von negativen Umweltentwicklungen, sondern auch zur Erhöhung der Handlungsspielräume für die Nutzung von unerwartet auftretenden Marktchancen.

Wirtschaftlichkeit: Das bisherige Hauptkriterium für die Beurteilung einer Unternehmensstruktur – die Effizienzerhöhung durch systematisches Durchstrukturieren und Regulieren von Aufgaben, Beziehungen und Prozessen – wird bewußt am Schluß genannt. Das soll nicht heißen, daß diesem Kriterium keinerlei Bedeutung mehr zukommen wird. Je nach Umwelt- oder Marktsituation kann dies selbstverständlich noch immer einer der wichtigsten Entscheidungsparameter für die Ausgestaltung einer Organisationsstruktur sein. Wir müssen jedoch berücksichtigen, daß sich die Wirtschaft in unseren Breitengraden aufgrund hoher Lohnkosten immer stärker auf qualitativ hochwertige Produkte mit hoher Wertschöpfung ausrichtet. Dies bedingt, daß wir unser Augenmerk vermehrt weg von der reinen Kostenseite hin zur Leistungsseite lenken.

Fazit: Ein veränderter Aufgabenkatalog. Diese Ausführungen machen deutlich, daß sich die Aufgaben einer Organisationsstruktur radikal geändert haben. Während es früher darum ging, den „Störfaktor

Mensch" mit möglichst wenig Friktionen in das betriebliche Gesamtsystem einzubinden, stehen wir heute vor genau entgegengesetzten Verhältnissen. Die Organisationsstruktur hat sich verstärkt den menschlichen Interessen, Neigungen und Eigenschaften anzupassen, um gezielter das Potential jedes einzelnen zu nutzen. Nicht die Fähigkeit zum Ausmerzen von menschlichen Schwächen, sondern die Fähigkeit des Ausnützens menschlicher Stärken wird damit zum Richtmaß für erfolgreiche organisationsstrukturelle Konzepte der Zukunft.

Strukturcharakteristika atomisierter Organisationen

Welche Strukturmerkmale charakterisieren nun atomisierte Unternehmen? Hier gilt es, zwei Ebenen zu unterscheiden: die Ebene des Gesamtunternehmens (Makroebene) und die Ebene der einzelnen Einheiten (Mikroebene). Obwohl untereinander stark verknüpft, ist es sinnvoll, sie gesondert zu betrachten.

Makroebene: Die Struktur des Gesamtunternehmens

Wiederholen wir kurz, wann wir von atomisierten Strukturen sprechen. Wir bezeichnen Strukturen als „atomisiert", wenn es sich um

- eine Mehrzahl kleiner, weitgehend autonomer und oftmals auch räumlich dezentral angeordneter produkt-, markt- oder aufgabenbezogener Einheiten handelt,
- welche mit größeren bzw. den übrigen Einheiten durch intensive Kommunikation verknüpft und
- durch eine gemeinsame Philosophie zu größeren Unternehmen zusammengeschweißt sind.

Welche Aussagen lassen sich nun aufgrund der Fallstudien zu den zentralen Elementen dieser Definition machen?

Kleinheit: Es hat sich gezeigt, daß „Kleinheit" nicht als absolute Größe zu verstehen, sondern relativ zur jeweiligen Situation zu sehen ist. Bei Ebnöther existieren Unternehmen mit 3 Mitarbeitern, bei Enator gelten

20, bei Gore 150 Leute als oberste Grenze. Auch bei Semco, Brasiliens größtem Hersteller von Maschinen und Equipment für die lebensmittelverarbeitende Industrie und die Marine, hat man die Idealgröße bei 150 Personen festgesetzt.[12]

Keines der Unternehmen beansprucht für sich, die richtige Lösung gefunden zu haben. Die Größenverhältnisse sind vielmehr Erfahrungswerte, die sich in der Vergangenheit bewährt haben. Bei Gore war es die Beobachtung von Bill Gore, daß zu einer Zeit, als das Unternehmen in Newark auf etwa 200 Mitarbeiter gewachsen war, zunehmend Kooperations- und Identifikationsprobleme auftraten. Semco brachte lange Durchlaufzeiten, überhöhte Lager, Lieferverzögerungen und Qualitätsprobleme in einem Unternehmen mit 300 Mitarbeitern mit der Größe in Zusammenhang und konnte durch die Aufteilung in drei Subeinheiten substantielle Erfolge erzielen. „Innerhalb eines Jahres verdoppelte sich der Umsatz, die Lagerdauer sank von 136 auf 46 Tage; wir brachten acht neue Produkte auf den Markt, welche in der Forschung und Entwicklung seit zwei Jahren hinausgezögert wurden; und die Gesamtqualität verbesserte sich soweit, daß die Rückweisungsrate von einem Drittel bei staatlich kontrollierten Waagen auf weniger als ein Prozent fiel. Eine erhöhte Produktivität ließ uns die Belegschaft durch Abbau und frühzeitige Pensionierungsanreize um 32 Prozent reduzieren" (Semler, Managing, 78; Übersetzung durch den Verfasser).

Nicht eine bestimmte Größe an sich ist also bemerkenswert, sondern die Tatsache, daß die Unternehmensgröße per se Gestaltungskriterium ist. Motivationskriterien werden sachlogischen und mitunter auch effizienzbezogenen Gesichtspunkten gleich- oder vorangestellt.

---

12 Ricardo Semler, der Präsident des Unternehmens, bezieht sich dabei auf Jay (Organisation) und dessen Beobachtung, daß der Mensch, der während etwa fünf Millionen Jahren in Gruppen von etwa zehn Personen gearbeitet – sprich gesammelt und gejagt – hat, nun nicht plötzlich, wie in vielen Unternehmen üblich, in Gruppen von mehreren hundert oder gar tausend arbeiten kann (Semler, Managing, 150).

Autonomie: Die einzelnen Einheiten verfügen über eine weitgehende Autonomie. Wie in einem föderalistischen Staat, soll den einzelnen Einheiten ein „größt-mögliches" Maß an Freiheiten zukommen. „Größt-möglich" meint in diesem Zusammenhang eigentlich „größtsinnvoll". Man ist sich nämlich – auch das eine Gemeinsamkeit mit dem staatlichen Föderalismus – durchaus im klaren, daß es situationsspezifisch Gründe gibt, diese Autonomie im Interesse aller einzuschränken.

Obwohl sich damit die Autonomieausprägung einer atomisierten Organisation auf den ersten Blick gar nicht so stark von den Grundsätzen anderer Unternehmen unterscheidet, besteht doch ein wesentlicher Unterschied: Autonomie muß von den unteren Einheiten nicht schrittweise erkämpft werden, sondern der Gesamtverband muß sich legitimieren, wenn er diese einschränken will. Dieses „Subsidiaritätsprinzip" umschreibt Schumacher (Small, 228) wie folgt:

> „Der höhere Level darf nicht die Funktionen des tieferen übernehmen, in der Annahme, daß er, weil er höher ist, automatisch auch weiser ist und diese Aufgaben effizienter wahrnimmt. (...) Das Subsidiaritätsprinzip geht davon aus, daß die Beweislast immer bei jenen liegt, welche den tieferen Level dessen Funktion und dabei auch dessen Freiheit und Verantwortung in diesem Bereich berauben wollen; sie haben zu beweisen, daß der tiefere Level unfähig ist, diese Funktion zufriedenstellend zu erfüllen und daß der höhere Level dies viel besser kann." (Übersetzung durch den Verfasser)

Einfluß nehmen kann das Gesamtunternehmen dabei auf drei verschiedene Arten: Via Verhaltensregeln, via Ressourcenzuteilung und – als besonders problematische Variante – via Eingriffe in die Detailoperationen einer einzelnen Einheit.

Eingriffe letztgenannter Art werden in atomisierten Unternehmen wo immer möglich gemieden. Unterschiedlich gehandhabt wird die Ressourcenzuteilung. Sie scheint beispielsweise bei Ebnöther relativ zentral zu geschehen, während sie bei Enator weitgehend auf kollektiver

Entscheidungsfindung basiert. Ressourcenumverteilung, das heißt die gezielte Finanzierung von Start-ups mittels Cash-Cows aus anderen Bereichen, ist bei Enator und Ebnöther eher der Normalfall, bei Gore eher die Ausnahme.

In allen Fällen existieren jedoch keine generischen Gesamt-Unternehmensstrategien für Produkte/Märkte, welche dann auf die einzelnen Einheiten heruntergebrochen werden. Bei der Gesamt-Unternehmensstrategie handelt es sich vielmehr um eine Aggregation der Teilstrategien der einzelnen Einheiten. Damit fällt auch der Steuerung von Aktivitäten über Verhaltensregeln eine zentrale Bedeutung zu. Dies jedoch weniger in Form herkömmlicher Führungsinstrumente (Führungsrichtlinien, Reglemente etc.), sondern vielmehr über die gemeinsam getragenen Werthaltungen.

Räumliche Dezentralisierung: Obwohl kein konstitutives Element, ist die räumliche Dezentralisation typisch für atomisierte Unternehmen. Sie entsteht selbstverständlich dann, wenn Einheiten zur lokalen Betreuung von Märkten zuständig sind (z. B. bei The Body Shop). Sie kann aber auch deshalb angestrebt werden, weil man jedem Unternehmen eine gewisse Eigenständigkeit ermöglichen will, um so beispielsweise zu verhindern, daß etablierte Unternehmen junge Start-up-Businesses in negativer Weise beeinflussen. So hat Ebnöther die Ebiox AG bewußt weg vom Stammhaus auf die grüne Wiese gestellt. Um trotzdem von den Vorteilen einer gewissen räumlichen Nähe zu profitieren, bilden sich in diesem Fall jedoch „Cluster" von einzelnen Werken, welche entweder sehr nahe zusammenliegen (bei Gore teilweise auf dem gleichen Areal) oder auch über eine bestimmte Region verteilt sein können (Region Luzern bei Ebnöther).

Produkt-, markt-, aufgabenbezogen: Atomisierte Einheiten werden situativ aufgrund von produkt-, markt- oder aufgabenbezogenen Kriterien gebildet.

In einem Großteil der herkömmlichen Unternehmen bestehen für die Bildung von Organisationseinheiten ein bis zwei dominierende Kriterien. So wird beispielsweise generell nach Produktgruppen, Kundensegmenten oder Ländern strukturiert. Hier handelt es sich gewissermaßen um einen „ästhetischen" Ansatz (P. A. Wuffli, Mc Kinsey): Aus Gründen der Übersichtlichkeit und Klarheit werden alle Einheiten über den gleichen Leisten geschlagen.

Anders der „hybride" Ansatz atomisierter Unternehmen. Atomisierte Einheiten werden situativ aufgrund verschiedener, jeweils strategisch relevanter Kriterien gebildet. Dies kann in einem Fall ein Kundensegment, im nächsten ein Land und in einer weiteren Einheit eine innerbetrieblich angebotene Dienstleistung sein. Eine einzelne Einheit soll dabei so klein bzw. groß gestaltet werden, daß sie über diejenigen Funktionen und Kompetenzen verfügt, die ihr ein Wahrnehmen von strategischen Freiheitsgraden ermöglichen.

Durch Kommunikation verknüpft: Weiter von Bedeutung ist die intensive Kommunikation innerhalb und zwischen den einzelnen Einheiten. Dies geschieht einerseits via Computer und Datenleitungen. Hier sei beispielsweise an das Kommunikationssystem „Gore-Com" erinnert, mit dem jeder Gore-Mitarbeiter von jedem Telefon aus mittels eines digitalen Sprachsystems weltweit Nachrichten aus seiner Mailbox abhören und selbst abgeben kann. Auch Ebnöther hat zu diesem Zweck ein Kommunikationssystem, „Infopower", aufgebaut, welches elektronische Post, Telefax, Datenbanken und Bibliothek integriert.

Andererseits wird sehr viel Wert auf eine persönliche Kommunikation in Form von regelmäßigen Telefonaten, aber auch unzähligen Kommunikationsanlässen gelegt. Seien dies nun Strategietagungen, Projektsitzungen, regelmäßige Informationsveranstaltungen oder sehr häufig auch reine Plauschanlässe.

Durch eine gemeinsame Philosophie zusammengeschweißt: Da starre regulierende Systeme fehlen, braucht es einen anderen Mechanismus, der die verschiedenen Einheiten zusammenhält und sicherstellt, daß das Ganze mehr ergibt als die Summe seiner Teile. Diese Aufgabe übernimmt eine sehr ausgeprägte Unternehmensphilosophie. Sie übernimmt die Steuerungs- und Orientierungsfunktion, für die in andern Unternehmen eine direktive Top-Down-Unternehmenspolitik sorgt. Sie unterscheidet die hier untersuchten Unternehmen auch von andern, grundsätzlich auch als „atomisiert" zu charakterisierenden Unternehmen, deren Atomisierung aber rein marktmäßig/geographisch bedingt ist. Beispielsweise bei einer Erdölfirma mit einem weltweiten Tankstellennetz.

Mikroebene: Die einzelnen Einheiten

Die Makroebene bildet das äußere Rahmenwerk für die Ausgestaltung der einzelnen Einheiten. Deren Struktur wiederum läßt sich charakterisieren als:

Einfach: Die Kleinheit der einzelnen Einheiten, ihre Ausrichtung auf spezifische Aufgaben, Produkte oder Märkte ermöglicht eine vergleichsweise einfache Strukturierung.

Dies entspricht zwei menschlichen Grundbedürfnissen, nämlich erstens dem Wunsch, „die Welt zu verstehen, den Ereignissen einen Sinn zu geben, die verwirrende Vielfalt der Erscheinungen auf die zugrundeliegende Bedeutung des Ganzen hin zu durchschauen" (Jahoda, Arbeit, 115) und zweitens dem Verlangen „nach einer gewissen Kontrolle über die eigene unmittelbare Umgebung" (Jahoda, Arbeit, 116).

Die Fallstudien zeigen, daß hier bewußt eine gewisse „Unterorganisation" in Kauf genommen wird.

> „Die Organisationsstruktur soll einfach, transparent und übersichtlich sein. Strukturen sind nützlich, solange sie Klarheit schaffen und unterstützend wirken. Sie müssen verändert werden, wenn sie den Freiraum und die Kreativität einschränken und effiziente Arbeit behindern." (Ebnöther-Gruppe, Führungsleitbild, 5)

Personenorientiert: Eng mit dem obengenannten Punkt hängt die Orientierung „ad personam" zusammen. Sony-Gründer Akio Morita vergleicht den Unterschied zwischen einer Organisation „ad rem" und der Ausrichtung „ad personam" mit dem Bau einer Mauer, wobei die Organisation „ad rem" einer Wand aus Backsteinen entspricht. Hier werden alle Spezifikationen genaustens vordefiniert, so daß die Steine exakt aufeinanderpassen. Übertragen auf die Arbeitswelt heißt dies, daß das Unternehmen das ganze Rahmenwerk vorgibt und die Bewerber gemäß der vordefinierten Position ausgewählt werden. Bei der Orientierung an der Person wird der umgekehrte Weg beschritten. Hier gilt es vorhandene, verschieden geformte und geschliffene Steine in ein Gesamtwerk zu integrieren (zitiert nach Bleicher, Chance, 200).

Sehr anschaulich ist auch das Bild, welches Flik verwendet, wenn er Gore mit einer Amöbe vergleicht, welche ihre Form je nach den Präferenzen und Eigenschaften der Mitarbeiter einerseits und den Umweltchancen und -gefahren andererseits verändern kann (Flik, Ameba). Das Unternehmen soll *mit* den Mitarbeitern wachsen und sich verändern. Nur auf diese Weise, so die Idee, gelingt es ihm, mehr aus seinen Mitarbeitern zu machen als bloße „Funktionäre" in einem wohldefinierten Organisationsablauf.

Orientierung ad personam meint aber auch ein verstärktes Eingehen auf individuelle Bedürfnisse und Präferenzen, z. B. in bezug auf Lebens- und Arbeitsrhythmus. So arbeitet bei der Schweizer Knobel EDV AG nur ein Teil der Mitarbeiter regelmäßig am Sitz des Unternehmens und zu den üblichen Geschäftszeiten. Ein anderer Teil arbeitet zeitweise zu Hause, oft auch nachts. Das Unternehmen ist der Überzeugung, daß jeder dort arbeiten soll, wo er die besten Leistungen erbringt.

Ganzheitlich: Die Ausrichtung der Einheiten auf bestimmte Produkt-, Markt- oder Aufgabensegmente zur Ausschöpfung strategischer Eigendynamik führt zu einer Reduzierung bisher allzu arbeitsteilig gelöster Aufgaben und zu einer höheren Ganzheitlichkeit.

Als Beispiel seien hier die marktorientierten Teams oder die teilautonomen Arbeitsgruppen von Ebnöther genannt. Die Herzbergsche Forderung nach „Arbeitsplatzbereicherung" findet hier „systemimmanent" ihren Niederschlag, indem jedem Mitarbeiter ermöglicht wird, einen breiteren Ausschnitt aus der Arbeitswirklichkeit zu erleben.

In Bewegung: Auffallend ist weiter das dauernde „in Bewegung sein" dieser Organisationsstrukturen. Zwar handelt es sich bei diesen Einheiten um deutlich mehr als nur um Projekte, die nach ihrem Abschluß wieder aufgelöst werden. Vielmehr werden hier Elemente temporärer Strukturen, wie häufige Neugruppierungen, interdisziplinäre Arbeitsteams oder fehlende Hierarchie, in sogenannten „dauerhaften" Strukturen institutionalisiert. Sehr deutlich zeigt sich das beispielsweise beim Amöben-Konzept von Gore.

Strukturen entstehen, wachsen, werden abgespalten oder neugruppiert. Dies bringt dauernde Veränderungen mit sich. Für den Mitarbeiter ist die Bewältigung dieses Wandels nicht immer einfach. Die Unternehmen verwenden denn auch viel Zeit und Ressourcen darauf, ihm zu helfen, diesen Wandel nicht nur zu meistern, sondern ihn als positiv und erstrebenswert anzusehen.

Außen- und zugleich innenorientiert: Atomisierte Unternehmen versuchen bewußt, eine direkte, einsichtige Verbindung zwischen Unternehmens- und Marktgeschehen zu schaffen. Sie sind sich einerseits bewußt, daß das Betriebsklima der Nährboden für gute Leistungen der Mitarbeiter ist. Es besteht eine hohe Sensibilität innerbetrieblichen, insbesondere auch zwischenmenschlichen Vorgängen gegenüber (Innen-Orientierung). Andererseits sorgt der direkte Kontakt jedes Mitarbeiters mit dem Markt für eine genügende Außen-Orientierung. Die Unternehmen sind bestrebt, die Spirale von „Befriedigung – Leistung – Kundennutzen – Befriedigung" immer wieder aufzuzeigen.

Atomisierte Strukturen entsprechen also in hohem Maße den Anforderungen der Zukunft: Sie wirken *motivierend*, weil sie einfach und übersichtlich sind. Sie werden als gestalt- und veränderbar angesehen und vermitteln deshalb *Sinn*. Sie sind aus den eigenen Bestrebungen heraus gewachsen und werden somit eher als unterstützend und helfend empfunden als von außen „aufgepfropfte" Fremdstrukturen. Sinnbremsende, weil für das Subsystem hemmend wirkende oder nicht relevante Faktoren sind auf ein Minimum begrenzt.

Die sowohl in fachlicher wie auch zwischenmenschlicher Hinsicht anspruchsvollen Aufgaben bewirken, daß atomisierte Strukturen eine ständige *Lernbereitschaft* und ein großes Engagement verlangen. Jeder Mitarbeiter und mit ihm die Organisation als Ganzes hat dauernd zu lernen. Dies einerseits um die Komplexität der Umwelt zu verarbeiten, andererseits um die Einfachheit der Inwelt nicht durch bürokratische Maßnahmen und Regelungen zu zerstören. Durch ihre Ausrichtung auf den Menschen sind atomisierte Strukturen *flexibel*. Man versucht gar nicht erst, etwas „Immerwährendes" zu schaffen, sondern ist sich bewußt, daß mit dem Wechsel von Persönlichkeiten auch Änderungen im organisatorischen Umfeld einher gehen. Schließlich sind diese Strukturen dort *wirtschaftlich*, wo ein großer Teil der Wertschöpfung vom Einfallsreichtum, vom Engagement und der Komplexitätsreduktionsfähigkeit der Mitarbeiter abhängt, aber auch dort, wo unter Ausnutzung neuer integrierender Technologien Skaleneffekte in den Hintergrund treten.

Realisierungsformen atomisierter Unternehmen

Die Fallstudien geben Hinweise zur konkreten rechtlichen und organisatorischen Ausgestaltung atomisierter Strukturen. Auch hier ist es sinnvoll, nach Makro- und Mikroebene zu unterscheiden.

Besonders geeignet für die organisatorisch-rechtliche Gestaltung des *Gesamtunternehmens* (Makroebene) ist sicher die Form einer Holding. Wie noch klar werden wird, darf dies jedoch keine reine Finanz-Holding im Sinne einer auf Portfoliomanagement ausgerichteten Beteiligungsgesellschaft sein. Ihre Aufgaben gehen deutlich über die reine Finanzdimension hinaus, indem sie auch Aktivitäten der Unternehmensentwicklung (Know-how-Transfer, Kulturpflege usw.) umfaßt. Auf der anderen Seite ist auch eine Holding-Variante, welche die einzelnen Einheiten zu rein operativen Ausführungsgesellschaften degradiert, nicht die richtige Form. Als neuer Begriff würde „Service-Holding" wohl recht gut umschreiben, was diese Holdinggesellschaften als ihren Hauptzweck sehen: unternehmensspezifische Serviceleistungen anzubieten, welche von den einzelnen Einheiten genutzt, bei besseren Angeboten von außen oder bei Nichtbedarf aber auch problemlos abgelehnt werden können.

Das Fallbeispiel Gore, bei welchem die einzelnen Einheiten lediglich als Geschäftsbereiche innerhalb einer GmbH in Erscheinung treten, zeigt aber, daß durchaus auch andere Organisationsformen denkbar sind. Letztlich ist es ja nicht eine bestimmte Rechtsform, die über Erfolg oder Nichterfolg des Konzeptes entscheidet, sondern die konkrete praktische Ausgestaltung als Ausfluß der zugrundeliegenden Unternehmensphilosophie.

Eine weitere Möglichkeit zeigen Franchising-Unternehmen. Auch hier sind, je nach der Ausgestaltung des Vertrages, Verhältnisse möglich, die einer Service-Holding relativ nahekommen. Insbesondere dann nämlich, wenn sich der Franchisegeber nicht nur als Hüter der Lizenzvorschriften, sondern als Beratungs- und Dienstleistungsunternehmen versteht, welches den einzelnen Franchisenehmern als Coach beisteht.

Auch auf der Mikroebene der *einzelnen Einheiten* gibt es nicht nur eine richtige organisatorische Lösung. Die genannten Charakteristika lassen sich einerseits in verschiedenen Formen der Gruppenbildung verwirklichen: in teilautonomen Arbeitsgruppen, Zirkeln, Projektgruppen, Task Forces, marktorientierten Teams, aber auch in ganz herkömmlichen und deshalb nicht speziell benannten Formen der Aufbauorganisation.

Bewußt wird hier nicht ein bestimmter Typus hervorgehoben, zeigt sich doch erst in der konkreten Umsetzung, und nicht in der Bezeichnung, inwieweit den obengenannten Kriterien entsprochen wird. Praktische Gestaltungshilfen lassen sich jedoch auf jeden Fall in der einschlägigen Literatur finden (für weitere Ausführungen zu einem Teil dieser Formen vgl. Thom, Wandel, S. 170 ff.).

6.2 Die Arbeitsgestaltung in einem atomisierten Unternehmen

Atomisierte Unternehmen messen der Arbeitsgestaltung große Bedeutung zu. Damit meinen wir die Gesamtheit an Aktivitäten zur Gestaltung des Arbeitsfeldes (Aufgaben-, Verantwortungs- und Kompetenzbereich) und des Aufgabenumfeldes (äußere Arbeitsplatzbedingungen) eines Mitarbeiters (Hilb, Personalarbeit, o. S.). Es zeigt sich, daß hier nicht allein Effizienzgesichtspunkte zur Anwendung kommen, sondern überdies versucht wird, Angebote zur Sinnfindung in die Arbeit zu integrieren.

Die Sinnfrage – eine Vorbemerkung

Seit Urzeiten hat der Mensch Fragen nach dem Sinn gestellt. Aber noch nie wurde über die Thematik so intensiv diskutiert wie heute. Davon ist auch die Arbeitswelt nicht ausgenommen. Immer häufiger spricht man von „Sinnkrisen" im Arbeitsleben, von „sinnlosen" Produkten und „sinntötender" Arbeit.

Nur selten wird dabei gesagt, was mit „Sinn" überhaupt gemeint ist. Sinn entsteht für jemanden dann, wenn er etwas, das er als wichtig und wünschbar ansieht, realisieren kann. Sinnerfüllung ist „Werte-Verwirklichung" (Böckmann, Leistungsmotivation, 114). Sinn in der Arbeit entsteht für einen Chirurgen dadurch, daß er Leuten das Leben verlängern kann, vielleicht aber auch dadurch, daß er auf diese Weise in der ganzen Fachwelt bekannt wird. Eine Sekretärin kann ihre Arbeit als sinnvoll empfinden, weil sie dabei sehr viel lernt, aber auch weil sie die Unterhaltung mit ihren Kolleginnen schätzt. Sinn ist damit nichts objektives, sondern ist von einem subjektiven Wertmaßstab des Betroffenen abhängig. Ganz anders der Begriff „Zweck", der oft mit Sinn verwechselt wird. Zweck ist ein objektiver Begriff und unabhängig von Wertmaßstäben (Böckmann, Leistungsmotivation, 67 u. 82 ff.).

Während Jahrhunderten war das Arbeitsleben jedoch kaum durch Sinn (Fragen nach der persönlichen „Be-Deutung"), sondern vielmehr durch instrumentelle Zweckbestimmung geleitet. Der Zweck der Arbeit bestand darin, sich eine solide Lebensgrundlage oder auch nur das schlichte Überleben zu sichern. Dies manifestiert sich in der Tatsache, daß der Arbeit traditionell eine eher negative Einschätzung anhaftet. Bei den Griechen beispielsweise war Arbeit die Pflicht der Sklaven. Als sogenannter „Freier" hatte man nicht zu arbeiten. Auch die christlich-jüdische Tradition verband Arbeit vor allem mit Plage und Anstrengung. Als Strafe dafür, daß Adam vom Baum der Erkenntnis gegessen hatte, muß der Mensch sich nun „mit Mühsal" ein Leben lang von seinem Acker ernähren und sich sein Brot „im Schweiße seines Angesichts" verdienen (1. Mose, 3, 17 ff.). Erst im Spätmittelalter wurde die Arbeit insofern aufgewertet, als sie vor allem im Calvinismus als „sittlicher und ehrenvoller Aspekt christlicher Lebensführung" herausgestellt wurde. An der Grundaussage, daß Arbeit Mühe und oftmals Plackerei bedeutete, änderte jedoch auch diese Aufwertung nichts.

Diese Grundeinstellung der Arbeit gegenüber ist auch aus den Begriffen, die in den verschiedenen Sprachen dafür verwendet werden, ersichtlich. So geht das deutsche Wort „Arbeit" auf „erebeit" zurück und hat die gleiche Wurzel wie „arm" und „Erbe": alleingelassen, mühselig, belastet. Das englische „labour" und das italienische „lavorare" gehen auf „laborare" (leiden) zurück. Das französische „travailler" und das spanische „trabajo" hängen mit „tribuler" (foltern, plagen) zusammen (Neuberger, Arbeit, 2).

Verschiedene Entwicklungen haben aber dazu geführt, daß die Bedeutung der Arbeit in den westlichen Industrieländern zunehmend eine Verschiebung erfahren hat. Arbeit hat nicht mehr länger nur einen Zweck, sondern zunehmend auch einen Sinn zu erfüllen. Folgende Aspekte sind dafür verantwortlich:

Erreichtes Wohlstandsniveau: Der Großteil der Menschen in den westlichen Industrienationen hat heute ein Wohlstandsniveau erreicht, welches ein bewußtes Wählen zwischen verschiedenen Lebenskonzepten erlaubt. „Die Arbeit steht für den jungen Menschen in unmittelbarer Konkurrenz zu anderen Interessen", schreibt beispielsweise Beat Stocker, Marketingleiter bei ADIA Interim (Stocker, Spaß, 2).

In diesem Licht sind auch die verschiedenen, bereits vorgestellten Umfragen zu sehen, die auf eine Abnahme des Stellenwertes der Arbeit und eine vermehrte Freizeitorientierung hinweisen. Ein höheres Ausbildungsniveau, neue Werthaltungen, der damit verbundene veränderte Stellenwert der Frauen im Erwerbsleben und eine steigende Anzahl von Doppelverdienern führen zu einer Vielzahl von Wahloptionen für die Gestaltung von Leben und Beruf.

Orientierungslosigkeit: Eine extensive Arbeitsteilung, komplexe Arbeitsprozesse und hochgradige Spezialisierung lassen den einzelnen oft nur noch einen extrem engen Ausschnitt aus der Arbeitswirklichkeit erleben. Für viele ist der Beitrag, den sie am Ganzen leisten, nicht oder nur schwer ersichtlich. Eine Veränderung im eigenen Verhalten, Ideen und Vorschläge versickern im komplexen Unternehmensapparat, ohne etwas zu bewirken. Verständlicherweise taucht die Frage auf, was das Ganze eigentlich soll.

Die beschränkten Möglichkeiten, Dinge zu beeinflussen, die Machtlosigkeit gegenüber den Verhältnissen im engsten Umkreis – von globalen Problemen ganz zu schweigen – hat bei vielen Leuten zur Resignation und Flucht in andere Aktivitäten geführt. Dies zeigt sich in einer zunehmenden Freizeitorientierung, aber auch im Zulauf, den philosophische oder religiöse Gruppen und insbesondere die ganze New-Age-Bewegung verzeichnen können. Während in früheren Jahren die religiöse Verwurzelung der Bevölkerung für die Beantwortung von Sinnfragen sorgte, fehlt diese Orientierung heute weitgehend.

Fehler aus der Vergangenheit: Schließlich hat der Verlust des Allmachts- und Machbarkeitsglaubens der 60er und 70er-Jahre zu einem weiteren In-Frage-Stellen von Unternehmensleistungen geführt. Verschmutzte Gewässer, die ungelöste Entsorgung von Gift- und radioaktiven Abfällen und die Rüstungsproblematik sind nur einige Stichworte. Daß hier allmählich ein Umdenken stattfindet, müssen immer mehr Unternehmen, die in solchen problembeladenen Bereichen tätig sind, schmerzlich erfahren, indem ihnen die Personalrekrutierung zunehmend schwerer fällt.

Sinnverwirklichung in der Arbeit

Auf welche Bereiche bezieht sich nun diese Anforderung an Sinnverwirklichung in der Arbeit? Eine sehr hilfreiche Unterscheidung bietet erneut Frankl (Seelsorge, 59 ff.). Er unterscheidet grundsätzlich drei Sinn-Kategorien. Böckmann (Antrieb, 61) fügt diesen für die Sinnverwirklichung am Arbeitsplatz noch eine weitere Dimension hinzu, so daß sich insgesamt vier Kategorien unterscheiden lassen.

Sinn in der Arbeit kann einmal entstehen durch die Verwirklichung von *schöpferischen Werten*. Sinn entsteht weiter durch die Verwirklichung von *Erlebniswerten*, welche in der Arbeit vor allem aus sozialen Kontakten gewonnen werden. Sinn kann ferner in der Verwirklichung von *Einstellungswerten* bestehen. Schließlich – dies die Ergänzung von Böckmann – haben auch die *psychophysischen und materiellen Voraussetzungen* bei der Arbeit einen Einfluß auf die Sinngebung.

Der Ansatz ist sehr viel besser als andere Konzepte geeignet, reale Phänomene in der Arbeitswelt zu erklären, so beispielsweise die Existenz von Kompensationsmechanismen. Solange beispielsweise eine Person für eine an sich völlig sinnlose Arbeit noch Sinn außerhalb des Unternehmens, zum Beispiel im Urlaub oder in der Freizeit „kaufen" kann, erfüllt diese Arbeit zumindest noch einen Zweck. Umgekehrt kompensieren viele Leute die Sinnlosigkeit ihrer familiären oder gesellschaftlichen Existenz durch eine neurotische Arbeitsbesessenheit.

Weiter thematisiert diese Sichtweise die soziale Dimension im Unternehmen weit stärker als beispielsweise Herzberg dies tut und er vermag auch viele Phänomene in diesem Bereich besser zu erklären als Herzbergs Einteilung in Hygiene- und Motivationsfaktoren oder auch Maslows Bedürfnispyramide. So erklärt die Möglichkeit der Sinn-Kompensation beispielsweise die Tatsache, daß aufgrund eines guten Betriebsklimas eine ansonsten völlig langweilige Arbeit trotzdem als sinnvoll empfunden werden kann oder, daß sich Leute für eine „gute Sache" auch ohne materielle Vorteile einsetzen.

„Die Erfahrung von Sinn ist geistiges Wohlbefinden. Und dafür sind wir Menschen sogar bereit, Unannehmlichkeiten auf uns zu nehmen, Opfer zu bringen, ja sogar Schmerzen zu ertragen. (...) jeder von uns wird sich voll einsetzen und sich nicht schonen, wenn sein Einsatz mit der Erfahrung von Sinn belohnt wird, weil er sich für etwas, das er innerlich bejaht, mit seiner einmaligen Eigenart maximal nützlich machen kann" (Weiß, Mitarbeiter, o. S.).

Arbeit im atomisierten Unternehmen

Atomisierte Unternehmen versuchen bewußt, umfassende Sinnangebote in allen vier obengenannten Dimensionen zu schaffen. Der Zwang zu einseitiger Sinnkompensation mit langfristig oft unerwünschten Wirkungen soll gar nicht erst aufkommen.

Arbeit soll einmal ermöglichen, *schöpferische* Werte zu verwirklichen.

„... schöpferische Werte können überall dort verwirklicht werden, wo der Mensch frei aus sich heraus wirken und gestalten kann" (Böckmann, Leistungsmotivation, 79).

Mit diesem Postulat ist eigentlich der Kern jeglichen Unternehmertums angesprochen. Arbeit soll Kreativität ermöglichen, Spiel- und Gestaltungsräume eröffnen. Sie soll zur Exploration herausfordern, zur Erkundung von Neuem und Unbekanntem und den eigenen Grenzen. Und sie soll erlauben, eigene Stärken und Anlagen einzubringen.

Hinweise, daß atomisierte Unternehmen dieser Dimension große Bedeutung zumessen, gibt es viele. Schon im Ansatz der Atomisierung selbst steckt dieses Verlangen. Konkretisiert wird es beispielsweise bei Gore im Amöben-Konzept, dem gezielten Versuch, durch das Ausloten und Einbeziehen von individuellen Stärken und Potentialen den Mitarbeitern eine optimale schöpferische Ausgangslage zu vermitteln. Aber auch das Bestreben von Ebnöther, sich auf die Entstehungsphase im Produktlebenszyklus zu beschränken, zeigt den Willen, jeder einzelnen Person die Verwirklichung von solchen Werten zu ermöglichen.

Im Gegensatz zu vielen Unternehmen, die ihre Arbeitsgestaltung auf rein sachlogische, auf Arbeitsteilung ausgerichtete Kriterien ausrichten, fragen diese Unternehmen umgekehrt nach den Bedürfnissen jedes einzelnen. Ein Aufgabenkomplex wird damit nicht – wie sehr oft üblich – zuerst gänzlich einer höheren Führungskraft übertragen, damit diese dann durch Delegation die unwesentlichen Dinge auf niedrigere Stufen verlagern kann. Es wird vermehrt eine Denkweise „von unten" angewendet, indem zuerst gefragt wird, welche Selbständigkeit vernünftigerweise jedem einzelnen Mitarbeiter eingeräumt werden muß, um auch ihm ein ganzheitliches, schöpferisches Arbeiten zu ermöglichen (Schai, Gedanken, 367).

Arbeit soll *Erlebniswerte* bieten. Sie entstehen bei der Arbeit vor allem durch soziale Kontakte, können aber auch in Form von ästhetischen Erlebnissen eine Rolle spielen (Böckmann, Leistungsmotivation, 92). Atomisierte Unternehmen schaffen bewußt die Möglichkeit zu vielfältigen und häufigen Kontakten. Viele ihrer Ausbildungsmaßnahmen sind auf Erlebniswerte ausgerichtet. Hier sei nur an die Ausbildungswoche von Ebnöther im 4-Sterne-Hotel oder an die Plausch-Arbeitsanlässe bei Enator erinnert. Auch Club Med, dessen Löhne an seine GO's vergleichsweise sehr gering sind, hat die hohe Motivation seiner Mitarbeiter vor allem dieser Dimension zu verdanken. Auch der Erwerb von immer notwendigeren Sozialkompetenzen kann durch die Vermittlung von sozialen Erlebniswerten gefördert werden. Arbeit ist dann nicht nur notwendiges Instrument zum Zweck der Leistungserstellung, sondern auch Mittel zur Förderung des einzelnen und beinhaltet somit auch eine pädagogische und persönlichkeitsbildende Komponente.

Zentrale Bedeutung kommt zudem der Verwirklichung von *Einstellungswerten* zu. Hier besteht ein besonders großes Nachholbedürfnis. Daß diese Dimension nicht zu unterschätzen ist, zeigt sich überall dort, wo sich Leute rein idealistisch für eine „gute Sache" einsetzen. Einstellungswerte können einerseits in der Produktphilosophie verwirklicht werden (so beispielsweise bei der Umweltneutralität bei Ebnöther oder dem Verzicht auf Tierversuche bei The Body Shop), andererseits bei Sachfragen wie Entsorgung, Energie oder Produktionsmethoden. Sie betreffen aber auch grundsätzliche persönliche Ideale wie Gleichberechtigung, Gerechtigkeit, Fairneß oder Menschenwürde.

Schließlich sind auch die *materiellen* und *psycho-physiologischen* Rahmenbedingungen von Bedeutung. Sie sind zwar keine eigentlichen Sinn-Spender, beeinflussen aber die Wahrnehmung und Beurteilung der andern Sinn-Potentiale. Weiter ermöglichen sie als „Mittel zum Zweck" die Verwirklichung von andern Werten (z. B. Einstellungswerte, schöpferische Werte) außerhalb des Unternehmens.

Hier fällt auf, welch großen Wert atomisierte Unternehmen darauf legen, den Zusammenhang zwischen *materiellen* Dingen und der Verwirklichung von Werten *jedem Mitarbeiter* bewußt zu machen. So beispielsweise bei The Body Shop, wo das Begriffspaar „Profit und Verantwortung" aufzeigen soll, daß die Erzielung von Profit Verantwortung mit sich bringt, daß aber umgekehrt Verantwortung (im Sinne von fairen Preisen für Produzenten in der Dritten Welt oder dem Verzicht auf Tierversuche) auch nur dann wahrgenommen werden kann, wenn man über gewisse Mittel verfügt. Auf eine ähnliche Beziehung will auch der Leitsatz von Gore „To make money and have fun" hinweisen: Weil wir schöpferisch tätig sein können, macht uns die Arbeit Spaß. Weil sie uns Spaß macht, machen wir sie gut. Und weil wir sie gut machen, verdienen wir Geld. Dieses wiederum ermöglicht uns die Arbeitsumgebung, die schöpferisches Arbeiten fördert.

Die materielle Dimension, dies wird herausgestrichen, darf also nie Selbstzweck sein, sondern dient zur Verwirklichung anderer Ideale und Werte, und zwar nicht in der Freizeit, wie in vielen andern Unternehmen, sondern *in der eigenen Firma*.

Die *psycho-physiologischen* Elemente schließlich dienen einerseits als Grundlage, als Voraussetzung für die optimale Verwirklichung von schöpferischen und Erlebniswerten. Dazu gehört beispielsweise die freundliche Arbeitsumgebung, die mit viel Licht, Pflanzen, Kaffee-Ecken etc. dafür sorgen soll, daß es den Menschen, die dort arbeiten, „wohl" ist. Ungezwungenes Erleben und engagiertes Leisten, „nicht-zweckgerichtetes" Genießen und zielgerichtetes Handeln sollen harmonisch ineinanderfließen können. Psycho-physiologische Elemente beeinflussen aber auch die Verwirklichung von Einstellungswerten, z. B. dann, wenn auch höhere Kader über keine speziellen Kantinen verfügen, auch Produktions- und nicht nur Schalterhallen nach ästhetischen Kriterien gestaltet werden oder wenn Lohngleichheit zwischen Mann und Frau gewährleistet ist.

Frommer Wunsch oder bewußte Wahlmöglichkeit?

Man mag nun einwenden, daß diese Ideen in vielen Fällen reines Wunschdenken bleiben müssen, da solche Vorstellungen nur allzuoft an der Wirklichkeit vorbeigehen. Atomisierte Unternehmen sind sich der Probleme bewußt, wohl besser als viele andere. Sie wählen darum gezielt Aktivitäten, bei denen sie ihre Vorstellungen der Arbeit gegenüber verwirklichen können. Es wird versucht, keine Produkte oder Dienstleistungen anzubieten,

... wo wenig Erlebniswerte realisierbar sind.

Atomisierte Organisationen bevorzugen kommunikations- und interaktionsintensive Aktivitäten. Bereiche, wo aufgrund der spezifischen Art der Leistung, aufgrund eines geringen Anspruchsniveaus oder fehlender Dynamik dieser Bedarf nicht besteht, werden gemieden.

... wo wenig schöpferische Werte verwirklicht werden können.

Auch Strategien, die auf Massenware mit großen Volumina ausgerichtet sind, versuchen atomisierte Unternehmen bewußt auszuweichen. Da sich in einem solchen Umfeld der Stellenwert des Menschen in großem Ausmaß verändert, vermeiden sie bewußt eine Bewegung in diese Richtung. Gore tut dies beispielsweise durch eine Segmentierung von Produkt-/Markt-Kombinationen, die ihren Nischencharakter verloren haben, um so erneut Produkte „mit hohem Value" zu schaffen. Auch Ebnöthers phasenspezifisches Unternehmertum zielt in die gleiche Richtung.

... wo vorhandene Einstellungswerte verletzt werden.

Weiter möchte man keine Produkte anbieten, die man selbst als unnötig empfindet (deshalb beispielsweise der Ingredienzen-Ordner von The Body Shop), die die Umwelt oder den Menschen schädigen oder wo ethisch problematische Aktivitäten und Beziehungen eingegangen werden müssen.

... wo die menschliche Arbeit nur unbedeutender Faktor neben anderen erfolgsrelevanten Kriterien ist.

Der menschliche Faktor tritt dort in den Hintergrund, wo steuer-, währungs- oder finanztechnische Faktoren, Maschinenauslastungsgrad und Rohstoffpreise die Nutzung des menschlichen Potentials auf einige wenige Unternehmenspersönlichkeiten beschränken.

6.3 Die Kommunikation in einem atomisierten Unternehmen

Atomisierte Unternehmen sind eigentliche „Kommunikationsunternehmen" (vgl. dazu Probst, Selbst-Organisation, 123). Viele ihrer Erfolgsfaktoren, wie z. B. ihr spezifisches Know-how, ihre Flexibilität und Innovationskraft, aber auch die Fähigkeit zur Umsetzung einer eigenständigen Unternehmensphilosophie, sind aufs engste mit Kommunikation, mit „wechselseitiger Bedeutungsvermittlung zwischen Menschen" (Burkart, Kommunikationswissenschaft, 24), verknüpft.

Sie kommunizieren, um Ideen zu generieren. Das Kreativitätspotential eines Unternehmens wird wesentlich beeinflußt durch die Menge und die Qualität der zwischenmenschlichen Interaktionen. Die Kreativitätsforschung hat gezeigt, daß die Gruppe die Möglichkeit erlangt, das zur Verfügung stehende Wissen nutzbringend zusammenzufügen, Barrieren in Form von funktionaler Gebundenheit zu durchbrechen, den Assoziationsreichtum zu vergrößern, logische Sprünge zu intensivieren, geistige „Exkursionen" auf ganz andere Gebiete zu unterstützen und für das Problem fruchtbar zu machen und schließlich neue Informationsquellen zu erschließen (Brauchlin, Entscheidungsmethodik, 298). Intensive Kommunikationsaktivitäten bleiben in atomisierten Unternehmen bewußt nicht auf die Forschungs- und Entwicklungsabteilung beschränkt, sondern werden auf das ganze Unternehmen ausgeweitet. Man ist überzeugt, daß Innovationen grundsätzlich überall möglich sind und vielmehr eine Denkhaltung als eine Unternehmensfunktion darstellen.

Sie kommunizieren, um Know-how auszutauschen. Das Gesamtunternehmen bringt den einzelnen Einheiten nur dann einen Nutzen, wenn es ihm gelingt, das dezentral oder, in einer geringeren Anzahl von Fällen, das zentral angehäufte Know-how auch andern Stellen zugänglich zu machen. Eine intensive Kommunikation ermöglicht, diese Synergiefunktionen wahrzunehmen. Dies geschieht beispielsweise durch konsequentes Durchmischen von Teams, durch Themen-Workshops und systematischen Arbeitsplatzwechsel. Franchise-Unternehmen nutzen dazu, neben spezifischen Veranstaltungen, Newsletters, Videos und andere Medien.

Sie kommunizieren, um zu motivieren. Kommunikation kann zur Sinnfindung verhelfen, und zwar in zweierlei Hinsicht. Einerseits kann die Begegnung mit andern Menschen an sich zu einem Erlebnis werden, beispielsweise in der Teamarbeit. Andererseits wird durch Kommunikation Verständnis geschaffen. Verständnis für Zusammenhänge, für das Ganze. Es entsteht „Be-Deutung" oder eben „Sinn".

Sie kommunizieren, um zu koordinieren. Atomisierte Unternehmen haben einen großen Koordinationsbedarf. Eine Vielzahl von dezentral keimenden Ideen und Projekten ist abzustimmen. Was andernorts durch Formalisierung und Standardisierung gewährleistet wird, geschieht in atomisierten Unternehmen vor allem durch intensive Kommunikationsaktivitäten.

Sie kommunizieren, um zu lernen. Lernen kann das Unternehmen nicht nur beim Austausch von Know-how, sondern auch mit dem und vom Kunden. Die kleinräumigen, marktnahen Strukturen erleichtern dieses Reagieren auf Kundenpräferenzen erheblich. Bei The Body Shop existiert beispielsweise keine eigentliche Marktforschung. Das Unternehmen stützt sich allein auf Feedbacks aus Umfragen in den einzelnen Läden.

Sie kommunizieren, um ihre Philosophie „zu transportieren". Wie eine politische Partei nur dann Profil gewinnen und erfolgreich sein kann, wenn es ihr gelingt, ihre politischen Inhalte sowohl nach innen (Parteimitglieder) wie auch nach außen (Wähler, Stimmende) unmißverständlich klar zu machen, so wird sich auch ein Unternehmen nur dann von der Masse abheben, wenn es ihm gelingt, seine Philosophie erfolgreich zu kommunizieren. Was bei der Partei die Mitglieder, sind hier die Mitarbeiter, was dort die Wähler, sind hier die Kunden, die Konkurrenz und die Öffentlichkeit.

Atomisierte Unternehmen verwenden viel Zeit darauf, vor allem ihre neuen Mitglieder mit ihrer Philosophie vertraut zu machen. Man denke da beispielsweise an die Philosophiekurse von Enator oder die intensive Betreuung der neuen Franchisenehmer bei The Body Shop. Die Unternehmen sind sich bewußt, daß ein Zellteilungsansatz nur dann erfolgreich ist, wenn bei jeder Absplittung auch die Philosophie in den jungen Keim miteinfließt. Geschieht dies nicht, müssen schon bald andere Instrumente (Richtlinien, Kontrollverfahren etc.) eingesetzt werden, um den Zusammenhalt sicherzustellen.

Der Transport nach außen betrifft einerseits das Bild, welches das Unternehmen beim Kunden hat. Atomisierte Unternehmen bemühen sich um ein prägnantes Profil. Bei The Body Shop ist es die engagierte Umweltausrichtung und der Verzicht auf Tierversuche, bei Enator die konsequente Integration von Informationstechnologie und Management-Know-how unter Übernahme der vollständigen Projektverantwortung. Bei Ebnöther schließlich ist es der Wille, durch umweltneutrale Bauchemie einen Beitrag zur Umweltentlastung zu leisten, welcher das ganze Unternehmenskonzept durchzieht.

Diese Einstellung ist nicht nur den Kunden aufzuzeigen, sondern zunehmend auch potentiellen Stellenanwärtern. Wenn die Sinnfrage beim heutigen Arbeitnehmer immer wichtiger wird, kann die Bedeutung einer gezielten Kommunikation der Philosophie nicht unterschätzt werden. Als Beispiel sei hier nur die Firma Hilti erwähnt, die mit ihrem Leitsatz „Leadership makes the Difference" eine enorme Profilierung auf dem Stellenmarkt erlangen konnte.

So kommunizieren atomisierte Unternehmen

Obwohl man die zentrale Bedeutung einer „gut funktionierenden" Kommunikation allgemein erkannt hat, ist in der Praxis oft noch wenig davon zu spüren. Zwar sind vielerorts hochwertige elektronische Kommunikationssysteme in Betrieb, sie werden jedoch infolge unpassender Strukturen oft nur suboptimal genutzt. Architektonische Gestaltungsmaßnahmen vergangener Jahre spiegeln das damalige Hierarchieverständnis wider und erschweren eine direkte und unkomplizierte Kommunikation. Hauszeitschriften werden zur Verbreitung von Mitteilungen „von oben" verwendet (Tschopp, Kommunikationskultur, 246), und man verwechselt dabei Information und Kommunikation. Schließlich sind persönliche Macht- und Grabenkämpfe dafür verantwortlich, daß die Ressource Information eher zum eigenen, denn zum Wohle des Unternehmens genutzt wird.

Wie läßt sich demgegenüber die Kommunikation in atomisierten Unternehmen charakterisieren, und welche Maßnahmen werden ergriffen, um diese in gewünschter Quantität und Qualität sicherzustellen?

Humanorientierte atomisierte Unternehmen kommunizieren spontan wie auch fest geplant. Neben kulturellen Aspekten, auf die wir später noch zu sprechen kommen, sind es vor allem architektonische Maßnahmen in Büro- und Fabrikationsräumen, die eine spontane Kommunikation unterstützen können. So dominiert bei Enator und Hewlett-Packard eine offene, nur durch schallschluckende Stellwände, Pflanzen und Glas unterbrochene Raumaufteilung. Unabhängig von Titel und Hierarchie arbeiten Geschäftsführer und Sachbearbeiter, Marketingleiter und Sekretärin im selben Raum. Spezielle Pausenecken, die z. B. bei Hewlett-Packard von den Mitarbeitern selbst mit gemütlichen Möbeln eingerichtet wurden, Gruppenräume, Pin-Boards etc. ermöglichen ungezwungenes Zusammenkommen und Arbeiten. Die räumliche Nähe verschiedenster Abteilungen erlaubt ein unkompliziertes und direktes Angehen von Abstimmungsproblemen. Dadurch, daß man direkt sieht, ob jemand abwesend, am Telefon oder für ein Problem verfügbar ist, entfallen unnötige Memos, Telefonate, Terminfestlegungen etc.

Geplant kommuniziert wird an den dafür vorgesehenen Kommunikationsanlässen. Bei Enator sind dies beispielsweise die „Monday Morning Meetings", die Strategie-Veranstaltungen und natürlich auch die regelmäßig stattfindenden Plausch-Anlässe, bei The Body Shop die täglichen Telefonate des Head-Franchisee mit jedem der betreuten Läden. Trisa, ein Schweizer Bürstenhersteller, hat zu diesem Zweck drei große, nach demokratischem Mehrheitsprinzip organisierte Informations- und Entscheidungskreise gebildet, „Marketing und Verkauf", „Fabrikation und Technik" und „Mitarbeiter", in denen man sich auf regelmäßiger und außerordentlicher Basis trifft.

Bemerkenswert ist hier nicht unbedingt die Anzahl solcher Veranstaltungen – auch andernorts werden viele Sitzungen abgehalten –, sondern die Qualität. Sie äußert sich darin, daß diese Maßnahmen vom Großteil der Betroffenen als sinnvoll empfunden und deshalb intensiv genutzt werden.

Sie kommunizieren von Mensch zu Mensch wie auch mit Hilfe von Computern und Datenleitungen. Man ist sich bewußt, daß weder das eine noch das andere für sich allein sinnvoll ist, sondern nur in der Kombination zur vollen Wirkung kommen kann. Datenleitungen werden dort verwendet, wo es Zeit und Raum zu überwinden gilt, wo Schnelligkeit und Aktualität zählt. Sie dienen zur Abwicklung von Routinekommunikation und zur Abfrage von Wissen. Gleichzeitig wird jedoch auf die Unersetzbarkeit direkter Face-to-Face-Kommunikation hingewiesen. Sie wird in vielen Fällen nicht nur als effektiver angesehen, sondern auch aufgrund von unternehmensphilosophischen Kriterien bevorzugt. Viele der Enator-Treffen dienen dazu, „Gesichter zu sehen". Dies macht nicht nur Spaß, sondern hilft darüber hinaus Hemmschwellen abzubauen, neue Kanäle zu öffnen und Schnittstellen zu überwinden.

Sie kommunizieren unkompliziert und netzwerkartig. Atomisierte Unternehmen kennen keinen Dienstweg. Kommuniziert werden soll nach sachlichen und nicht nach formellen Kriterien. Die in jedem Unternehmen unterschwellig vorhandene Netzwerkstruktur wird gewissermaßen institutionalisiert. Die Überschaubarkeit der Einheiten unterstützt diesen Willen natürlich in hohem Maße. Zumindest innerhalb dieser Einheiten existieren kaum Barrieren, da schon rein durch die physische Nähe zwischenmenschliche Interaktion erleichtert wird. Für den Kommunikationsfluß über die Einheiten hinaus existieren die schon genannten Datenleitungen, werden Treffen organisiert und Telefonate geführt.

Sie kommunizieren ständig. Dadurch, daß weder spezielle Termine noch Sprechzeiten einzuhalten sind, können anfallende Probleme (und Chancen!) jederzeit angegangen und damit Leerlaufzeiten und Opportunitätskosten verhindert werden. Die ständigen Feedbackmeldungen von verschiedensten Seiten erleichtern dem einzelnen die Einschätzung des eigenen Leistungsbeitrages zum Unternehmensgeschehen. Schließlich wird der andernorts so florierenden Gerüchteküche auf wirksame Weise begegnet.

6.4 Die Leistungsbeurteilung in einem atomisierten Unternehmen

Fördern durch Fordern

Atomisierte Unternehmen fordern. Einige Zitate sollen dies kurz illustrieren:

> „Wer nur auf Bestehendem beharrt, denkt und handelt nicht aktiv mit. Deshalb verlangen wir von unseren Mitarbeitern stets ein wenig mehr" (Ebnöther-Gruppe, Profil).

> „Ausrichtung auf den Menschen bedeutet nicht dasselbe, wie nett zu den Menschen zu sein. Es hat vor allem nicht

den Sinn, nett zu Menschen zu sein, die keine Leistung erbringen" (Bill Gore in: Naisbitt, Arbeitsplatz, 53).

Fordern können atomisierte Unternehmen, weil sie auch etwas bieten. Man geht von einem „symbiotischen" Wechselspiel von Geben und Nehmen aus: Das Unternehmen offeriert einmal vorbehaltlos „Vorschußleistungen" wie eine große Portion Vertrauen, vielfältigste Kompetenzen und ein kreatives, anregendes Umfeld. Es verlangt aber auch, daß diese vom Mitarbeiter in Anspruch genommen und in der Form aktiven Einstehens für die Unternehmensidee an das Unternehmen zurückfließen.

„Wir erwarten von den Mitarbeitern, daß sie sich für die Unternehmensziele einsetzen und sich aktiv und verantwortungsbewußt an der Entwicklung des Unternehmens beteiligen. Sie sollen die gewährten Freiräume nutzen, Bestehendes in Frage stellen, an Veränderungen mitarbeiten und sich ständig weiterbilden" (Ebnöther-Gruppe, Führungsleitbild, 6).

Eine Symbiose ist es nur dann, wenn keine Seite schmarotzt. Eine Symbiose verlangt Gegenseitigkeit. Nur durch dieses „Geben und Nehmen" kann eine Motivationsspirale in Gang kommen, die aus einer positiven Erwartungshaltung beider Seiten bei wachsendem Vertrauen und gegenseitiger Nutzenstiftung entsteht. Dieses Verhältnis, das heißt die Beziehung zwischen dem Engagement des einzelnen Mitarbeiters und dem Erfolg des Unternehmers, soll dann auch klar offengelegt werden. Dem Mitarbeiter muß klar sein, daß das Unternehmen letztlich nur soviel an Leistungen an die Systemmitglieder verteilen kann, wie diese Nutzen für Dritte erzeugen. Dies geschieht im Rahmen einer sehr offenen Informationspolitik und wird unterstützt durch ein strategiegerechtes Entgeltsystem. Semco führt aus diesem Grund eigene Kurse für das Verständnis von Bilanz und Erfolgsrechnung durch (Semler, Managing, 82). Auch Trisa präsentiert und erläutert regelmäßig seine Monatsbilanz im Mitarbeiterausschuß (Pfenninger, Mannschaft, 16).

Was ist unter „Leistung" zu verstehen?

Es lohnt sich, an dieser Stelle den Begriff „Leistung", wie er dem Verständnis atomisierter Unternehmen entspricht, zu präzisieren. Die Firmen bemühen sich, den Begriff umfassender zu definieren als einfach in der Form „Anzahl verkaufter Produkte", „Anzahl besuchter Kunden" oder anderer realitätsreduzierender Kennzahlen. „Leistung" ist für sie ein „Beitrag zum Unternehmensziel".

Die Umschreibung schließt somit nicht nur den Verkauf oder andere frontnahe Tätigkeiten ein, sondern auch administrative und andere Bereiche. Diese werden normalerweise von leistungsbezogener Bezahlung weitgehend ausgeklammert. Obwohl es sich bei dieser Leistungsdefinition um eine Umschreibung auf relativ hohem Abstraktionsniveau handelt, sorgt sie für eine klare Ausrichtung sowohl des Gesamtunternehmens als auch der einzelnen Betroffenen, weil sie offenlegt, daß dieses Ziel *definiert* sein will. Werden in erster Linie umweltneutrale Produkte, Flexibilität, Innovationskraft oder eine hundertprozentige Lieferbereitschaft angestrebt? Nur wenn eine klare Philosophie und damit eine strategische Stoßrichtung festliegen, kann für jeden einzelnen beurteilt werden, inwieweit er einen Beitrag zu diesem Ziel leistet. Da dieser zudem immer häufiger qualitativer Natur ist, braucht man auch solche Meßgrößen (vgl. hierzu Peters, Chaos, 580 ff.). Umweltneutralität, Flexibilität, Innovationskraft, Lieferbereitschaft etc. sind Zieldimensionen, die durch herkömmliche Lenkungssysteme (z. B. das Rechnungswesen) nur beschränkt gemessen werden. Atomisierte Unternehmen bemühen sich deshalb, gezielt unternehmensspezifische Meßgrößen zu entwickeln und anzuwenden.

Weiter zählt in ihrem Leistungsverständnis nicht nur der – oftmals nur indirekt meßbare – Output, sondern auch der dazu verwendete Input. Begriffe wie Engagement, Einsatz, Begeisterungsfähigkeit charakterisieren diese Dimension.

> „Die Leistungen werden nicht nur nach dem Ergebnis der Arbeit beurteilt. Die erbrachten Resultate werden immer

in Verbindung mit dem geleisteten Einsatz, dem gezeigten Mut zum Risiko, der Experimentierfreudigkeit und der Kooperationsbereitschaft bewertet und belohnt" (Ebnöther-Gruppe, Führungsleitbild, 6).

Fehler werden dabei nicht nur als unvermeidliches Übel toleriert. Ihnen wird im Gegenteil, als notwendige Lern- und Entwicklungsschritte, eine sehr positive Grundhaltung entgegengebracht.

„Freiraum für Selbständigkeit heißt auch, Risiken eingehen und Fehler als Lernschritte akzeptieren." (Ebnöther-Gruppe, Führungsleitbild, 3)

„Entscheide beinhalten immer ein Risiko und werden letztlich intuitiv gefällt. Führen heißt dazu stehen, daß es keine absolute Sicherheit gibt. Verantwortungsvolles, spontanes Handeln ist deshalb dem Absichern durch lange Analysen vorzuziehen. Entscheide schaffen Klarheit und mobilisieren Energie für die Ausführung." (Ebnöther-Gruppe, Führungsleitbild, 4)

„Man braucht eine Atmosphäre, in der die Leute Fehler machen können. Wenn wir keine Fehler machen, erreichen wir nichts. Wissenschaftliche Methodik basiert auf Irrtümern" (Gordon Forward, Chaparral Steel, zitiert in Peters, Chaos, 288).

In diesem Licht sind auch Mißerfolge als positiv zu werten (und dementsprechend zu belohnen!), wenn sie

- aus der Unternehmensphilosophie heraus entstanden sind,
- schnell ausgeführt und
- beim Erkennen sofort korrigiert wurden,
- wenn der Betroffene und die Organisation als Ganzes etwas daraus gelernt haben
- und die Fehler nicht Teil eines sich wiederholenden Musters sind (Mills, Corporation, 60; Peters, Chaos, 287).

Die Einstellung, daß wir in erster Linie mehr Fehler in kürzerer Zeit machen müssen (Peters, Chaos, 287), im Unternehmen zu verwurzeln, gehört sicher zu den ganz großen Leistungen atomisierter Unternehmen.

Der Einfluß der Atomisierung auf die Leistung

Wie hängt nun das Organisationskonzept der Atomisierung mit dem Leistungsverständnis dieser Unternehmen zusammen? Die Fallstudien zeigen, daß die zwei Aspekte sehr eng miteinander verknüpft sind. Wenn ein Unternehmen von seinen Mitarbeitern ein weitgehendes Engagement, konstruktive Kritik, aktive Gestaltungsbeiträge und unternehmerisches Denken erwartet, so kann es dies nur tun, wenn es entsprechende Freiheitsgrade bietet. Wenn zudem „Leistung" auch unter dem „Input-" und nicht nur unter dem „Outputaspekt" gewürdigt werden soll, so ist dies nur in übersichtlichen Strukturen möglich. Nur so hat der einzelne die Möglichkeit, unternehmerisch zu wirken und „Fußabdrücke" zu hinterlassen. Nur so können die Beiträge jedes einzelnen wahrgenommen und auch ohne komplizierte Beurteilungs- und Qualifikationsprozeduren umfassend gewürdigt werden. Nur so wird verhindert, daß man sich in ein formalisiertes, symbolisches Vorschlagswesen bürokratischer Organisationen flüchtet oder gar gänzlich darauf verzichtet, vom einzelnen mehr als die Erfüllung seiner definierten Aufgaben zu verlangen, weil man nicht fähig ist, die jeweiligen Leistungsbeiträge auszumachen. Und nur so wird auch klar, wer langfristig nichts zum Unternehmenserfolg beiträgt. Ernst Pfenninger (Trisa) weist darauf hin, daß das System, ohne weitergehende Kontrollmechanismen, dafür sorgt, daß sich solche Personen relativ schnell isolieren und das Unternehmen zugunsten eines anonymeren Umfeldes verlassen.

Auch können hier viele Punkte, die im Zusammenhang mit Motivation und Leistung immer wieder gefordert werden, wie z. B. leistungsgerechte Bezahlung, Gruppenprämien, Kapitalbeteiligung der Mitarbeiter meist ohne weiteres realisiert werden.

Beispiel Gruppenprämie: Mehr und mehr Bereiche verlangen nach effizienter Teamarbeit. Für deren Erfolg bedarf es jedoch eines Anreizes. In vielen Fällen soll zwar offiziell die Teamarbeit gefördert werden, belohnt wird jedoch immer noch der Einzelkämpfer. Insbesondere stark arbeitsteilige Unternehmen tun sich schwer mit den Anforderungen, die an ein gruppenorientiertes Anreizsystem zu stellen sind. Die Abhängigkeit von einer Vielzahl von Determinanten, die nicht im Einflußbereich der Gruppe liegen, verhindern eine konsequente Teamausrichtung.

Durch die Gestaltung von Einheiten, welche zwar modular vernetzt, aber nicht direkt verkettet sind, gelingt es in atomisierten Strukturen leichter, gruppenbezogene Systeme einzuführen.

Beispiel Kapitalbeteiligung: Bekannt ist auch das Problem, daß Kapitalbeteiligungen, wie sie verschiedene Großunternehmen kennen, nur von beschränkter Motivationswirkung sind. Dies ist verständlich, haben die Betroffenen doch oft keine großen Möglichkeiten, den Wert dieser Papiere oder den Gewinn zu beeinflussen, seien ihre persönlichen Anstrengungen noch so groß. In einem atomisierten Unternehmen zeigen die Anstrengungen des einzelnen durchaus Wirkung. Ganz offensichtlich wird dies bei The Body Shop, wo der Franchisenehmer zugleich Ladenbesitzer ist. Aber auch bei Gore und Enator verfügen die Unternehmensmitglieder über Kapitalbeteiligungen. Daß die Frage der Besitzverhältnisse durchaus sehr eng mit Motivationsaspekten zusammenhängt, zeigt die Angabe von The Body Shop, wonach ein Laden, der selbständig geführt wird, an die 40 Prozent mehr Umsatz generiert als ein gepachtetes Geschäft. In die gleiche Richtung weisen die Angaben von Mitre10, einer australisch-neuseeländischen Do-it-Yourself-Franchisekette. CEO McLean spricht von bis zu 70 Prozent höherem Umsatz bei Franchisees im Vergleich zu herkömmlichen Angestellten (Marketing, Differences, 28).

Beispiel Erfolgsbeteiligung: Bemerkenswert ist auch das Erfolgsbeteiligungssystem von Trisa.

> „Jeder Artikel, jede Fabrikationsserie wird vor- und nachkalkuliert. Ergibt sich in der Gegenüberstellung ein

positives Ergebnis, so ist das ein gemeinsam erarbeiteter Erfolg. Bei negativem Ergebnis ist es ein gemeinsamer Mißerfolg" (Trisa, Mannschaft, 8).

Die Summe der gemeinsamen Erfolge minus die Summe der gemeinsamen Mißerfolge ergibt dann das verteilbare Ergebnis. Ausgehend von diesem einfachen, aber gerade darum besonders einsichtigen und nachvollziehbaren System, wird der Mitarbeiteranteil, unter Abzug einer Marktreserve und einer Jahresreserve, jeweils am 15. des Folgemonats jedem Mitarbeiter in Prozent seines Grundlohnes ausbezahlt. Jeweils einmal pro Jahr, nach der Generalversammlung, wird auch die Jahresreserve ausbezahlt. Das System besticht nicht nur durch seine unmittelbare Verständlichkeit, sondern auch dadurch, daß die Wirkungen unternehmerischer Aktivitäten direkt sicht- und spürbar werden.

Weitere leistungsunterstützende Wirkung kommt den folgenden Maßnahmen zu:

Einsatz von Betreuern: Es fällt auf, daß trotz oder eben gerade weil viel verlangt wird, der Betroffene nicht Einzelkämpfer sein muß. Bei Gore ist es der schon erwähnte „Initial Sponsor", der dafür sorgt, daß jeder Neuling während dem ersten halben Jahr im Unternehmen eine intensive Begleitung erfährt. Diese Person hat ein Commitment für die Personalauswahl übernommen und hilft dem Neuling während dieser Zeit bei der Orientierung im Unternehmen. Bei The Body Shop ist es der Head-Franchisee und sein Team, welche den Franchisenehmer während der ersten Zeit nach der Eröffnung seines Ladens intensiv begleiten und für spezifische Problemstellungen zur Seite stehen.

Diesem Coaching kommt eine nicht zu unterschätzende Bedeutung zu. Das Fehlen von Stellenbeschreibungen, Direktiven und andern Einrichtungen mit Anleitungscharakter, führt bei neuen Mitarbeitern leicht zu einer gewissen Orientierungslosigkeit. Die direkte Betreuung durch einen Paten ermöglicht eine unkomplizierte und persönliche Einführung in die spezifische Kultur des Unternehmens. Das Feedback, welches der betroffene Mitarbeiter auf diese Art erhält, kann gerade in dieser Phase sehr wichtig sein.

Informations- und Vergleichsmöglichkeiten: Eine weitere Möglichkeit, zu einem solchen Feedback zu gelangen und die eigene Leistung zu beurteilen, ist der Vergleich mit andern Personen und Einheiten. Auf Unternehmensebene geschieht dies vor allem durch den Zugriff auf Vergleichszahlen. Bei Hewlett-Packard sind beispielsweise die konsolidierten Verkaufszahlen jeweils einen Tag später weltweit verfügbar. Auch The Body Shop pflegt einen intensiven Austausch von Kennzahlen zur Selbsteinschätzung der verschiedenen Läden. Eine sehr große Bedeutung weist auch Semler (Semco) dieser Dimension zu, wenn er schreibt:

> „Wir sind sehr, sehr streng bei den Zahlen. Wir wollen sie am vierten Tag jedes Monats, so daß wir sie am fünften zurückgeben können. Und weil wir so streng sind mit den finanziellen Kontrollen, können wir extrem großzügig sein bei allem andern. Die Mitarbeiter können die Wände so streichen, wie sie wollen. Sie können arbeiten kommen, wann sie wollen. Sie können anziehen, was immer ihnen bequem ist. Sie können tun, was immer sie wollen. Es ist ihre Sache, den Zusammenhang zwischen Produktivität und Profit zu sehen und darauf zu reagieren" (Semler, Managing, 84; Übersetzung durch den Verfasser).

Vergleichsmöglichkeiten auf der Ebene des einzelnen Individuums ermöglichen beispielsweise die wöchentlichen Projektinformationen bei Enator. Der Zweck dieser Veranstaltungen ist natürlich zu Anregungen und Problemlösungsansätzen zu gelangen. Gleichzeitig – und das ist hier relevant – sind sie ein exzellentes Instrument zur Selbsteinschätzung, lassen sich doch Fragen, Lob und Kritikpunkte auch in diese Richtung interpretieren.

Ausbildung: Zur Rubrik „leistungsunterstützende Maßnahmen" gehört sicher auch die intensive Ausbildung, nicht nur in fachlicher, sondern auch in sozialer Hinsicht. Da ihr in diesem Buch eine zentrale Bedeutung zukommt, widmet sich ein ganzer Abschnitt (S. 175 f.) diesem Aspekt.

6.5 Die Entwicklungsmöglichkeiten in einem atomisierten Unternehmen

Ergebnisse aus dem Organisationskonzept

Atomisierung in einem Unternehmen entsteht durch die laufende Absplittung bzw. Neugründung von Einheiten während des Wachstums- und Entwicklungsprozesses. Einem natürlichen Organismus ähnlich, wächst ein atomisiertes Unternehmen durch *Zellteilung*. Eine Idee, ein Konzept, eingebettet in die jeweilige Kultur, trennt sich von seinem Nukleus, um als neue Zelle ihr selbständiges Dasein zu fristen. Im Falle des Franchising werden tendenziell Leute „von außen" angesprochen, die sich mit dieser Idee identifizieren können und die in die spezifische Kultur hineinpassen. In den übrigen Fällen sind es eher Leute „von innen", die aufgrund neuer Produktideen, räumlichen Expansionsbedarfes oder interner Größenschwellen eine neue Zelle gründen.

In beiden Fällen führt diese spezifische Art von Wachstum zu hohen Anforderungen an die Rekrutierung und Entwicklung der Humanressourcen, sowohl in quantitativer wie auch qualitativer Hinsicht. In *quantitativer* Hinsicht verursachen das starke Bottom-up-Wachstum, die personalintensive Ausrichtung der einzelnen Einheiten, der Wille, Markt- und andere Nutzenpotentiale flexibel zu erschließen, einen hohen Bedarf an qualifizierten Mitarbeitern. Nach den Aussagen verschiedener Unternehmen werden viele Geschäftsvorhaben deshalb nicht realisiert, weil die nötigen Humanressourcen fehlen. In *qualitativer* Hinsicht führt die Verflachung der Hierarchie zu einer Vielzahl zusätzlicher Führungspositionen mit Geschäftsverantwortung und zu erhöhten Anforderungen mit Bezug auf die General-Management-Fähigkeiten.

Atomisierte Unternehmen reagieren auf diese Erfordernisse mit einer Neudefinition von Entwicklungs- und Karrierepraktiken.

Ergebnisse aus dem Humanpotential-Verständnis

Die Neudefinition von Entwicklungs- und Karrierepraktiken liegt jedoch nicht nur im Konzept der Atomisierung begründet. Sie entspringt auch der Einsicht in wichtige Leistungsbarrieren im Unternehmen, allen voran die fehlende Leistungsmöglichkeit. Sie gehört zu einem der Hauptgründe für die mangelnde Nutzung der Humanressourcen im Unternehmen.

Genau darauf weist Flik in brillanter und pointierter Weise hin, wenn er schreibt:

„In unserer Unternehmung geht man von der oft unausgesprochenen Annahme aus, daß jeder Associate eine einmalige Person mit einigen einmaligen Fähigkeiten ist. Diese müssen zu einem bestimmten Zeitpunkt oder in einem bestimmten Umfeld keinesfalls offensichtlich sein. Ein Grund für dieses Phänomen ist folgender: Stärken und Schwächen sind relativ zur Existenz und dem Charakter einer ‚opportunity'" (Flik, Ameba, 112; Übersetzung durch den Verfasser).

Wenn also jeder Mensch Stärken hat, die sich jedoch situationsbedingt nicht entfalten können, so ist die zentrale Aufgabe des Unternehmens, dem einzelnen diejenigen Rahmenbedingungen zu schaffen, die ihm eine bestmögliche Nutzung der eigenen Fähigkeiten erlauben.

Abbildung 6-2 zeigt beispielhaft ein Stärken-/Schwächen-Profil einer Person. Zu den Stärken dieser Person gehören die technischen Fähigkeiten, die Eigenschaft, Dinge einem Ende zuzuführen und die Bereitschaft, Risiko auf sich zu nehmen. Zu den Schwächen gehören die mangelnde Kontaktfähigkeit und die geringe Neigung für administrative Belange. Je nach In- und Umweltkonstellation wird sich nun ein höchst unterschiedlicher Fokus entwickeln. In einer Situation, wie sie typischerweise bei Produkten am Anfang der Lebenszykluskurve vorzufinden ist, werden die Stärken dieser Person voll zum Tragen kommen, während die Schwächen im Schatten dieser Vorzüge verblassen. Ändert sich jedoch diese Situation oder gerät die Person von Anfang an in ein anders geartetes Umfeld hinein, so fällt das Licht vor allem auf die Schwachstellen und verhindert eine Nutzung der Stärken.

Profil von Person X

Stärken:
- technisch orientiert
- führt Dinge zu Ende
- risikofreudig/entwickelt Neues

Schwächen:
- Kontakte zur Außenwelt
- Administrative Dinge

Abbildung 6-2: Stärken-/Schwächenprofil einer Person X (nach Flik, Ameba, 105)

Entwicklungs- und Karriereverständnis atomisierter Unternehmen

Welchen Einfluß haben nun also das Humanpotential-Verständnis bzw. das darauf basierende Organisationskonzept auf das Entwicklungs- und Karriereverständnis atomisierter Unternehmen? Folgende Aspekte sind von Bedeutung:

Phasenorientierung: Atomisierte Unternehmen versuchen, Humanressourcen phasenspezifisch einzusetzen. Nehmen wir an, der oben geschilderten Person ist es gelungen, ein Produkt zu entwickeln, welches auf eine große Nachfrage stößt. Jetzt gilt es, eine effektive Distribution aufzubauen, die Lieferfähigkeit zu sichern, erste Anpassungen zu machen, den Service sicherzustellen etc. Nach und nach oder auch sehr schnell ändern sich die Erfordernisse, die die Umwelt an die betreffende Person stellt. Diese Verschiebungen können dazu führen, daß bisher sehr erfolgreiche Unternehmensmitglieder plötzlich scheitern. Als Beispiel sei hier nur auf den Weggang von Steven Jobs von Apple verwiesen. Obwohl das Phänomen nicht unbekannt ist (vgl. z. B. Laukamm, Human-Ressourcen, 60 ff.), werden in den seltensten Fällen gezielte Vorbeuge-Maßnahmen ergriffen.

Wie lösen atomisierte Unternehmen dieses Problem? Grundsätzlich dadurch, daß sie den Humanressourcen-Einsatz auf diese Erfordernisse abstimmen. Ebnöther versucht beispielsweise, Produkte derselben Phasenstufe – hier der Entstehungs- und frühen Wachstumsphase – im Programm zu haben. Bewegt sich das Produkt im Laufe der Zeit aus dieser Phase hinaus (wachsende Nachfrage, größere Volumina etc.), zieht sich das Unternehmen aus dieser Aktivität zurück (beispielsweise durch Verkauf der Lizenz an ein größeres Unternehmen), um danach erneut den Entwicklungsprozeß von vorne zu beginnen.

> „Dabei nehmen wir in Kauf, das Fachgebiet immer wieder wechseln zu müssen – ein zunächst seltsamer Umstand für ein hochtechnisches Unternehmen. Erfahrungsgemäß ist der Wechsel des Fachgebietes jedoch sehr viel einfacher und rascher zu bewerkstelligen, als die Werthaltung zu verändern, um neuen, sich aus der kontinuierlichen Unternehmensentwicklung auf einem angestammten Gebiet ergebenden Bedürfnissen gerecht zu werden" (Gerry Leumann).

Einen etwas andern Ansatz verfolgt Gore. Auch hier ist man sich bewußt, daß unterschiedliche Rahmenbedingungen unterschiedliche Persönlichkeitstypen verlangen. Der Ameba-Ansatz zeigt, wie das Unternehmen versucht, durch einen intensiven Bewußtseinsprozeß bei jeder Person spezifische Stärken auszuloten. Gezielt wird auf ein Klima hingearbeitet, in welchem ein Mitarbeiter eine Aufgabe, die sich durch die Umweltkonstellation verändert hat und nicht mehr seinen Stärken entspricht, auch wieder abgeben kann. Unsere Beispielperson würde versuchen, das Produkt an jemanden im Unternehmen weiterzugeben, der über Stärken verfügt, die in der Wachstumsphase von Bedeutung sind. Dadurch, daß dauernd „Pseudopode" in benachbarte Aufgabenbereiche ausgestreckt werden, ist die Chance groß, daß auch schon erste Kontakte bestehen.

Keine „Ideallinie": In diesem Lichte kann es auch keine „Idealkarrieren" geben. Im Gegensatz zu vielen Unternehmen, in denen potentielle Führungskräfte im Laufe ihres Werdegangs einen bestimmten „Parcours" an Entwicklungsschritten zu absolvieren haben, welcher z. B. aus Stabs- und Frontaufgaben und einem Auslandsaufenthalt besteht, oder wo bestimmte „Schlüsselstellen" bzw. „Schlüsselaufgaben" existieren, in denen sich besonders ambitionierte Leute zu bewähren haben, kennen atomisierte Unternehmen keinerlei vordefinierte Karrierepläne, sondern versuchen flexibel auf sich abzeichnende Stärken zu reagieren.

Humanpotential ist ja per Definition anfangs nur beschränkt ersichtlich und kann damit auch nur beschränkt durch Personalselektionsverfahren ermittelt und durch vordefinierte Entwicklungspfade erschlossen werden. Der Ansatz dieser Unternehmen besteht darin, daß sie Leute aussuchen, die „Potential" zu haben scheinen, wo immer dies auch liegen mag. Diesen bieten sie ein Rahmenwerk zur Selbstentwicklung, welches mit zunehmender Erfahrung und Entdeckung von Fähigkeiten immer neue, auf die spezifischen Stärken abgestimmte Betätigungsfelder beinhaltet. Dadurch wird eine Art „Nutzenspirale" geschaffen, die die Wirkung herkömmlicher Motivations- und Entwicklungsstrategien um ein Vielfaches übertrifft. Ein eigentlicher Karrierepfad ist damit aber immer erst ex post ersichtlich und kaum oder nur beschränkt ex ante planbar.

Ein bemerkenswertes Programm hat in diesem Zusammenhang Semco vorzuweisen. Unter dem Namen „Lost in space" werden jedes Jahr ein

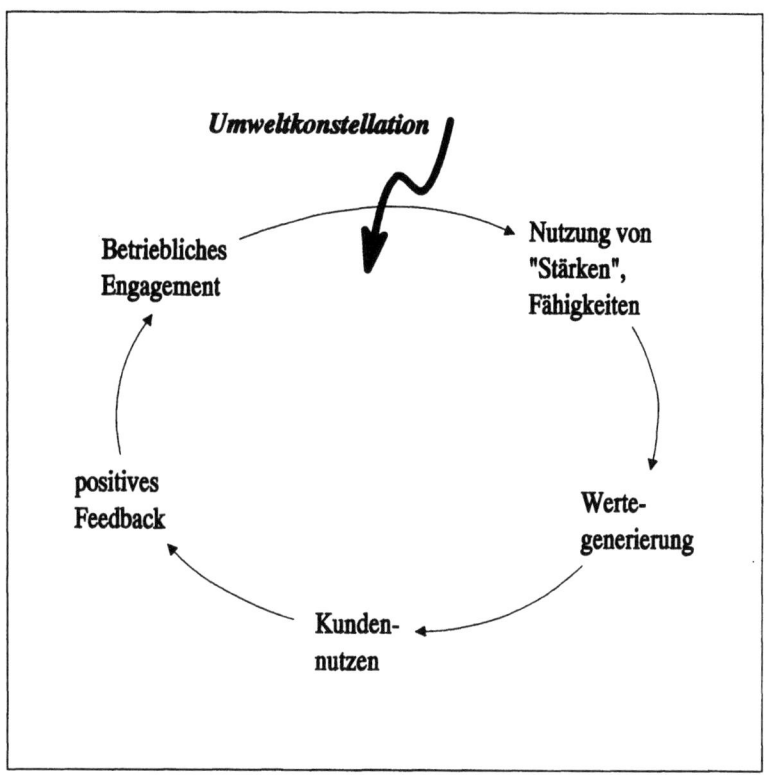

Abbildung 6-3: Die Nutzenspirale

Anzahl Management-Trainees angestellt, welche über keinerlei Stellenbeschreibung verfügen. Betreut durch einen „Godfather", können sie während eines ganzen Jahres tun, was immer sie wollen, solange sie mindestens zwölf verschiedene Bereiche oder Einheiten berücksichtigen (Semler, Managing, 80).

Kein Zwang zur Managementkarriere: Atomisierte Unternehmen sind sich bewußt, daß nicht nur Managementkarrieren Werte schaffen. Im Gegensatz zu vielen Unternehmen, welche ambitionierte Leute förmlich zu Managementkarrieren zwingen, auch wenn ihnen Menschenführung absolut nicht liegt, haben Humanpotential-orientierte Unternehmen bewußt zwei- bis mehrgleisige Systeme, das heißt sowohl Fach- wie auch Führungskarrieren sind möglich. Bei Hewlett-Packard beispielsweise muß man sich nach drei bis sechs Jahren zwischen Fach- und Führungslaufbahn entscheiden (Lentz, Stückle, 284). Daß es sich tatsächlich um reale Wahlmöglichkeiten handelt, zeigt erneut Semco. Das Unternehmen kennt drei Hierarchieebenen: Counselors, Partners und die restlichen Mitarbeiter. Die letzteren unterteilen sich wiederum in Associates (ohne Führungsfunktion) und Coordinators (mit Führungsfunktion). Zum Verhältnis dieser Funktionen untereinander schreibt Semler:

> „Wie alle anderen schätzen auch wir „Leadership", aber das ist nicht das einzige, was wir schätzen. Bei den Schiffspumpen verfügen wir z. B. über einen Applikationsingenieur, der einen Grundriß eines Schiffes ansehen und seine Aufmerksamkeit auf eine einzige Pumpe richten kann, um dann zu sagen: ‚Diese Pumpe wird aussteigen, wenn Ihr dieses Ding nördlich des Polarkreises einsetzt.' Er verdient dabei wesentlich mehr Geld als die Person, die für seine Einheit verantwortlich ist. Den Manager können wir auswechseln, aber dieser Mann weiß, welche Pumpe in der Arktis funktionieren wird, und das ist mehr wert" (Semler, Managing, 78; Übersetzung durch den Verfasser).

Associates verdienen aus diesem Grund sehr oft mehr als Coordinators oder sogar Partners und können ihren Status und ihr Salär erhöhen, ohne in eine Führungsfunktion einzusteigen.

Horizontale Karriere: Die flache Hierarchie bringt nur beschränkte Möglichkeiten für vertikale Karriereschritte mit sich. Atomisierte Unternehmen setzen deshalb vermehrt auch auf die Attraktivität von vertikalen Bewegungen und ein Mehr an Erfahrung (Stichwort „Pay for Knowledge"). Job Rotation, auch über die Bereichsgrenzen hinaus, wird bewußt gefördert. Ein Beispiel dafür ist sicher folgende Karriere eines Ingenieurs bei Hewlett-Packard: Systemingenieur, Vertriebsbeauftragter, Vertriebsmarketing- und Personalleiter, Verkaufsleiter (Lentz, Stückle, 286). Die so erlangten Erfahrungen sind nicht nur für die angestrebte Flexibilität und die Persönlichkeitsentwicklung des Betroffenen äußerst wichtig, sie sind zugleich Bedingung für erfolgreiche Zellteilungen: potentielle Gründer neuer Einheiten können sich das erforderliche Allroundwissen aneignen, welches für diesen Prozeß nötig ist.

6.6 Die Ausbildungsschwerpunkte in einem atomisierten Unternehmen

Neue Anforderungen an die Mitarbeiter

Atomisierte Strukturen sind anspruchsvoll. Sie verlangen eine Vielzahl spezifischer Fähigkeiten und Einstellungsdispositionen von jedem Mitarbeiter. Dafür ist einerseits das Unternehmenskonzept an sich verantwortlich, andererseits aber auch die spezielle Arbeitsweise in eng vernetzten Teams. Die Ansprüche an den Mitarbeiter lassen sich wie folgt zusammenfassen:

Bereitschaft, Wandel als etwas Positives anzusehen: Grundsätzlich empfinden wohl die meisten Menschen Konstanz als etwas Positives. Konstanz vermittelt Sicherheit und Ruhe. Änderungen werden dagegen als unbequem oder sogar angstmachend empfunden. In einem Unternehmen wird ein dauernder Wandel noch schnell mit „Chaos" oder „schlechter Organisation" assoziiert.

Atomisierte Unternehmen versuchen, aktiv zu agieren, um sich *mit* der schnell wandelnden Umwelt zu verändern. Das wird jedoch nur dann möglich sein, wenn es gelingt, diesen Wandel mit einem positiven Wert zu versehen. Diese Einstellung tief im Unternehmen zu verwurzeln, ist eine alles andere als leichte Aufgabe.

Bereitschaft zu ständigem Lernen: Wandel als etwas Erstrebenswertes zu empfinden, bedingt eine ständige Bereitschaft zum Lernen. Sie bezieht sich auf externe Belange, wie beispielsweise wandelnde Kundenbedürfnisse, und auch auf internen Wandel, beispielsweise im Bereich der Aufbau- und Ablauforganisation.

Bereitschaft zu Engagement: Ein atomisiertes Unternehmen lebt unmittelbar vom Engagement seiner Mitglieder. Wo traditionelle Unternehmen durch Kontrollen und festgelegte Prozedere Desinteresse und Gleichgültigkeit bis zu einem gewissen Grad auffangen können, wirkt sich dies hier direkt in geringerer Leistung aus. Ein schlecht motivierter Berater bei Enator, ein nicht an denselben Werten orientierter Franchisee bei The Body Shop kann eine ernste Gefahr für das Gesamtunternehmen sein.

In den obenstehenden Punkten ist bewußt von „Bereitschaft" und nicht von „Fähigkeit" die Rede. Der Autor ist überzeugt, daß diese Punkte letztlich mit Einstellungsdispositionen zusammenhängen. Natürlich nimmt die Lernfähigkeit bei älteren Leuten im allgemeinen ab, natürlich gibt es Leute, die von Natur aus eher fähig sind, Wandel zu verarbeiten. Ein gravierendes Problem besteht hier jedoch kaum, solange dieser Personenkreis die Bereitschaft zur Auseinandersetzung mit diesen Punkten aufbringt. Grundsätzliche Schwierigkeiten entstehen erst dort, wo zu den mangelnden Fähigkeiten auch ein mangelnder Wille zur Veränderung hinzukommt.

Von Bedeutung sind ferner eine Anzahl von „Sozialkompetenzen", also Fähigkeiten der zwischenmenschlichen Interaktion und Kooperation:

Kommunikationsbereitschaft: Atomisierung ist eine sehr kommunikationsintensive Organisationsform. Kommunikation ist *das* Instrument, welches die einzelnen Einheiten zusammenhält. Sie transportiert gemeinsame Werte, ermöglicht den Austausch von Fachwissen und Erfahrungen und dient dem Aufbau von persönlichen Beziehungen. Personen, die diese Fähigkeit nicht besitzen oder denen gar die Bereitschaft dazu fehlt, offen zu kommunizieren, sind für diese Organisationsart wenig geeignet.

Bereitschaft, Wissen zu teilen: „Es ist nicht so wichtig, wieviel der einzelne weiß. Es ist viel wichtiger, wieviele es wissen", sagt ein chinesisches Sprichwort. Das Gesamtunternehmen ist nur dann mehr als die Summe seiner Teile, wenn die einzelnen Mitglieder und, auf höherer Ebene, die einzelnen Einheiten bereit sind, Wissen und Erfahrungen zu teilen. Großartiges entsteht dort, wo sich verschiedene Welten treffen. Atomisierte Unternehmen nutzen das Kreativitäts- und Innovationspotential, welches aus dem gegenseitigen Befruchten und Weiterspinnen von Ideen entsteht. Dazu brauchen sie Leute, die das Teilen von Wissen nicht als Verlust betrachten, sondern als Gewinn und als Möglichkeit, Impulse zu erhalten.

Konfliktbereitschaft: Dort, wo Menschen zusammenarbeiten, entstehen Konflikte. Diese gilt es nicht zu unterdrücken, sondern in produktiver Art und Weise zu nutzen. Dazu braucht es einerseits die *Einsicht* in Verhaltensmuster und Prozesse, welche in solchen Situationen zur Anwendung kommen. Mindestens so wichtig ist jedoch der *Wille*, dieses Wissen tatsächlich anzuwenden, auch in jenen Fällen, wo es mit eigenen Eingeständnissen verbunden ist.

Fähigkeit zu führen und Bereitschaft, sich führen zu lassen: In steigendem Ausmaß haben Manager Personen zu führen, die ihnen fachlich klar überlegen sind. Zudem wird langsam akzeptiert, daß Führungsbeziehungen auch komplementär wirken können. So zeigt Sattelberger, daß der „Junior" tendenziell Ressourcen besitzt, die der ältere Manager benötigt – und umgekehrt (Sattelberger, Gedankenskizzen, 165).

In diesen Organisationen ist man sich deshalb bewußt, daß man nicht grundsätzlich „Führender" oder „Ausführender" sein kann, genauso wie man nicht grundsätzlich „Lehrender" oder „Lernender" ist. Die flache Struktur führt dazu, daß sich „Leaders" sehr situationsspezifisch entwickeln. Flik spricht in diesem Zusammenhang von „Reciprocity of Leadership":

> „Zum Beispiel der Vorgesetzte B, der in einem bestimmten Gebiet dem Leiter A unterstellt ist, könnte seinerseits in einem anderen Arbeitsfeld Vorgesetzter von A werden.

Beide Beziehungen könnten gleichzeitig innerhalb desselben Unternehmens praktiziert werden" (Flik, Ameba, 124; Übersetzung durch den Verfasser).

Leader ist man damit nicht zwangs formaler Autorität, sondern aufgrund eines „Commitments" für eine Sache. Wieso soll in diesem Lichte also nicht einmal der Lehrling einen PC-Kurs für das Management oder ein Sachbearbeiter die Einführung eines neuen Auftragsabwicklungsverfahrens übernehmen?

Atomisierte Unternehmen sind sich darin einig, daß hier – bei den Sozialkompetenzen – die Ausbildungs- und Entwicklungsschwerpunkte für die nächsten Jahre liegen müssen, und zwar aus folgenden Gründen:

- Fachlich ist der Mitarbeiter heute im allgemeinen recht gut ausgebildet. In bezug auf die Sozialkompetenzen trifft dies nicht zu.
- Der Bedeutung einer guten fachlichen Ausbildung ist man sich im allgemeinen bewußt. Die Notwendigkeit, sich fachlich ständig weiterzubilden, um mit dem technologischen Wandel Schritt zu halten, wird heute allgemein anerkannt. Die Leute sind bereit, diesen Erfordernissen zu entsprechen (vgl. z. B. Lüchinger, Sinnenfreude, 131). Dies ist bei Sozialkompetenzen nicht der Fall. Die Sensibilität für diese Probleme fehlt noch.
- Fachwissen kann mit intensiver Ausbildung in relativ kurzer Zeit aufgeholt werden. Bei den Sozialkompetenzen handelt es sich um Fähigkeiten, die nur in einem langwierigen Prozeß erlangt werden können.
- Fachwissen kann zur Not auch zugekauft werden (Experten). Dies ist bei Sozialkompetenzen nicht möglich. Zwar können Trainer und Berater als Prozeßbegleiter und Coachs die Erlangung von Sozialkompetenzen fördern, sie können jedoch nie an die Stelle der Systemmitglieder selbst treten.

Wie reagiert die Praxis?

Der Bewußtwerdungsprozeß in dieser Hinsicht scheint sehr langsam zu verlaufen. Der Großteil traditioneller Unternehmen hat dieser Verschiebung der Erfordernisse noch kaum Rechnung getragen. Deren betriebliche Ausbildungsprogramme sind geprägt durch:

Trennung von Theorie und Praxis: Man gibt sich dem irrigen, im 18. Jahrhundert begründeten Glauben hin, zwischen Theorie und Praxis unterscheiden zu können. In wohldefinierten Abständen werden die betrieblichen Niederungen verlassen, um sich fernab des praktischen Geschehens mit dem neuesten Wissen einzudecken und mit diesem in die Unternehmenswirklichkeit zurückzukehren. Der Transfer der Erkenntnisse gelingt dann in vielen Fällen nur unzulänglich. Sogar in Traineeprogrammen, wo vom Ansatz her eigentlich ein „Training on the Job" vorgesehen ist, herrscht oft ein merkwürdig unzusammenhängendes Nebeneinander von Praxis- und Theorieblöcken.

Orientierung an disziplinärem Fachwissen: Im Vordergrund steht eindeutig das Angebot an Fachwissen. Die Notwendigkeit, eine Programmiersprache zu lernen, sich mit der Wartung einer neuen Maschine vertraut zu machen oder sich über die neuesten Erkenntnisse im Bereich Genforschung ins Bild zu setzen, leuchtet unmittelbar ein. Ausbildungsinhalte im Bereich der Sozialkompetenzen werden dann oft nur noch als „Zückerchen" und tendenziell an höhere Kader verteilt.

Abstinenz des Top-Managements: Ausbildung wird als funktionale Aufgabe der Personalabteilung oder eines Ausbildungsleiters gesehen oder an externe Berater delegiert. Das Top-Management hält sich von dieser Aufgabe weitestgehend fern.

Gießkannenverhalten: Viele Unternehmen kennen zwar ein breites Seminarangebot, gehen dann aber in der Ressourcenzuteilung recht unbedacht und wenig bedürfnisgerecht vor. Ausbildung wird nicht als individuell und modular ausgerichtete Aufbauarbeit gesehen, sondern gleichmäßig und bisweilen auch willkürlich verteilt.

Hierarchiebezogenheit: Ausbildungsanstrengungen werden starr hierarchiebezogen unternommen. Eine Durchmischung von verschiedenen Hierarchiestufen findet kaum statt. Während zudem Ausbildungsaktivitäten beim Kader kaum hinterfragt werden, ist das bei Nicht-Kader-Mitgliedern oft der Fall. Die Ausbildung beschränkt sich hier tendenziell auf das situationsspezifische Stopfen von Lücken (z. B. Lernen eines neuen Textverarbeitungssystems).

Phantasielosigkeit: Zieht man auch die gewählten Formen und Methoden in Betracht, mit denen Ausbildung betrieben wird, so muß man von einer gewissen Phantasielosigkeit sprechen. Ungeachtet einer Vielzahl möglicher Lehr- und Lernformen, dominieren herkömmliche Konzepte. Gelernt wird noch größtenteils in Seminarform.

Die Aussagen mögen auf den ersten Blick etwas pointiert tönen und werden in ihrem Verallgemeinerungsgrad den zweifellos existierenden Ausnahmen sicher nicht gerecht. Trotzdem umschreiben sie die Verhältnisse in einem Großteil der Unternehmen recht gut.

Forderung an eine zukunftsgerichtete Ausbildung

Atomisierte Unternehmen zeigen uns, in welche Richtung die Ausbildungsbestrebungen in Zukunft gehen müssen. Man kann die Ansprüche wie folgt zusammenfassen:

Top-Management mit einbeziehen: Ausbildungs- und Entwicklungsaktivitäten dürfen nicht mehr länger reine Spezialistensache sein. Die Kultivierung einer sinnspendenden Unternehmenskultur und die Steuerung der vielfältigen Mechanismen beim Aufbau eines solchen Umfeldes gehören zunehmend zum Kernbereich der obersten Leitungsebene. Diese hat hier Signale zu setzen, nicht nur durch die Formulierung von Zielen und Absichten, sondern vermehrt auch durch Teilnehmen an und Gestalten von solchen Veranstaltungen und Programmen.

Neue Formen: Es sind neue Formen des Lernens zu entwickeln. Seminaristische Aktivitäten allein genügen nicht. Eine Kombination verschiedener Methoden und Formen, wie das Lernen in selbstgesteuerten Arbeitsgruppen, in Projektteams, in betrieblichen Arbeitsgemeinschaften und Lernstätten, durch Planspiele, Workshops, Verhaltenstrainings, sportliche und verschiedene weitere soziale Aktivitäten, führt zu einer ungleich größeren Effektivität von Ausbildungsveranstaltungen bei höherem Erlebnis- und Erinnerungswert.

Gefragt ist weiter eine verstärkte Verzahnung mit dem Praxisalltag und eine deutlichere Betonung von prozeßorientiertem Lernen. Neben der Wahl geeigneter Lernformen ist vor allem die Art der Gruppenbildung von Bedeutung.

Neue Gruppenzusammensetzungen: Hier drängt sich ein stärker organisations- und nicht mehr nur rang- und hierarchiebezogenes Lernen auf. Sozialkompetenzen entfalten sich zu einem Großteil innerhalb von Unternehmenseinheiten. Es macht deshalb auch Sinn, in diesen und mit diesen Einheiten zu lernen. Dies schließt auch ein vermehrtes Lernen in interdisziplinären Gruppen mit ein.

Neue Inhalte und Lernfelder: Schließlich sind über die herkömmlichen Fach- und Führungsfragen hinaus auch neue Inhalte und Lernfelder anzugehen. Kultur, Kunst, Arbeitstechnik, Gruppenverhalten, Supervision, Kommunikationstechnik sind nur einige Stichworte, die diese Erweiterung andeuten.

6.7 Die Wertebasis eines atomisierten Unternehmens

Die bisherigen Kapitel beleuchteten sechs zentrale Elemente eines Konzeptes zur Ausschöpfung von Humanpotential: Struktur, Arbeitsgestaltung, Kommunikation, Leistungsbeurteilung, Entwicklungsmöglichkeiten und Ausbildung. Alle diese Elemente haben eines gemeinsam: Sie basieren auf einer gemeinsam getragenen Grundphilosophie und sind keinenfalls zufällig ausgewählte Management-Bausteine. Beweggrund für die Gestaltung atomisierter Strukturen ist damit auch nie der ökonomische allein, sondern mindestens so stark der Wille, sich vermehrt am Menschen zu orientieren. Womit wirtschaftliche Aspekte, dies sei hier deutlich gesagt, keinenfalls als unbedeutend abgetan werden sollen. Im Gegenteil, eine Idee, die nicht finanziert werden kann, hat auch keinerlei Überlebensgrundlage. Gerade *weil* jedoch nicht nur aufgrund ökonomischer Bestrebungen gehandelt wird, sind diese Unternehmen offensichtlich auch in diesem Bereich sehr erfolgreich. Fehlen diese Grundwerte nämlich, besteht die große Gefahr eines Flickwerks, dessen Zielsetzung schon bei kleinen anfänglichen Mißerfolgen wieder verworfen wird.

Was zählt, ist dabei weniger eine bestimmte Ausgestaltung oder gar ein bestimmtes „Norm-Set" an Werten als vielmehr die *Intensität* der Grundphilosophie. Das Umweltengagement von The Body Shop zieht sich beispielsweise durch alle Aktivitäten unternehmerischen Handelns hindurch. Es äußert sich im Nachfüllservice, dem Recyclingpapier, dem Verzicht auf Tierversuche wie auch in der Unterstützung der Greenpeace-Aktivitäten. Daß bei Gore Freiheit für jeden einzelnen hochgehalten wird, zeigt sich im Fehlen von Stellenbeschreibungen, im Prinzip der Selbstverpflichtung oder auch im „Waterline-Principle".

Diese Werte müssen dabei „ganz oben" verankert sein. Wertfragen können nicht delegiert werden. Es fällt denn auch auf, daß bei den genannten Beispielen die zentralen Grundwerte von sehr starken Persönlichkeiten geprägt und gelebt werden. Bei The Body Shop ist es

Anita Roddick, die mit ihrem unerschöpflichen Tatendrang und einem starken Charisma die Unternehmensphilosophie prägt. Bei Gore war es der Firmengründer Bob Gore, der bewußt die Atmosphäre der frühen Gründerjahre, in der Einfachheit und persönliches Engagement dominierten, beibehalten wollte. Enator schließlich bezeichnet die Vermittlung der Enator-Philosophie als *die* Top-Management-Aufgabe schlechthin.

Charakteristika einer humanorientierten Unternehmensphilosophie

Versuchen wir also, einige Gemeinsamkeiten der Grundwerte humanorientierter atomisierter Organisationen festzuhalten:

Das Individuum als unausgeschöpfte Ressource:

„Jeder Mensch ist einmalig und auf seine Art ein Genie." (Trisa, Mannschaft, 16)

„Jeder Mitarbeiter ist zu überdurchschnittlichen Leistungen fähig." (Ebnöther-Gruppe, Führungsleitbild, 6)

„In unserer Unternehmung geht man von der oft unausgesprochenen Annahme aus, daß jeder Associate eine einmalige Person mit einigen einmaligen Fähigkeiten ist" (Flik, Ameba, 112; Übersetzung durch den Verfasser).

Wohl zentralstes Element der Philosophie ist der Glaube, daß in jedem Menschen Fähigkeiten vorhanden sind, die es zu erschließen gilt. Ziel ist es also, diese latent vorhandenen Stärken zu entdecken und zur Entfaltung zu bringen und nicht etwa Schwächen, welche natürlich bei jedem Menschen auch vorhanden sind, zu eliminieren.

„Jemandens Schwächen auszuschalten lenkt normalerweise die Energie davon ab, dessen Stärken zu entwickeln, und es schließt die Möglichkeit aus, daß die ursprüngliche Schwäche in einer anderen Umgebung im Vergleich zu einer andern „opportunity" zu einer Stärke werden könnte. Und noch mehr, obwohl eine Schwäche effizientes Geschäftsgebaren behindern könnte, ist es sehr oft gerade diese Schwäche, die bei Arbeitskollegen Sympathie auf emotionaler Ebene hervorruft. Eine solche Schwäche kann ein tief sitzendes Element eines interessanten Charakters sein. Sie allzu stark zu bekämpfen, könnte die Lebendigkeit dieser Person unterdrücken oder die Gruppe positiver Gefühle und gemeinsamen Lachens berauben, was wir in unserer rationalen Welt nicht missen wollen" (Flik, Ameba, 113; Übersetzung durch den Verfasser).

Vertrauen als Grundprinzip:

„Kontrolle ist gut, Vertrauen ist besser." (Weigle, Führen, 10)

Während viele der herkömmlichen Unternehmen als eigentliche „Mißtrauensorganisationen" (Bleicher, Chancen, 194) bezeichnet werden müssen, in denen sich ein dichtes Regelwerk an Vorschriften, Richtlinien und Prozeduren mit dem Zweck der Überbrückung menschlicher Schwächen etabliert hat, überraschen atomisierte Unternehmen mit einem gehörigen Vorschuß an Vertrauen.

Der bewußte „Wille zum Vertrauen" soll Bürokratisierung verhindern. Bürokratisierung, die dadurch entsteht, daß die an sich sinnvolle Rolle der Organisation als „Sicherheitsnetz für menschliche Unvollkommenheit" sich immer mehr verselbständigt und mit der Zeit zu einer Initiative und Autonomie erstickenden Überorganisation heranwächst. (Bleicher, Chancen, 195). Weiter soll er helfen, Komplexität zu reduzieren.

„Man schließt durch Vertrauen gewisse Entwicklungsmöglichkeiten von der Berücksichtigung aus: man neutralisiert gewisse Gefahren, die nicht ausgeräumt werden können, die aber das Handeln nicht irritieren sollen. (...) Einer vertraut dem anderen vorläufig, daß er unübersichtliche Lagen erfolgreich meistern wird, also Komplexität reduziert, und der andere hat auf Grund solchen Vertrauens größere Chancen, tatsächlich erfolgreich zu sein" (Luhmann, Vertrauen, 26).

Und schließlich soll der Wille zum Vertrauen verhindern, daß, wie Semler schreibt, 97 Prozent der Arbeitenden erniedrigt und schikaniert werden, um einigen wenigen, welche dieses Vertrauen nicht verdienen, zu entsprechen (Semler, Managing, 80).

Die Maßnahmen, die Ausfluß dieser Grundhaltung sind, wurden bereits verschiedentlich erwähnt. Sie sollen deshalb hier nicht wiederholt werden. Nochmals erwähnt sei lediglich Gores Leitsatz des „Waterline-Principles", welcher auf eindrückliche Weise zeigt, daß mit dem nötigen Willen auch durch sehr einfache Metaphern komplizierte Verhältnisse bewältigt werden können: Erlaubt ist alles, was das Schiff (= das Unternehmen) nicht zum Sinken bringt. Bohren über der Wasserlinie ist für jedermann jederzeit möglich, Bohren unter der Wasserlinie nur nach Absprache mit erfahrenen Mitarbeitern.

Arbeit als Lebenswert:

> „Was ist nun die Aufgabe des Unternehmers? Aus meiner Sicht soll er Arbeit schaffen und Freude an der Arbeit vermitteln" (Trisa, Mannschaft, 5).

Arbeitszeit soll „Lebenszeit" sein, integraler Bestandteil eines „Lebenskonzeptes" (Stocker, Spaß, 2). Neben dem obenstehenden Zitat des Trisa-Chefs kommt dies auch bei Ebnöther zum Ausdruck, wenn sich das Unternehmen als „eine Arbeits- und Erwerbsgemeinschaft von Menschen" bezeichnet (Ebnöther, Profil, o. S.). Auch das oberste Ziel von Gore, „To make money and have fun", zeigt deutlich, daß Arbeit mehr sein soll als bloßes Mittel zum Broterwerb. Anita Roddick äußert sich ebenfalls pointiert zu diesem Thema, wenn sie den neuen Unternehmer als Katalysator für den Wandel bezeichnet, während „die großen Konzerne an der Langeweile sterben, die ihnen ihr Gigantismus beschert" (Pfluger, Verantwortung, 5).

Geben und Nehmen:

„Was motiviert nun den Mitarbeiter? Es ist die Erfahrung, daß Freude, Freiheit und persönlicher Fortschritt in der eigenen Arbeit mit dem Vorwärtskommen der Unternehmung insgesamt zusammenfallen" (Weiß, Mitarbeiter, o. S.).

Stark mit den Werthaltungen verknüpft ist das symbiotische Unternehmensverständnis. Es ist geprägt von der Einsicht in eine verstärkte gegenseitige Abhängigkeit von Mitarbeiter und Unternehmen:

„Die Aufgaben der Unternehmen werden immer schwieriger, der internationale Konkurrenzdruck wird immer härter. Nur bei ehrlicher Bereitschaft zur Zusammenarbeit und einer entsprechenden Motivation aller Beteiligten kann die erforderliche Kreativität und Einsatzbereitschaft auf allen Ebenen des Unternehmens erreicht werden. Nur so lassen sich Bestand und Weiterentwicklung der Unternehmen sichern" (Mohn, Partnerschaft, 132).

Ausdruck dieser Art „Neudefinition des traditionellen Arbeitgeber-Arbeitnehmerverhältnisses" sind beispielsweise neuartige und weitreichende Kapital- und Gewinnbeteiligungsformen, aber auch flexible Arbeitsorte und -zeiten.

Dienst an der Gemeinschaft: Atomisierte Unternehmen sind sich bewußt, daß Profit auch Verantwortung bedeutet, sei dies nun der Umwelt, dem Staat, der dritten Welt oder Behinderten gegenüber. Gerade dadurch gelingt es ihnen, zu „Sinnanbietern" zu werden. So beispielsweise The Body Shop mit seinen „Trade not Aid"-Projekten, Ebnöther mit seinem Engagement im Umweltschutz oder auch Hewlett-Packard mit seinen Behindertenwerkstätten.

Den von diesem Unternehmen vertretenen Unternehmensphilosophien ist überdies gemeinsam, daß multiple Zielfunktionen verfolgt werden. Sei dies nun „To make money and have fun" bei Gore, „Mensch, Umwelt und Kapital" bei Ebnöther, „Democracy, Profit Sharing and

Information" bei Semco oder „Profit und Verantwortung" bei The Body Shop; immer handelt es sich um Bündel gleichbedeutender Ziele und nicht um einseitig maximierte Zielfunktionen. Und immer kann gezeigt werden, daß gerade diese Orientierung an mehrdimensionalen Zielsetzungen wesentliches zum langfristigen Erfolg der Unternehmen beiträgt.

Funktionen einer starken Wertebasis

Eine starke Wertebasis erfüllt verschiedenste Funktionen:

Orientierungsfunktion: Werte sind Orientierungspfeiler für den Menschen. Werte schaffen Sicherheit. In einer Welt, die immer unsicherer, dynamischer wird, ist es wichtig, auf etwas Konstantes zurückgreifen zu können. Die Neigung ist groß, diese Orientierung in einer bestimmten Struktur oder Methode oder anderen instrumentell geprägten Faktoren zu suchen. Unternehmen, die diesen Fehler begehen, sind jedoch von vornherein dazu verurteilt, der realen Entwicklung hinterher zu rennen.

Ganz anders geartet ist eine Konstanz in den *Werthaltungen*. Hier ist Kontinuität gefragt. Konstante Werte ermöglichen ein aktives Orientieren in einer unsicheren Umwelt. Sie sind Kompaß beim Durchqueren der Wüste. Sie ermöglichen eine Orientierung gerade dort, wo eben noch keine Karten vorgezeichnet sind. Dies ist, darauf wurde bereits mehrmals hingewiesen, immer häufiger der Fall.

Strategische Funktion: Sie hängt nahe mit der Orientierungsfunktion zusammen. Ein Grundkonsens in den Werthaltungen hat eine gewisse „Leitplankenwirkung". Er leitet die Unternehmensaktivitäten in eine bestimmte Richtung, ohne daß man dabei der Gefahr unterliegt, einer visionslosen Strategietechnokratie zu verfallen. Voraussetzung für diese Leitplankenwirkung ist allerdings, daß auch das Anreizsystem in die gleiche Richtung zeigt bzw. zumindest keine disfunktionalen Wirkungen entfaltet.

Identifikations- und Integrationsfunktion: Eine ähnliche Integration braucht es auch auf organisatorisch-kultureller Ebene. Ein Unternehmen, welches sehr stark das Individuum betont und dem einzelnen große Freiheiten beläßt, welches dezentral organisiert und wenig strukturiert ist, braucht einen Ersatz für die Systeme, welche andernorts ein Unternehmen zusammenhalten. Dies geschieht durch eine ausgeprägte Unternehmenskultur. Die Ausrichtung auf einige fundamentale und dem einzelnen etwas bedeutende Grundwerte verhilft dem Unternehmen zu einer hohen unternehmenskulturellen Konsistenz und Intensität. Wichtig ist dabei, daß diese Grundwerte höher greifen und sich nicht nur an einigen marketingbezogenen Schlagworten orientieren. Qualität, Service oder Kundenzufriedenheit sind Werte, die sich heutzutage wohl jedes Unternehmen in irgendeiner Art auf die Fahne geschrieben hat und die aufgrund ihres Werbecharakters oftmals nicht nur beim Kunden, sondern auch beim Mitarbeiter zur bedeutungslosen Worthülse verkommen sind. Daß sie deshalb auch die Unternehmenskultur nur blaß oder allenfalls in zynischer Weise zu prägen vermögen, erstaunt kaum.

Akquisitionsfunktion: Werte, mit denen sich der einzelne identifizieren kann und die Sinn spenden, wirken akquisitorisch in zweierlei Hinsicht: Einerseits erleichtern sie die Mitarbeiterrekrutierung. Sie verhelfen dem Unternehmen zu einem Profil. So weist Leumann darauf hin, daß es Ebnöther im Vergleich mit andern Unternehmen weniger schwer fällt, geeignete Leute zu finden und zu begeistern. Dies obwohl – so Leumann – der Begriff „Chemiker" schon fast zum Schimpfwort geworden ist. Ähnliches gilt für The Body Shop. So erhält beispielsweise der Head-Franchisee pro Monat durchschnittlich sechs ernsthafte Anfragen von Leuten, welche sich mit der Body-Shop-Idee identifizieren können und sich deshalb für die Übernahme einer Franchiselizenz interessieren. Mehrere Geschäftsführerinnen weisen darauf hin, daß sie auch ohne Stellenausschreibung regelmäßig von Kundinnen angesprochen werden, die sich für eine Tätigkeit bei The Body Shop interessieren.

Auf der andern Seite sind stabile, verinnerlichte Werte auch für den Kunden von Interesse, da sie ihm Sicherheit vermitteln und Vertrauen ermöglichen. Er weiß beispielsweise, daß „No Animal Testing" nicht nur ein aufgrund von Konsumentenumfragen adaptiertes Werbeschlagwort, sondern Ausdruck ernstgemeinter Bestrebungen des Unternehmens ist. Er kann darauf vertrauen, daß, wenn ein Produkt den Vermerk „umweltneutral" trägt, es diesen auch verdient.

Werte können nicht verordnet werden

Die bisherigen Ausführungen könnten beim einen oder anderen Leser den Eindruck erwecken, daß hier ein eigentliches „Wertemanagement" propagiert wird. Dies ist jedoch nicht der Fall: Werthaltungen (und damit Sinninhalte) können weder verordnet noch vermittelt und nur bedingt beeinflußt werden.

Gerade in jüngerer Zeit wurden diese Punkte in der Managementliteratur vermehrt thematisiert. Verschiedentlich war dabei von der Notwendigkeit zur Sinnvermittlung durch das Management die Rede (Dyllik, Sinnvermittlung, 3 ff.). Dieses Verständnis wird hier nicht geteilt. Da die persönliche Sinnfindung (= Werteverwirklichung) von vielerlei Faktoren abhängt, die nur zum Teil im Einflußgebiet des Unternehmens stehen, ist eine (mechanische) Werte- bzw. Sinnvermittlung weder möglich noch wünschenswert.

„Sinn kann letztlich nicht vermittelt oder geschaffen werden, ist er doch das Ergebnis multipler, vernetzter und historischer Entstehungsprozesse, eine Konsequenz innerer Zusammenhänge." (Probst, Selbst-Organisation, 110)

„Wer Sinn manipulieren will, der stiftet Un-Sinn, der sich bald gegen ihn richtet." (Seibt, Un-Sinns, 15)

Dies will jedoch nicht heißen, daß einem Unternehmen hier jeglicher Gestaltungsfreiraum versperrt bleibt. Die bisherigen Ausführungen zeigen einen eindeutigen Bedarf an Aktivitäten in diesem Bereich. Wenn jedoch Sinn nicht geschaffen, sondern lediglich erfahren werden kann, so ist es dem Unternehmen zumindest möglich, „Sinnangebote" zu machen, oder, noch präziser, „Sinnpotentiale" zu schaffen. Ob ein solches Sinnpotential für den Betroffenen dann auch tatsächlich Sinn macht, wird er selbst entscheiden müssen. Dies zu akzeptieren, sollte jedoch nicht weiter schwer fallen, kann man doch den Menschen nicht als mündig und eigenständig betrachten und gleichzeitig davon ausgehen, daß seine Einstellungsdispositionen beliebig manipulierbar sind.

Da es sich bei solchen Werthaltungen nicht um etwas Statisches handelt, sondern um etwas, das in langwierigen Erfahrungsprozessen entsteht und geprägt wird, existiert ein gewisses, wenn auch *limitiertes* und sensitives Gestaltungsfeld für das Unternehmen. Dazu hat es die vertretenen Werte mit Inhalt, mit Bedeutung zu füllen und für den einzelnen einsichtig und nachvollziehbar zu machen. Dies geschieht vor allem dadurch, daß die verbal vorgebrachten Werte auch tatsächlich gelebt werden. Nur so kann es gelingen, bestimmten Werten eine neue (Sinn-)Dimension zu geben, sie mit einer neuen „Be-Deutung" zu versehen. *Limitiert* ist dieser Versuch deshalb, weil die Einstellungsdispositionen natürlich nicht grundlegend verändert werden können. Es empfiehlt sich deshalb, im Zuge von Selektions- und Rekrutierungsmaßnahmen eine erst gemeinsame Grundlage zu schaffen. *Sensitiv* ist der Versuch, weil Vertrauen in die sinngebende Kraft einer Werthaltung nur sehr langsam aufgebaut, aber sehr schnell zerstört werden kann. Ein solcher Vertrauensschwund wird dann bestenfalls nur zu einer neutralen Einstellung führen, in den meisten Fällen aber zu Ablehnung und Zynismus.

Eine Ergänzung: Gemeinsamkeiten von humanorientierten atomisierten Unternehmen mit „Voluntary Organizations"

Es ist interessant, die hier vorgestellten Unternehmen mit Organisationen zu vergleichen, welche unter Begriffen wie „Voluntary Organizations" oder „Movements" zusammengefaßt werden können. Gemeint sind damit Umweltorganisationen wie Greenpeace oder WWF, Missionsgesellschaften wie Operation Mobilisation oder die Heilsarmee, Hilfswerke wie Caritas oder HEKS, Interessengemeinschaften oder auch politische Parteien. Hier ist eine Anzahl interessanter Gemeinsamkeiten zu verzeichnen:

Man läßt sich nicht anstellen, man tritt bei. Die Wahl solcher Organisationen geschieht in Form einer Selbstselektion. Sie werden ausgewählt, weil sie für die betroffene Person „Sinn machen" oder, um mit Böckmann zu sprechen, „die Verwirklichung von Werten" ermöglichen. In den genannten Beispielen erwächst diese aus Aktivitäten im Bereich des Natur- und Umweltschutzes, aus Tätigkeiten, die der Verbreitung des christlichen Glaubens dienen oder aus Hilfeleistungen in Krisen- und Notsituationen.

Bestimmt wird dieser Annäherungsprozeß zwischen Unternehmen und Mitarbeiter weniger durch das Unternehmen, welches aufgrund bestimmter Kriterien den Mitarbeiter verpflichtet, sondern vielmehr durch den Mitarbeiter, welcher sich dem Unternehmen verpflichtet.

Nicht das Produkt steht im Vordergrund, sondern die Idee. Man verpflichtet sich dabei weniger einer bestimmten Aufgabe oder gar einem Produkt gegenüber als vielmehr einer Idee. Die konkreten Leistungen, die eine solche Organisation erbringt, sind ja immer nur das Resultat einer bestimmten Idee, eben Mittel zum Zweck. Sie bleiben „Instrument". Sie sollten damit auch nie zu irgendwelchen Gefühlen der Selbstzufriedenheit führen, sondern vielmehr zu neuen Möglichkeiten bei der Verwirklichung eines Ideals.

Nicht die Leistung des Unternehmens zählt, sondern die Möglichkeit, selbst einen Beitrag zu leisten. Der Beitritt zu solchen Organisationen geschieht weniger aufgrund der Leistungen, die das Unternehmen für die betroffene Person erbringt, sondern vielmehr, weil dieser Mitarbeiter selbst einen Beitrag zum Unternehmensziel leisten will. Das Erlebnis, durch die eigenen Bestrebungen einen Beitrag zu diesem Ziel geleistet zu haben, wirkt befriedigend und motivierend zugleich.

Als zusätzliche Gemeinsamkeiten sind die weitgehende „Organisation ad personam" und eine gewisse Unterorganisation zu erwähnen.

Die Wahl eines Unternehmens wird also zusehends auch von anderen als rein materiellen Faktoren bestimmt. Zwar ist obenstehender Vergleich sicher nur beschränkt zulässig. Beim Großteil der Bevölkerung wird auch die Zukunft kaum eine derart absolute Hinwendung zum Ideellen bringen. Trotzdem sind gewisse Tendenzen erkennbar, die den Unternehmen nahelegen, sich über die rein monetären Anreizsysteme hinaus vermehrt Gedanken zu den individuellen Präferenzen der zukünftigen Arbeitnehmer zu machen.

	Herkömmliche Unternehmen	Voluntary Organizations/ Humanpotential-orientierte Unternehmen
Verhältnis System-Mitarbeiter	Mitarbeiter wird angestellt	Mitarbeiter "tritt bei"
Beweggrund für Systembeitritt	Leistungen des Unternehmens	Möglichkeit eines eigenen Beitrages
Sinn der Systemexistenz	Erstellen eines Produktes/ einer Leistung	Verfolgung/Realisierung einer Idee

Abbildung 6-4: Vom rein materialistisch ausgerichteten zum ganzheitlichen Unternehmen

Zur Integration der einzelnen Elemente: Der Erfolg eines ganzheitlichen Systems

Was hier aus didaktisch-methodischen Gründen künstlich „seziert" wurde, läßt sich in Wirklichkeit gerade nicht zerlegen. Hier liegt zugleich die Crux traditioneller Motivationsprogramme, in welchen der Mensch noch immer zu stark als isoliert optimierbares „Betriebsmittel" angesehen wird.

Die traditionelle und die neue Sichtweise

Traditionell gilt das Personal als einer von verschiedenen Produktionsfaktoren. Ziel ist es, diesen neben andern Inputs wie Finanzen, Rohstoffen oder Anlagegütern zu optimieren. Dazu werden Vergütungssysteme eingeführt, wird Führungsschulung oder Personalmarketing betrieben. Bereits der Sprachgebrauch gibt erste Hinweise auf dieses vielerorts anzutreffende Verständnis, so wenn beispielsweise von „Personaleinheiten", vom „optimalen Funktionieren von Mitarbeitern"(!) oder von „Personalbewirtschaftung" die Rede ist (Abbildung 6-5).

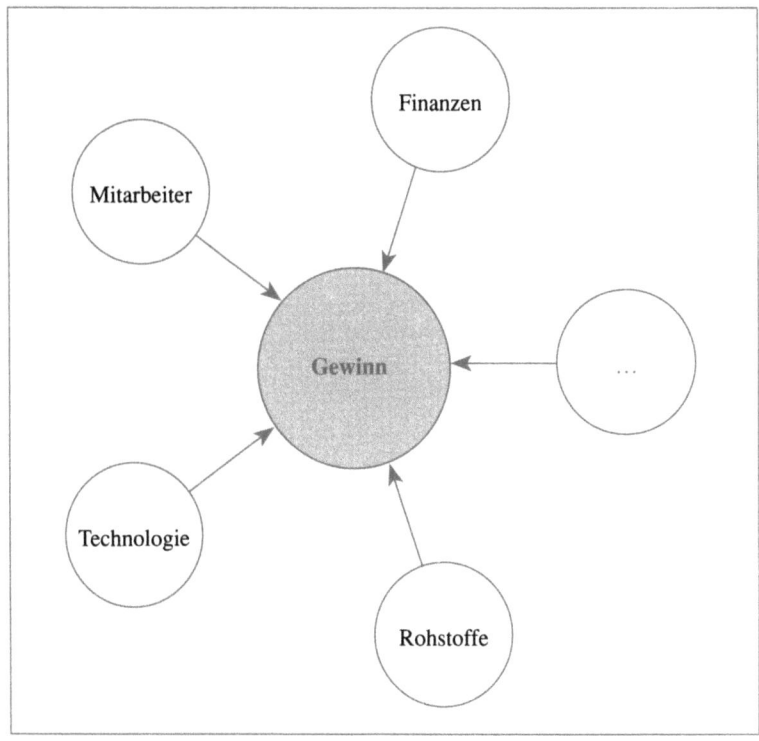

Abbildung 6-5: Traditionelle Betrachtungsweise des Mitarbeiters im Unternehmen

Das Verständnis atomisierter Unternehmen kehrt die Betrachtungsweise um. Im Mittelpunkt steht das Ausschöpfen von Humanpotential. Darum herum wird das ganze Unternehmenskonzept aufgebaut. Konsequent werden die Unternehmensstruktur, die Arbeitsgestaltung, die Kommunikationsweise, die Leistungsbewertung, die Entwicklungsmöglichkeiten und die Ausbildungsinhalte auf die Ausschöpfung von Humanpotential ausgerichtet, um auf diese Weise Nutzen für eine Vielzahl von Bezugsgruppen zu stiften. Über diese Nutzenstiftung wird auch der keinesfalls zu unterschätzende – weil lebenswichtige – Gewinn realisiert.

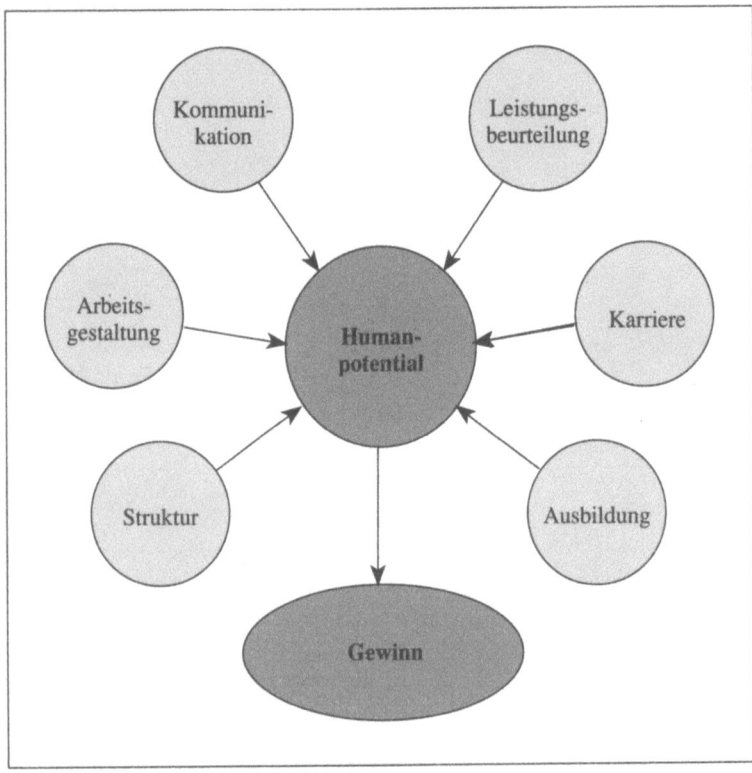

Abbildung 6-6: Die neue Sichtweise: Ausschöpfung von Humanpotential als zentrales Orientierungsmaß

Getragen werden diese Bestrebungen durch ein Set gemeinsamer, auf die Ausschöpfung von Humanpotential gerichteter Werthaltungen. Fehlen diese, wird auch die Ausrichtung auf den Menschen nur eine vordergründige sein (Abbildung 6-6).

Der Leverage beim gleichzeitigen Ausschöpfen verschiedener Nutzenpotentiale

Ein Ziel der bisherigen Ausführungen war es, auf die Interdependenzen der verschiedenen Konzeptelemente hinzuweisen. Sie läßt sich auch durch den Nutzenpotential-Ansatz von Pümpin untermauern. Pümpin definiert den Begriff „Nutzenpotential" als „eine in der Umwelt, im Markt oder im Unternehmen latent oder effektiv vorhandene Konstellation, die durch Aktivitäten des Unternehmens zum Vorteil aller Bezugsgruppen und des Unternehmens selbst erschlossen werden kann" (Pümpin, Dynamik, 47). Mögliche Nutzenpotentiale, die in näherer Zukunft von Interesse sein können sind, neben Marktpotentialen, das Finanz-, das Informatik, das Beschaffungs-, das externe Human-, das Übernahme- und Restrukturierungs- und das Kooperationspotential als unternehmensexterne Nutzenpotentiale und das Kostensenkungs-, das Know-how-, das Synergie-, das organisatorische, das interne Human- und das Bilanzpotential als unternehmensinterne Nutzenpotentiale (Pümpin, Dynamik, 89 ff.). Humanpotential ist also eines von verschiedenen Nutzenpotentialen.

In einer Untersuchung von 20 dynamischen europäischen Unternehmen konnte der Autor zeigen, daß viele dieser Unternehmen darum erfolgreich sind, weil es ihnen gelingt, ein oder mehrere attraktive Nutzenpotentiale auszuschöpfen. Im Gegensatz zur Sichtweise der bisherigen, mehrheitlich markt- und damit marketingorientierten Strategielehre, liegen diese Potentiale absolut nicht immer nur im Marktbereich. Die Technologie-, Organisations- oder eben die Humandimension bieten neben verschiedenen anderen Bereichen mögliche attraktive Aktivitätsfelder.

Unter diesem Blickwinkel fällt nun auf, daß humanorientierte Unternehmen oft nicht nur eines, sondern mehrere Nutzenpotentiale gleichzeitig ausschöpfen. Es scheint, daß es ihnen gerade deshalb gelingt, ihr primäres Nutzenpotential, das Humanpotential, so erfolgreich anzugehen. Die Ausschöpfung geschieht dabei sowohl auf der *Makro-* als auch auf der *Mikroebene.* (Zwar lassen sich diese Ebenen nur *beschränkt* trennen; die einzelnen Elemente überschneiden, bedingen und produzieren sich ja gegenseitig. Trotzdem macht es Sinn, sie zumindest gedanklich auseinanderzuhalten.) *Das Ausschöpfen von Nutzenpotentialen auf der Makroebene schafft dabei die eigentlichen Rahmenbedingungen für das Ausschöpfen von Nutzenpotentialen auf der Mikroebene.*

Ebnöther kann Humanpotential deshalb in großem Ausmaß ausschöpfen, weil das Unternehmen sowohl die Notwendigkeit zu organisatorischen Änderungen (organisatorisches Potential) als auch den Bedarf nach Umweltorientierung (Ökologiepotential) in umfassender Weise in sein Gesamt-Unternehmenskonzept miteinbezieht. Die damit verbundenen Maßnahmen schaffen die Grundlage für das Ausschöpfen weiterer Potentiale – insbesondere Marktpotentiale – auf der Ebene der einzelnen Einheiten.

Ähnliches gilt für Gore. Die „Amöben-Sichtweise" ist mit dem Konzept des Ausschöpfens von Nutzenpotentialen sehr nah verwandt. Gores „opportunities" entsprechen weitgehend unserem Verständnis von Nutzenpotentialen. Die Metapher eines flexiblen Einzellers umschreibt dabei einen (multiplakativ angewendeten) Prozeß zur Ausschöpfung von Nutzenpotentialen. Die Nutzung von Potential im Bereich der Prozeßorganisation (organisatorisches Potential), kombiniert mit der Ausschöpfung menschlicher Fähigkeiten und Stärken (Humanpotential) und der Nutzung von Kommunikationstechnologie (Informationspotential), ermöglicht dem Unternehmen ein flexibles Eingehen auf „opportunities" im Markt und im Unternehmen selber.

Auch bei The Body Shop sind verschiedene Nutzenpotentiale auszumachen, wenn auch auf den ersten Blick keine Synergien zu existieren scheinen.

Der ursprüngliche Beweggrund für Anita Roddick, ein Franchiseunternehmen aufzuziehen, war der Mangel an Finanzen. Weil dem ersten Laden ein überwältigender Erfolg beschieden war und Anita, beseelt von ihrer Idee, weitere Einheiten eröffnen wollte, blieb ihr keine andere Wahl, als das Konzept als Franchiselizenz zu vergeben. Auf diese Art und Weise erreichte sie zweierlei: Erstens ermöglichte dies eine Expansion, welche aufgrund ihrer spärlichen Eigenmittel sonst nie möglich gewesen wäre. Zweitens hatte sie so Zugriff auf ein Potential an motivierten, alternativ denkenden Jungunternehmern und -unternehmerinnen, welches mittels herkömmlicher Konzepte nie erreichbar gewesen wäre.

Die Beispiele zeigen weitreichende Zusammenhänge zwischen den verschiedenen Nutzenpotentialen. Es scheint, daß Humanpotential gerade dann besonders effektiv ausgeschöpft werden kann, wenn es gelingt, gleichzeitig damit verbundene Potentiale wie beispielsweise das Organisations-, Technologie- oder Informatikpotential anzugehen. Erst durch diese Kombination wird ein vertieftes, weil an die Wurzeln gehendes Ausschöpfen menschlicher Leistungsfähigkeit möglich.

7. Die dynamische Perspektive

Atomisierte Unternehmen sind keine statischen Gebilde, sondern lebendige, sich ständig verändernde Organismen. Es ist deshalb sinnvoll, die Atomisierung im Zeitablauf zu beobachten – zumal manche Implikationen des Konzeptes erst unter dieser Perspektive deutlich werden.

7.1 Wachstum durch Zellteilung

Das Grundprinzip der Atomisierung wurde bereits erklärt: Atomisierte Unternehmen wachsen durch Zellteilung. Aus dem existierenden Organismus entsteht durch Absplittung gewisser Elemente eine neue Zelle. Beim Franchising geschieht dies, indem ein Konzept, bestehend aus Hardware- und Softwareelementen, an Außenstehende vergeben wird. Im Fall der übrigen Zellteilungsunternehmen findet ein ähnlicher Prozeß statt. Aber im Gegensatz zum Franchising sind es hier weniger standardisierte „Hardwareelemente", die multipliziert werden, als vielmehr „Softwareelemente" im Bereich der Philosophie, der Werthaltungen und des Know-hows. Auch wird die Absplittung oder Neugründung oftmals von Leuten vorgenommen, die bereits zum Unternehmen gehören.

Gründe für eine Zellteilung

Welche Motive können nun zu einer Absplittung oder Neugründung einer Einheit führen? Hier lassen sich drei hauptsächliche Gründe unterscheiden:

Produkt-/marktbezogene Gründe: Der Wille, einen Markt zu erschließen, ist ein erstes mögliches Motiv für den Aufbau einer neuen Zelle. Dieser Markt kann sowohl geographisch als auch kundenspezifisch definiert sein. In beiden Fällen ist es angezeigt, durch Atomisierung die Nähe des Kunden zu suchen, sei dies nun durch die örtliche Präsenz beim Kunden (Verkaufs- und Servicenetz) oder durch die Ausrichtung der Wertschöpfungskette auf die spezifischen Bedürfnisse einer bestimmten Kundenschicht. Dies war bei Gore immer dann der Fall, wenn das Unternehmen neue Anwendungsgebiete für PTFE (Polytetrafluorethylen) entwickelte, so bei den Dichtungsprodukten, beim Einstieg in den Medizinalbereich oder bei den Textillaminaten.

Technologiebezogene Gründe: Ein weiterer Grund für eine Absplittung kann in der Neuentwicklung von Produkten liegen, welche sich beispielsweise verfahrenstechnisch oder ablauforganisatorisch von Bisherigem unterscheiden. Sehr deutlich wird dies beispielsweise beim phasenorientierten Ansatz der Ebnöther-Gruppe, wo neue Entitäten sehr oft mit dem Wechsel des Fachgebietes einhergehen.

Unternehmensinterne Gründe: Eine Atomisierung kann auch aus unternehmensinternen Gründen erfolgen. So können eine gewisse Größe, die Notwendigkeit zur Förderung und Entwicklung von Managern oder unternehmenskulturelle Aspekte den Grundstein für eine Atomisierung legen.

In vielen Fällen werden Kombinationen dieser Motive zu einer neuen Zelle führen. So hat beispielsweise Ebnöther im Rahmen der Ebiox eine neue Zelle aufgebaut, welche sich mit der Reinigung von Flußbetten befaßt. Die Absplittung rechtfertigte sich einerseits aufgrund der *neuen Technologie*. (Es handelt sich dabei um ein Verfahren, mittels dessen Mikroorganismen im Labor isoliert und zur Beseitigung unerwünschter Substanzen in den Erdboden eingebracht werden. Dies erlaubt eine einfache und schnelle Dekontaminierung, sogar dort, wo ein Ausbaggern und Deponieren des verseuchten Materials nicht möglich wäre, beispielsweise unter Gebäuden.) Die Absplittung rechtfertigte sich aber auch aus *marktstrategischen* und *unternehmenskulturellen* Gründen. Ebnöther arbeitet intensiv mit verschiedenen skandinavischen Bauunternehmen zusammen, um auf diese Weise das Verfahren zur Marktreife zu bringen und um sich so weg vom Verkauf von Produkten und hin zum Know-how- und Softwareverkauf zu bewegen. Die damit verbundene veränderte Denkweise wäre im bisherigen Stammhaus nur schwer zu erreichen gewesen. Der Aufbau einer neuen Einheit „auf der grünen Wiese" hat diese kulturelle Neuorientierung in hohem Maße erleichtert (Leumann, Unternehmensführung, 21 ff.).

Die Bewegung des Lebenszyklus

Der Gesamtorganismus mit seinen einzelnen Einheiten dient als Nährboden für das Wachstum neuer Zellen. Das Unternehmen besteht somit gleichzeitig aus alten, etablierten Zellen wie aus jungen Start-ups.

Ein vertieftes Verständnis für diese Situation gibt uns das Lebenszyklusmodell von Greiner (Greiner, Evolution, 7 ff.). Es befaßt sich mit dem Wachstum von Organisationen und dessen Auswirkungen auf Führung und Organisation. Greiner beschreibt, wie jedes Unternehmen eine Entwicklung durchläuft, die von Phasen der Evolution und der Revolution gezeichnet ist.

Anhand der zwei Dimensionen „Alter der Organisation" und „Größe der Organisation" zeigt er, wie auf Phasen eines relativ gleichmäßigen evolutionären Wachstums aufgrund veränderter innerer Rahmenbedingungen immer wieder Krisen und Erschütterungen folgen. Sie initialisieren jeweils Veränderungen in Organisation und Führung des Unternehmens. Diese Anpassungen helfen dem Unternehmen eine gewisse Zeit lang, sich erneut evolutorisch weiterzuentwickeln. Gleichzeitig tragen sie aber auch bereits den Keim einer neuen, gerade durch diese Veränderungen bewirkten Krise in sich. So ist beispielsweise die direktive Führung in Phase 2 die Lösung für die durch das ungestüme Wachstum in Phase 1 ausgelösten Führungsprobleme, führt aber natürlich später ihrerseits zu Problemen, wenn der Ruf nach vermehrter Autonomie laut wird (vgl. Abbildung 7-1).

Das Modell bietet interessante Hinweise zur Beurteilung der von atomisierten Unternehmen verfolgten Zielsetzungen. Lokalisiert man atomisierte Unternehmen in diesem Modell, so hat man zwei Ebenen zu unterscheiden: die Ebene der einzelnen Einheiten und die Ebene des Gesamtunternehmens.

Atomisierte Unternehmen versuchen, mit ihren einzelnen Einheiten im *Anfangsbereich* dieses Evolutionsprozesses zu bleiben. Durch systematische Neugründungen und Spin-offs entstehen Gebilde, welche sowohl jung als auch klein sind. Greiner bezeichnet eine informelle

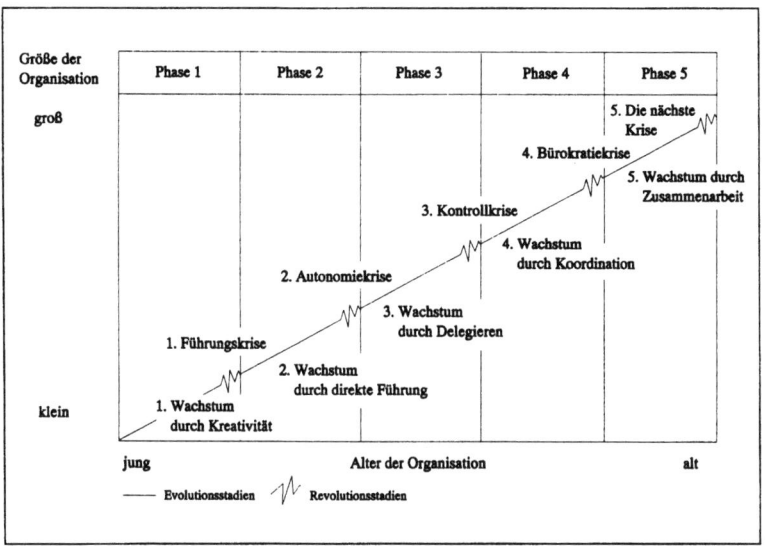

Abbildung 7-1: Evolution und Revolution während der Entwicklung von Organisationen (nach Greiner, Evolution, 11)

Organisationsstruktur, einen individualistischen und unternehmerischen Führungsstil im Top-Management und die Teilhaberschaft als Leistungsanreiz als typisch für diese Phase (Greiner, Evolution, 15). Obwohl in anderem Zusammenhang entwickelt, kann man die Aussagen auf das Konzept der atomisierten Organisation übertragen.

Durch den „Geburtshelferakt" und die damit verbundenen Prozesse ist zudem zu erwarten, daß auch die Ursprungszelle eine gewisse Verjüngung erfährt. In den meisten Fällen wird auch sie eine gewisse Umstrukturierung bzw. eine Neuverteilung von Aufgaben vornehmen.

Soweit das Idealmodell. Es setzt in verschiedener Hinsicht hohe Anforderungen an die Schaffenskraft und die Flexibilität jeder einzelnen Einheit. Um diesen Zellteilungsprozeß in Gang zu halten, ist einmal eine ausgesprochen hohe Innovationskraft vonnöten. Schon eine kurze

Zeit des introvertierten Vertrauens auf den Erfolg bisheriger Produkte kann dazu führen, daß sich das Unternehmen plötzlich in einem anderen Umfeld wiederfindet und mit den üblichen Problemen reifer und gesättigter Märkte – wie Kostensenkung, Rationalisierung etc. – zu kämpfen hat. Weiter ist der Technologieausrichtung genügend Beachtung zu schenken. Sie ist, zusammen mit dem weitern organisatorischen Umfeld, auf genügend Flexibilität auszurichten. Auf Größen- und Kostenvorteile ausgelegte Produktionssysteme könnten eine Aufteilung in Subeinheiten verunmöglichen oder zumindest unwirtschaftlich machen. Auch wenn die ideelle und infrastrukturelle Basis gegeben sind, können immer noch persönliche zwischenmenschliche Friktionen und Machtintrigen dafür verantwortlich sein, daß Entwicklungschancen nicht genutzt und Zellteilungen verhindert werden. Damit verbunden ist jedoch eine zunehmende Diskrepanz in der Kulturausprägung im Vergleich zu den restlichen Einheiten, was zu ernsthaften Spannungen innerhalb des Gesamtverbandes führen kann.

Deutlich von der Ebene der einzelnen Einheiten zu unterscheiden ist das Gesamtunternehmen. Hier stellen sich – mit Einschränkungen – ähnliche Probleme wie bei nicht-atomisierten Gebilden. Die gleichen Mechanismen, die einzelnen Einheiten zu schaffen machen und die, im positiven Fall, zur Teilung führen, gelten natürlich auch für das Gesamtunternehmen. So steigt beispielsweise der Koordinationsaufwand ab einem bestimmten Punkt mit jeder Neugründung oder jedem Spinn-off in überproportionaler Weise. Es müssen neue Instrumente entwickelt und Maßnahmen ergriffen werden, um den gesamten Verband überhaupt noch sinnvoll führen zu können. Hier stellen sich dann auf höherer Ebene ähnliche Fragen wie im Zusammenhang mit der „optimalen" Größe einer einzelnen Einheit.

Die Konsequenz: Der „Tod" einzelner Einheiten

Wie bei einem organischen Körper immer wieder Zellen absterben, so muß man auch hier akzeptieren, daß sich Einheiten wieder auflösen bzw. wieder verschmolzen werden. Mögliche Gründe dafür sind:

Falsches Einschätzen von Chancen: In Zeiten höchster Dynamik ist auch das Risiko für Fehlschläge entsprechend groß. Trotz aufwendigster Marktuntersuchungen und hohem Forschungs- und Entwicklungsaufwand müssen bisweilen erhebliche Fehlschläge hingenommen werden. Als Beispiel sei hier nur die Bildplatte von Philips oder der Disk-Film von Kodak genannt. Die Kosten solcher Fehleinschätzungen sind immens und können – im ungünstigsten Fall – ein Unternehmen ruinieren.

Grundsätzlich gibt es zwei Möglichkeiten, diesem Problem zu begegnen: Einerseits kann versucht werden, durch langwieriges, akribisches Analysieren aller möglichen Einflußfaktoren einen solchen Fehlschlag zu verhindern. Die Erfahrung hat jedoch gezeigt, daß sich auch mittels noch so raffinierter Verfahren und Analysen das Risiko einer Fehleinschätzung nicht völlig ausschließen läßt. Diese Strategie kostet nicht nur Zeit und damit Geld in Form von Ressourcen und Opportunitätskosten, sondern ist auch wenig geeignet, mit der heutigen Komplexität und Diskontinuität umzugehen. Eine zweite Vorgehensweise besteht deshalb in einem gezielten, kleinräumigen „Trial-and-Error-Verfahren", einem sorgfältigen, zeitlich und räumlich begrenzten Austesten von Aktivitäten. Für diese Strategie ist das Konzept atomisierter Organisationen ein ideales Vehikel. Es erlaubt das *spontane Agieren und Ausprobieren* in „vorläufigen" Strukturen. Insbesondere dann, wenn eine solche Entität die Unterstützung einer zentralen Fertigungs- und/oder Vertriebslogistik hat (vgl. dazu Bleicher, Chancen, 211), wie dies beispielsweise in vielen Bereichen von Ebnöther der Fall ist, kann die Zelle bei Nichterfolg relativ einfach wieder aufgelöst werden.

Ziel erreicht: Eine Zelle kann aber auch bewußt aufgegeben werden, wenn sie ihren Zweck erreicht hat. So beispielsweise, wenn ein Marktpotential ausgeschöpft oder aufgrund eines destruktiven Verdrängungswettbewerbs nicht mehr attraktiv ist, wenn Projekte abgeschlossen oder Probleme gelöst sind. Wie wir gesehen haben, beginnt Gore immer dann weiter zu segmentieren, wenn sich im Laufe des Produktlebenszyklus ehemals spezifische Kundenproblemlösungen zu allgemein verbreiteten Standardleistungen wandeln. Auch Ebnöther wendet sich immer dann neuen Aktivitäten zu, wenn ein Produkt die Entstehungs- und frühe Wachstumsphase durchschritten hat und sich die Anforderungen an die Systemmitglieder zu wandeln beginnen.

Suboptimale Gestaltung: Die bewußte Re-Integration kann auch erfolgen, weil sich eine Einheit als von suboptimaler Architektur oder gar als nicht lebensfähig erweist. Diese Suboptimalität kann sich sowohl auf der Leistungsseite als auch auf der Kostenseite auswirken. Mangelnde Erfolge auf der *Leistungsseite* können beispielsweise in fehlenden strategischen Freiheitsgraden begründet sein. Dies ist dann der Fall, wenn eine Einheit zu klein ist, um gewisse strategisch notwendige Leistungen zu erbringen, aber auch dann, wenn sie durch mangelnde Geschlossenheit von einer Vielzahl anderer Stellen abhängig ist und deshalb kaum eigenständig handeln kann. Suboptimalität kann aber natürlich auch durch *Kostennachteile* entstehen, nämlich dann, wenn durch verlorene Synergieeffekte die Kostennachteile größer sind als die durch die Atomisierung gewonnenen Leistungsvorteile.

Aus Biologie und Medizin wissen wir längst, daß bei den Zellen des menschlichen Körpers ein ständiger Erneuerungsprozeß im Gange ist. Alte Zellen sterben ab und werden durch neue ersetzt. So wird beispielsweise das Skelett alle drei Monate erneuert. Die Haut erneuert sich monatlich, die Magenschleimhaut alle vier Tage und die eigentlichen Oberflächenzellen, die mit der Nahrung in Berührung kommen, gar alle fünf Minuten. Innerhalb eines Jahres findet so eine 99prozentige Erneuerung des menschlichen Körpers statt, ohne daß äußerlich (direkt) etwas davon bemerkbar wäre (Chopra, Kraft, 55 ff.)[13].

Ähnliches läßt sich teilweise bei atomisierten Unternehmen beobachten. Während die äußeren Verhältnisse wie Namen, Strukturen, Mitarbeiter etc. (scheinbar) unverändert bleiben, ändern sich die durch sie wahrgenommenen Funktionen und Leistungen ständig. Während im Kleinen Wandel institutionalisiert ist, wird im Großen der Anschein von Kontinuität erweckt. Während die einzelnen Bestandteile vergehen, überlebt das Ganze.

---

13 Den Hinweis auf dieses Werk verdanke ich Herrn J. Wenger, CDP, Horgen.

7.2 Konsequenzen für die Führung

Aus dem Prozeß der Erneuerung resultieren verschiedene Konsequenzen für die Führung eines atomisierten Unternehmens. Sie äußern sich sowohl auf der Ebene der einzelnen Entitäten als auch auf der Ebene des Gesamtunternehmens. Auf die Mikroebene sind wir (im Zusammenhang mit Kapitel 6) bereits eingegangen. Auf der Makroebene läßt sich der Zellteilungsprozeß beschreiben als:[14]

Strategiegenerierend: Der Bottom-up-Ansatz atomisierter Unternehmen führt dazu, daß die Strategieentwicklung weitestgehend von den einzelnen Einheiten ausgeht. Sie wird getrieben von Fronterfahrung, von technologischen Neuentwicklungen, von dezentral entstehenden Visionen. Zwar ist in vielen Fällen nicht von vornherein klar, in welche Richtung solche Anstrengungen führen werden und ob ihnen je einmal Erfolg beschieden sein wird. Oftmals zeigt sich erst sehr viel später, und im Zusammenhang mit Aktivitäten anderer Einheiten, inwieweit ihnen überhaupt strategische Bedeutung zukommt. Es sind aber gerade diese vielen dezentral und klein begonnenen Aktivitäten, die die Schaffenskraft eines solchen Unternehmens ausmachen.

Dabei sorgen zwei Leitschienen dafür, daß dieser auf den ersten Blick chaotisch anmutende Prozeß trotzdem eine gewisse Richtung bekommt: Einerseits die *Unternehmensphilosophie* mit den dahinter stehenden Werthaltungen und andererseits ein diese Philosophie ausdrückendes *Anreizsystem*. So ist bei Ebnöther allgemein klar, was Chance hat, eine neue Ebnöther-Einheit zu werden. Der Leitsatz „Umweltverträgliche Bauchemie" legt eine Bandbreite an Tätigkeiten fest, innerhalb derer das Unternehmen seine Zellteilungsaktivitäten entfal-

---

14 Vgl. dazu Pümpin, Dynamik, 107 ff. Bei diesem evolutionären Prozeß der Atomisierung und Zellteilung handelt es sich im Prinzip um die Multiplikation von Systemen und Prozessen zur Ausschöpfung von Humanpotential. Pümpin nennt dazu verallgemeinernd fünf Wirkungen der Multiplikation. Diese gelten mit einigen Adaptionen und Erweiterungen auch für die Multiplikation von Systemen und Prozessen im Zusammenhang mit der Ausschöpfung von Humanpotential.

ten kann. Ein Anreizsystem, hier in Form des Umweltfrankens und weiterer Anstrengungen der internen Umweltstelle, sorgen für eine materielle Unterstützung des ideellen „Wollens".

Motivierend: Der Aktivitätsdruck, der durch dieses dezentrale, multiple Wachstum entsteht, führt zu einer dauernden Nachfrage nach qualifizierten Führungskräften. Die Möglichkeit, attraktive und mit großen Kompetenzen ausgestattete Positionen anzubieten, eröffnet ein großes Motivationspotential. Es ist also nicht nur die Konstellation an sich, die motivierend wirkt, sondern mindestens so sehr die Veränderungen in dieser Konstellation. Sie eröffnen ständig neue Horizonte und führen jedem Systemmitglied immer wieder vor Augen, daß hier Dinge jederzeit machbar sind.

Erfahrungskurven-bildend: In den 60er Jahren entwickelte Henderson (Henderson, Erfahrungskurve) aufgrund empirischer Untersuchungen das Konzept der Erfahrungskurve. Seine Aussage besteht kurz gesagt darin, daß aus der Verdoppelung der kumulierten Menge eine durchschnittliche Stückkostensenkung von 20 bis 30 Prozent resultiert. Die Gründe für diese Kostendegressionen liegen in der Lernfähigkeit des Unternehmens: Es wird weniger Ausschuß produziert, Produktionsverfahren werden optimiert usw. Diese Erfahrungen lassen sich, wie Pümpin feststellt, nicht nur auf die Güterproduktion übertragen, sondern gelten generell für alle auf die Ausschöpfung von Nutzenpotentialen ausgerichteten Aktivitäten eines Unternehmens (Pümpin, Dynamik, 110) und damit auch für den Zellteilungsprozeß.

Das Unternehmen lernt nämlich, wie ein solcher „Spin-off" oder eine Neugründung zu erfolgen hat. Am einsichtigsten, weil am standardisiertesten, geschieht dies wohl bei The Body Shop. Von der ersten Kontaktaufnahme eines potentiellen Franchisenehmers mit dem Head-Franchisee bis zur Eröffnung eines neuen Ladens wird ein Prozeß durchlaufen, den das Unternehmen mittlerweile 587 Mal durchgespielt hat. Das Unternehmen kann bei Immobilienverhandlungen, Ladenplanung, Merchandising usw. auf einen riesigen Erfahrungsschatz zurückgreifen. Pointiert beschreiben Halle/Neupert diesen Sachverhalt, wenn sie das Franchiseunternehmen Coca-Cola als „Unternehmensberatung" bezeichnen, „die nebenbei auch Limonadengrundstoffe vertreibe" (Halle/Neupert, Franchising, 1071).

Doch auch Unternehmen wie Ebnöther oder Enator können Erfahrungskurveneffekte verzeichnen. Dies äußert sich beispielsweise im zeitlichen Aufwand, der von der Planung bis zum Gründungsakt einer neuen Einheit vergeht. Zwar ist hier, wie wir noch sehen werden, der Anteil an multiplizierten Hardwareelementen wesentlich kleiner als bei Franchisingunternehmen. Somit sind auch Erfahrungskurveneffekte in diesem Bereich nur beschränkt möglich. Das Unternehmen gewinnt jedoch Erfahrungen im prozessualen Bereich, beispielsweise beim Transfer der Philosophie und der Unternehmenskultur oder bei der Aufnahme und Umsetzung von Marktbedürfnissen. Leumann schreibt dazu im Zusammenhang mit dem von der Gruppe verfolgten phasenorientierten Ansatz:

> „Anstatt uns ständig an die sich verändernden Bedürfnisse des Unternehmens anpassen zu müssen, können wir auf die beschriebene Weise unser Know-how darüber, wie die künftigen Bedürfnisse eines Marktes aufgespürt werden, wo wir die richtigen und nützlichen wissenschaftlichen Erkenntnisse finden und wie diese Erkenntnisse in den Markt gebracht werden können, laufend weiterentwickeln." (Leumann, Unternehmensführung, 21)

Kräftekonzentrierend: Aus dem Konzept resultiert eine Konzentrationswirkung für das Top-Management. Dadurch, daß sowohl Operatives als auch zu großen Teilen Strategisches in den Kompetenzbereich der einzelnen Einheiten gehört, wird das Top-Management in hohem Maße entlastet, und es bleibt vermehrt Raum für die Beschränkung auf „das absolut Wesentliche". Hier geht es einerseits darum, sich Gedanken über die zugrundeliegende Philosophie zu machen. Wie lautet sie? Wie können wir sie konkretisieren, leben und am Leben erhalten? Wie können wir sie kommunizieren? Welche Signale sind zu setzen? In welche Richtung wollen wir uns weiterentwickeln?

Ein zweiter Aufgabenkreis stellt sich im Zusammenhang mit dem Zellteilungsprozeß. Dazu gehören einerseits Fragen, die sich auf die Richtung der Entwicklung beziehen. Gibt es gewisse Eckpfeiler, die wir zusätzlich zu unseren philosophischen Leitlinien beachten wollen? Weitere Fragen betreffen das Time-Management. Wann und wie schnell wollen wir machen? Gibt es Grenzen, oberhalb derer wir weitere Teilungen als nicht mehr sinnvoll erachten? Schließlich – und hier handelt es sich um eine besonders anspruchsvolle Aufgabe – ist die Vorgehensweise zu wählen. Wie können wir sicherstellen, daß der Geist, die Unternehmensidee, auch in den jungen Einheiten weiterlebt?

Dynamisierend: All diese Punkte wirken in hohem Maße dynamisierend. Insbesondere dann, wenn das Top-Management nicht nur einen von der Spitze aus gesteuerten Zellteilungsprozeß betreibt, sondern diesen in den einzelnen Einheiten verankern kann, resultiert echte, weil multiple, Dynamik (Pümpin, Dynamik, 209).

7.3 Die konstitutiven Elemente einer Zelle

Es stellt sich nun die Frage, was konstitutiver Bestandteil eines jeden Zellteilungsvorganges sein soll. Oder etwas anders gefragt: Was muß bei jeder Absplittung weitergegeben (= multipliziert) werden, und was hat jede Einheit selbst zu entwickeln? Wir unterscheiden dabei Software- und Hardwareelemente. Beginnen werden wir mit der Betrachtung der Softwareelemente:

Die Unternehmensphilosophie als konkretisierte Werthaltung: Der Wille atomisierter Unternehmen, ihre Unternehmensphilosophie weiterzugeben, hat verschiedene Gründe: Er erwächst einmal aus der Überzeugung der Sinnhaftigkeit der vertretenen Unternehmensphilosophie. Die Unternehmensleistungen sind für die Unternehmensmitglieder nicht bloß Vehikel zum Gelderwerb, sondern tragen auch eine Sinndimension in sich, was um ein Vielfaches stärker motiviert. Dieser intrinsische Druck, andere an etwas Positivem teilhaben zu lassen, zeigt sich auch im Alltag. Beispielsweise dort, wo jemand besonders gute Erfahrungen gemacht hat, sei dies mit einem Produkt (z. B. Auto), mit einer bestimmten Person (z. B. Arzt) oder auch mit einer Lerntechnik, und sich gedrängt fühlt, diese positiven Erfahrungen auch andern zugänglich zu machen. Anita Roddick beispielsweise war von ihrer Idee so sehr begeistert, daß sie mit dieser einen viel größeren Personenkreis ansprechen wollte, als sie mit ihrem einen Laden vermochte. Sie war überzeugt, daß das, was sie tat, Sinn machte, und sie wollte andere an ihrer Sinnfindung teilnehmen lassen.

„Nachdem ich Body Shop nach USA und Japan gebracht habe, würde ich gerne Läden in der UdSSR eröffnen, warum nicht? Wäre das nicht eine Sensation? Warum sollten ehrliche Geschäftsleute nicht Wege zu einer besseren Verständigung der Völker erschließen können, wenn Politiker versagt haben?" (The Body Shop, 8)

Anita Roddick, welche ihre Läden als „Vehikel für Veränderungen" (The Body Shop, 1988, 8) bezeichnet, merkte aber auch, daß es weiterer Personen bedurfte, um ihrer Umweltphilosophie zum Durchbruch zu verhelfen. Dies ist gleichzeitig der zweite Grund, welcher die Verbreitung der Philosophie nahelegt. Es geht darum, weitere Kreise für die eigenen Ideen zu begeistern.

Schließlich ist sicherzustellen, daß diese Philosophie nicht durch andersartige Konzepte verwässert oder gar ins Gegenteil verkehrt wird. Auch dazu muß die Philosophie in effizienter und effektiver Weise verbreitet werden. So will sich The Body Shop deutlich abgrenzen gegenüber Unternehmen, welche nur aus Marketingaspekten auf der „grünen Welle" mitreiten. Während viele herkömmliche Bauchemieunternehmen nur gerade dort umweltneutrale Produkte anbieten, wo sie günstig herzustellen sind und sich anwendungstechnisch nicht von andern Produkten unterscheiden, ist es Ebnöthers Ziel, einen eigentlichen Bewußtseinswandel in der Baubranche zu initiieren und zu begleiten.

Die Unternehmenskultur als gelebte Werthaltungen: Multipliziert wird weiter die Kultur des Unternehmens. Neue Zellen werden ja, außer beim Franchising, größtenteils mit Leuten gebildet, welche dem Unternehmen bereits angehören. Dadurch, daß sich der einzelne in einer Mutterzelle zunächst in diese Kultur hineinleben und die Philosophie mit Inhalt füllen kann, werden auch mit jeder Abspaltung Elemente der bisherigen Kultur weitergetragen. Geschieht dies nicht, besteht die Gefahr, daß sich die einzelnen Einheiten kulturell mehr und mehr voneinander entfernen. Kommunikation, Job Rotation, gemeinsame Projekte werden erschwert. Die Unternehmensphilosophie verliert an Inhalt und wird abstrakter.

Diese „Kultur-Multiplikation" kann (und soll!) natürlich nie eine vollständige sein. Dieselben Werthaltungen können ja höchst verschieden gelebt werden. Weiter können innerhalb eines Wertesets ganz verschiedene Schwerpunkte gesetzt werden. Schließlich wird jede Kultur von ganz spezifischen, für das Unternehmen charakteristischen Aspekten geprägt, die – trotz ähnlicher Grundhaltung – für eine eigenständige und unverwechselbare Kultur sorgen. So hat z.b. das Ebnöther Stammhaus, welches schon seit nahezu 50 Jahren besteht und in einem weitgehend gesättigten Markt tätig ist, eine merklich andere Kultur als die ebenfalls zur Gruppe gehörende Ebiox, welche mit zehn Mitarbeitern im Bereich der Umwelttechnik zu den Start-up-Firmen gehört. Trotzdem liegen beiden Unternehmen ähnliche Werthaltungen zugrunde. Dies hängt natürlich unmittelbar mit dem Alter und der Verjüngungsfähigkeit der Organisation zusammen. Es scheint plausibel, daß dem ehemaligen Stammhaus, als eigentlicher Ursprungszelle vieler Absplittungen, diese Verjüngung nicht im selben Ausmaß gelungen ist wie anderen Einheiten.

Know-how: Eine sehr bewußte und gezielte Multiplikation findet auch beim Know-how statt. Sie bezieht sich einerseits auf fachliches Strukturwissen, andererseits auch auf die gesamten Erfahrungen, die das Unternehmen im Zusammenhang mit der Organisation und dem Aufbau neuer Einheiten macht:

„In Organisationen wie den unsrigen sind Leute die wichtigste Ressource, Opportunities das Vehikel Nummer 1 zum Erfolg, und Prozesse sind wichtiger als Strukturen. Für solche Organisationen ist es elementar, daß sie die komplexen und oftmals mystischen Prozesse verstehen, die ablaufen, wenn eine ziemlich lose Gruppe von Associates sich einer Opportunity verschreibt und im selben Zeitraum zu einem Team verschmelzt, welches vielleicht einmal ein profitables Business besitzt. Dieser organisatorische Aspekt unseres „Winning-Team-Konzepts" ist von zentraler Wichtigkeit für das Erreichen unseres Firmenziels ‚To make money and have fun'" (Flik, Ameba, 100; Übersetzung durch den Verfasser).

Hier handelt es sich größtenteils um Prozeßwissen. Im Gegensatz zu Strukturwissen ist dies ungleich schwerer zu erarbeiten (und damit natürlich auch zu imitieren). Der Fähigkeit zu dessen Multiplikation kommt deshalb eine große Bedeutung zu.

Auch Ebnöther bezeichnet Prozeßwissen in einem bestimmten Bereich als die „core competence" des Unternehmens:

„Das Resultat dieses Nachdenkens führte zum Schluß, daß Ebnöther offensichtlich seine eigentliche Stärke darin hat, Erkenntnisse der Grundlagenforschung aufzunehmen und zu kommerzialisierbaren Marktleistungen zu transformieren, diese Marktleistungen bei den Abnehmern einzuführen und den sich ändernden Bedürfnissen des Kunden laufend anzupassen" (Leumann, Unternehmensführung, 12).

Multipliziert wird also *nicht* die Struktur selbst, sondern das Prozeß-Know-how hinter dieser Struktur, das Know-how, welches sich auf die Weitergabe der Werthaltungen, auf die Entwicklung und Führung von Einheiten und auf spezifische, die Leistungserstellung des Unternehmens betreffende Prozesse bezieht.

Trotz der Bedeutung, die dem Know-how zukommt, wird es den einzelnen Einheiten nicht aufgezwungen. Es steht ihnen zwar zur Verfügung, kann bei Nichtbedarf aber auch problemlos abgelehnt werden.[15] Dieses Verhalten folgt der Überzeugung, daß sich eine Person oder eine Einheit nur dann echt entwickeln kann, wenn man auch zuläßt, daß sie gewisse Fehler macht, daß sie „einmal dreinläuft" (Ebnöther). „Der Kapitän soll sich die Lippen blutig beißen, wenn der Matrose das erste Mal anlegt" (Gore).

Humanpotential-orientierte atomisierte Unternehmen stehen der Multiplikation von Instrumenten eher skeptisch gegenüber. Als „Mittel zum Zweck" sollen sie dauernd hinterfragt und nicht einfach vorbehaltlos übernommen werden. Trotzdem werden – vorwiegend aus Praktikabilitäts- und Wirtschaftlichkeitsüberlegungen – einzelne dieser Hardware-Elemente multipliziert. Dazu gehören beispielsweise:

Das finanzielle Führungssystem: Aus den Fallbeispielen geht bereits die zentrale Rolle des finanziellen Führungssystems hervor. Gerade *weil* alle andern Bereiche locker organisiert sind, mißt man der finanziellen Dimension größte Priorität zu. Das will nicht heißen, daß diese Unternehmen über sehr ausgefeilte, bis in den letzten Detaillierungsgrad gehende Controlling-Systeme verfügen. Im Gegenteil, auch diese Systeme sind vergleichsweise rudimentär gehalten. Man orientiert sich an wenigen, dafür aber um so sorgfältiger ausgesuchten und überwachten Kennzahlen, welche zudem überaus schnell verfügbar sein müssen. Damit wird verhindert, daß die Unternehmen, die ja in unterschiedlichsten Bereichen aktiv sind und damit über unterschiedlichste Informationsbedürfnisse (und Möglichkeiten zur Informationsgenerierung!) verfügen, alle dem selben Detaillierungsgrad zu genügen haben. Ziel ist neben der schnellen Verfügbarkeit eine minimale Basis zur gemeinsamen Kommunikation und zum Vergleich.

---

15 Eine Ausnahme bilden bis zu einem gewissen Maß die Franchiseunternehmen. Hier hat der Franchisenehmer gewisse Leistungen des Franchisegebers zu akzeptieren

Architekturelemente: Ein weiteres Instrument, welches multipliziert wird, sind Elemente des äußeren und inneren Erscheinungsbildes. Dazu gehören einmal der Corporate Identity dienende Gestaltungsmaßnahmen wie gemeinsames Logo, gemeinsame Farbgebung, gemeinsames bauliches Erscheinungsbild etc. Weiter wird Know-how multipliziert, welches sich auf die optimale (innere) Gestaltung von Gebäuden und Räumen bezieht, um einer kommunikationsfördernden, „geistöffnenden" (Zitat Meyer-Scheel, Enator) oder auch schlicht „angenehmen" Arbeitsatmosphäre gerecht zu werden.

Die hier gestellten Ansprüche werden von der herkömmlichen Baupraxis oft noch wenig berücksichtigt. Atomisierte Unternehmen versuchen deshalb bewußt, das eigene Know-how zu multiplizieren. Wie erwähnt, ließ beispielsweise Enator ein Architektenteam während dreier Monate in einer Projektgruppe mitarbeiten, um auf diese Weise ein Verständnis für seine Arbeitsweise und die daraus abgeleiteten Gestaltungsansprüche zu wecken. Auch nutzt das Unternehmen in diesem Zusammenhang immer wieder die Dienste einer Schwesterfirma, welche sich auf den Bau von Industriebauten spezialisiert hat.

Kommunikationssysteme: Multipliziert wird weiter die Kommunikationsinfrastruktur. Dadurch soll sichergestellt werden, daß die sehr kapitalintensiven Anlagen in optimaler Weise genutzt werden können und keine Kompatibilitätsprobleme auftreten.

Obengesagtes gilt nur in beschränktem Ausmaß für Franchiseunternehmen. Sie beinhalten in den meisten Fällen eine weitaus stärkere Hardwarekomponente. So gehören im allgemeinen Produkte, Markenrechte, Infrastruktur, Ladenlayout etc. fest zum System. Der Erfolg von The Body Shop zeigt jedoch klar, daß ein Unternehmen, welches über diese Elemente hinaus auch über eine klare Philosophie verfügt, mit der sich die Leute identifizieren können, einen eindeutigen Vorteil hat. The Body Shops attraktives Ladenlayout, der Duft, der einen empfängt, wenn man den Laden betritt, oder die ansprechende Beleuchtung machen sicher einen Großteil des Erfolges aus. Was jedoch The Body Shop von andern Systemen unterscheidet, ist sein klares Engagement der Umwelt und der dritten Welt gegenüber.

7.4 Vorgehensvarianten bei der Zellteilung

Nachdem wir das Grundprinzip der Zellteilung, die Konsequenzen dieses Prozesses und schließlich die multiplizierten Inhalte erläutert haben, sollen nun unterschiedliche Vorgehensvarianten untersucht werden. Sie lassen sich in verschiedener Hinsicht unterscheiden:

Nach dem Grad der Zufälligkeit: Eine Zellteilung kann sowohl systematisch wie auch zufällig ablaufen. Zufällige Zellteilung findet dort statt, wo neue Einheiten aufgrund von persönlichen Beziehungen, Gelegenheiten oder Zwängen aufgebaut oder auch akquiriert werden. Dies ist beispielsweise dann der Fall, wenn ein Hotelier aufgrund eines Angebots eines Gesprächspartners im Flugzeug, aufgrund eines besonders günstigen Landangebotes oder aufgrund des (vermeintlichen) Zwangs zur Präsenz in Osteuropa eine neue Einheit aufbaut, ohne über ein eigentliches Konzept zu verfügen. Obwohl dieses Vorgehen sehr häufig beobachtet werden kann, ist es mit Bezug auf die oben ausgeführten Wirkungen der Multiplikation eine wenig empfehlenswerte Variante. Hier ist eine systematische Zellteilung eindeutig zu bevorzugen.

Nach dem Grad der Strukturiertheit: Strukturiert ist eine Zellteilung dann, wenn ein weitgehend vordefinierter Prozeß zur Anwendung kommt. Dies ist insbesondere bei Franchisingunternehmen der Fall. Wie bereits erwähnt, gehören bei The Body Shop die Suche von Lokalitäten, der Aufbau der Infrastruktur, die Schulung der Franchisenehmer und deren Mitarbeiter, das Einrichten des Ladens und die Aktivitäten während der Eröffnungszeit zu einem wohl abgestimmten, vordefinierten Prozeß. Auch der Club Méditerranée kennt ähnlich „generalstabsmäßig" durchgeführte Abläufe beim Aufbau eines neuen Feriendorfes. Weit weniger strukturiert ist der Zellteilungsprozeß z. B. bei Ebnöther. Trotzdem sind auch hier gemeinsame Elemente zu erkennen. So läßt sich jede neue Einheit vorerst nahe beim Stammhaus nieder, um in direktem Kontakt mit dem Unternehmensleiter von dessen Erfahrung beim Aufbau von Einheiten zu profitieren. Hier werden Lokalitäten gesucht, erste Projekte initialisiert, Kontakte geknüpft. Erst in einer späteren Phase – im allgemeinen jedoch schon nach wenigen Monaten – läßt sich das Unternehmen dann an einem andern Ort nieder.

Nach der Art der multiplizierten Teilelemente: Multiplizieren kann man vorwiegend weiche Elemente, vorwiegend harte Elemente oder eine Synthese aus beidem. Um die Multiplikation vorwiegend harter Elemente handelt es sich bei Franchisesystemen, bei welchen beispielsweise lediglich ein Produkt (z. B. ein Gebäudereinigungsmittel) oder ein einfaches System (z. B. eine Autowaschanlage oder eine Maschine zur Herstellung von Pfannkuchen) zur Verfügung gestellt wird. Solche Konzepte erleben zur Zeit vor allem in den USA einen richtiggehenden Boom. Hier existieren derzeit um die 2300 Franchiseunternehmen in ca. 60 verschiedenen Branchen mit einem Gesamtumsatz von ca. 170 Milliarden US-Dollar. Allein 1987 wurden 352495 Einheiten eröffnet. Jeder dritte ausgegebene Dollar betrifft ein franchisiertes Unternehmen. Die Anzahl international tätiger amerikanischer Franchiseunternehmen stieg während der letzten 15 Jahre von 156 (1971) auf 342 (1985). Die Zahl der Auslandsfilialen nahm dabei von 3365 auf 30188 zu (Whittemore/Chambers, Franchising, 129 f.; Davis, Secret, 36). Für Deutschland und das Jahr 1985 werden 300 Unternehmen mit 22000 Filialen bzw. Partnern genannt (Tietz, Franchising, 67). Ein Großteil dieser Systeme geht jedoch über das Multiplizieren sogenannter harter Elemente nicht hinaus (man vgl. hierzu beispielsweise den Anzeigenteil obenstehender Quellen).

Natürlich wird auch hier in gewisser Hinsicht Humanpotential erschlossen, indem diese Konzepte das unternehmerische Interesse der Leute nutzen. Trotzdem vermögen diese Ansätze dem hier entwickelten Verständnis von Humanpotential nicht Genüge zu tun. Insbesondere bei eher „primitiven" Systemen ist oftmals Geld der alleinige Motivator und der Erfolg des Systems allein dem übermäßig harten physischen Einsatz des Franchisenehmers zu verdanken. Nicht daß Leistung im hier entwickelten Konzept nicht nötig wäre, sie ist jedoch in ein ungleich umfassenderes Konzept eingebettet. Um vorwiegend weiche Elemente handelt es sich bei Franchisekonzepten im Bereich von Ausbildung und Training, Beratung, Stellenvermittlung etc. und bei den hier vorgestellten atomisierten Unternehmen Gore, Enator und Ebnöther. Eine Zwischenstellung, mit sowohl harten wie weichen Elementen, nimmt The Body Shop ein.

Nach der hierarchischen Einstufung der Initialisierung: Zellteilung kann sowohl von der Spitze wie auch von der Basis ausgehen. Bei Ebnöther geht die Initialisierung der Zellteilung größerenteils von der Spitze aus. In der Fallstudie wurde gezeigt, wie Leumann regelmäßig neue Geschäftsaktivitäten initiiert oder, wie er selbst sagt, „neue Visionen erfindet" und dafür geeignete Personen evaluiert. Eher von der Basis her kommen die Zellteilungsaktivitäten bei Enator. Da Projektleiter berechtigt sind, über Folgeaufträge zu verhandeln, geschieht es sehr oft, daß von dieser Seite her neue Projekte initiiert und Zellteilungsprozesse in Gang gesetzt werden. Der Vorteil dieses Ansatzes ist sicher einmal die Potenzierung der Dynamik. Auch werden die Zellteilungsaktivitäten dort ausgelöst, wo die Chancen für deren Erfolge relativ gut eingeschätzt werden können. Auf der anderen Seite besteht natürlich die Gefahr einer zu geringen Koordination und der ungenügenden Konzentration der Kräfte.

Nach dem Grund der Zellteilung: Die Motive zur Zellteilung können sehr verschieden sein. Bereits im Zusammenhang mit dem Initialisierungszeitpunkt haben wir einige dieser Gründe genannt. Wir sind dabei jedoch immer davon ausgegangen, daß der Wille zur Ausschöpfung von Humanpotential und die Überzeugung, daß dazu nur relativ kleinräumige Strukturen taugen, Zellteilungsmotiv ist. Wir haben aber auch gesehen, daß daneben rein marktbezogene Gründe zur Multiplikation und Atomisierung führen können. Als Beispiel wurde ein Ölunternehmen genannt, welches bei der Distribution von Benzin gar nicht um eine Atomisierung seiner Organisation herumkommt. Das Gleiche gilt natürlich für Lebensmittelketten, Hotels, Restaurants etc. Ganz allgemein ist dort, wo physische Nähe zum Kunden nötig ist, sei dies aus kulturellen, marktspezifischen oder logistischen Gründen der Fall, eine gewisse Atomisierung zwangsläufig nötig. Im Vergleich zur Humanpotential-orientierten Atomisierung sind jedoch diese Einheiten oft völlig

Betrachtungs-dimension	Ausprägung				
Zufälligkeit	systematisch	● ○○			zufällig
Strukturiertheit	strukturiert	●○○			unstrukturiert
Multiplizierte Elemente	weiche Elemente	○	○	●	harte Elemente
Initialisierung	von der Basis aus	○	○	●	von der Spitze aus
Motivation	Ausschöpfung von Humanpotential	Gore ○	Body Shop ○	Erdöl-gesellschaft ●	andere Motive

Abbildung 7-2: Mögliche Vorgehensvarianten bei der Multiplizierung

anders gestaltet. Ähnliches gilt für viele franchisierte Unternehmen, welche aus Kapitalmangel oder Gründen der Expansionsdynamik diese spezifische Form gewählt haben.

Abbildung 7-2 zeigt mögliche Ausprägungen anhand dreier Beispiele in einem morphologischen Kasten. Die einzelnen Positionen sind dabei nur als ungefähre Anhaltspunkte gedacht. Als Grundaussage läßt sich festhalten, daß atomisierte Unternehmen tendenziell systematisch und relativ strukturiert vorgehen, vor allem weiche und erst in zweiter Linie harte Elemente multiplizieren, die Multiplikation nicht nur von der Spitze ausgehen lassen und die Ausschöpfung von Humanpotential als Hauptmotiv für den Multiplikationsprozeß ansehen.

7.5 Die Rolle des Top-Managements: Ein neues Führungsverständnis

Erst am Rande erwähnt wurde bis jetzt die Rolle des Top-Managements. Zwar haben die bisherigen Ausführungen verschiedentlich auf weitreichende Unterschiede im Vergleich zu herkömmlichen hierarchischen Führungskonzepten hingewiesen und die Bedeutung eines Bottom-up-

Ansatzes herausgestrichen. Gleichzeitig ist jedoch immer wieder klar geworden, daß auch in einem solchen Unternehmen dem Top-Management eine zentrale – wenn auch im Vergleich zu gewohnten Konzepten ungleich andere – Rolle zukommt.

Traditionelle Aufgaben des Top-Managements

An Aufgabenkatalogen für das Top-Management in Theorie und Praxis mangelt es nicht. Grundtenor dieser Forderungen ist, daß sich das Top-Management aus der operativen Arbeit heraushalten soll, um sich dadurch mit strategischen Belangen befassen zu können.

Fragt man nach den Inhalten dieser „strategischen Belange", so stellt man fest, daß diese vor allem marktbezogener Natur sind. Im Vordergrund steht der Wille, sich von der Konkurrenz im Markt abzugrenzen, sei dies via Kosten oder via Leistungen. Während anfangs der 80er-Jahre vor allem die Begründung strategischen Handelns, die Analyse von Unternehmen und Umwelt und der Prozeß der Strategieformulierung im Vordergrund standen, verlagerte sich später der Schwerpunkt immer stärker Richtung Implementation.

Im allgemeinen dominierte dabei eine Top-Down-Sichtweise, die sich wie folgt charakterisieren läßt: Ein Unternehmen, welches erfolgreich sein will, hat sich eine Strategie zu erarbeiten. Dazu hat das Top-Management selbst oder mit Hilfe von Beratern eine gründliche Analyse des Unternehmens und seines Umfeldes vorzunehmen. Einsichten in eigene Stärken und Schwächen bzw. mögliche Chancen und Gefahren werden es befähigen, eine adäquate Unternehmensstrategie zu formulieren, welche funktional und geschäftsspezifisch noch differenziert werden kann. In einem sorgfältig geplanten Prozeß wird die Strategie dann durch die Hierarchie hindurch „hinuntergebrochen" und einem breiteren Kreis bekannt gemacht. Schließlich ist die Durchführung zu kontrollieren und, in regelmäßigen Abständen, die gewählte Richtung in Form eines „Strategy Checks" oder „Strategy Audits" zu überprüfen.

Die Grundidee des strategischen Managements stammt aus den Turbulenzen der späten 70er Jahre und entstand aufgrund der Ernüchterung über die langfristigen Planungskonzepte, die in diesem Umfeld je länger je weniger von Nutzen waren. Trotz dieser Erkenntnisse beinhaltet auch das strategische Management, so wie es oben geschildert wurde, noch einen ausgeprägten Mach- und Beherrschbarkeitsanspruch. Man geht davon aus, daß es dem Top-Management mittels genügend fundierter Analysen möglich ist, eigene Stärken und Schwächen zu erkennen, zukünftige Entwicklungen einzuschätzen und daraus die richtigen Schlußfolgerungen zu ziehen. Außerdem wird vorausgesetzt, daß es gelingt, diese Marschrichtung von oben her im Unternehmen als Orientierungspfeiler für die gesamte Belegschaft zu verankern.

Ein neues Top-Management-Verständnis

Die bisherigen Ausführungen haben offengelegt, daß dieses Strategieverständnis den zukünftigen Anforderungen immer weniger gerecht wird.

- Anhand vieler praktischer Fälle läßt sich zeigen, daß sich das Top-Management angesichts der heutigen Dynamik und Kompliziertheit zunehmend überfordert, wenn es davon ausgeht, daß nur auf seiner Ebene strategisch relevante Entscheidungen gefällt werden können.
- Immer mehr wird man sich bewußt, daß strategisches Denken und Handeln auf allen Ebenen vonnöten ist.
- Wir sind damit immer stärker auf die Aktivierung sämtlicher Systemmitglieder, und nicht nur des Kaders, angewiesen.
- Die Qualität des Top-Managements wird sich damit je länger je mehr daran messen, inwieweit es ihm gelingt, die im Unternehmen schlummernden Kräfte zur Entfaltung zu bringen.
- Dies wird ihm nur dann gelingen, wenn es den Eigenheiten, Interessen und Fähigkeiten der Mitglieder vermehrtes Interesse entgegenbringt.
- Ein „Herunterbrechen" von auf oberster Leitungsebene geborenen Ideen und Konzepten wird dabei immer weniger wirksam sein.

Die genannten Punkte führen zu einer Neudefinition der Rollen und Aufgaben des Top-Managements. Das herkömmliche Strategieverständnis ist dazu nur bedingt geeignet. Die einseitig marketingorientierte Sichtweise, die bisweilen willkürliche Einteilung in strategisch und nicht-strategisch und die Tendenz zu einer einseitigen Top-Down-Sichtweise gehören, trotz gewissen neueren Entwicklungen noch immer eng zum strategischen Gedankengut.

Wir wollen aus diesem Grund nochmals den Nutzenpotential-Ansatz von Pümpin aufgreifen.

Im Zusammenhang mit der Ausschöpfung von Nutzenpotentialen ist festzustellen, daß Unternehmen versuchen, durch gezieltes Angehen mehrerer Nutzenpotentiale Synergie für die Ausschöpfung von Humanpotential zu schaffen. Dies kann sowohl durch den Abbau von

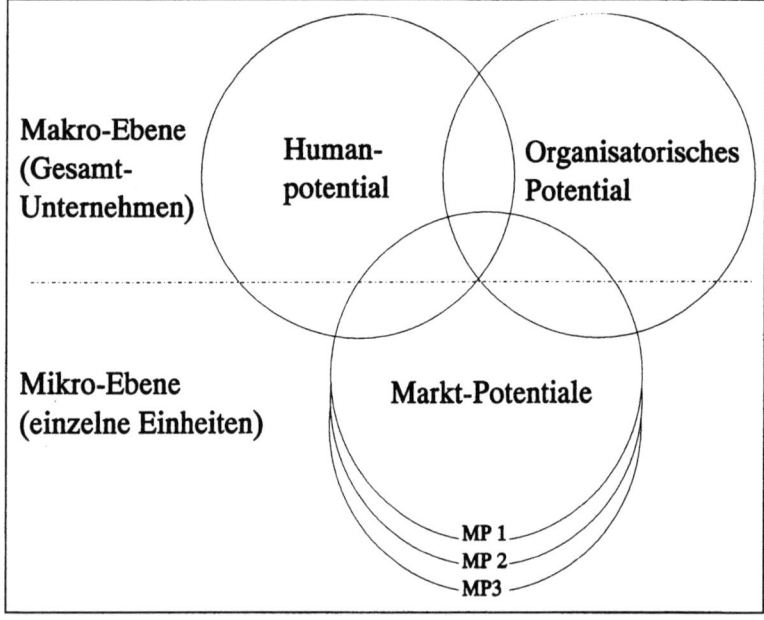

Abbildung 7-3: Ausschöpfen von Nutzenpotentialen auf der Mikro- und der Makroebene.

leistungshemmenden Hindernissen (z. B. Hierarchie, Stellenbeschreibungen etc.) als auch durch den Aufbau leistungsfördernder Maßnahmen (z. B. EDV-Unterstützung, Teambildung) geschehen.

Das Angehen dieser – die konsequente Ausschöpfung von Humanpotential erst ermöglichenden – Potentiale ist grundsätzlich sowohl auf der Makro- als auch auf der Mikroebene denkbar. Die Fallbeispiele zeigen jedoch, daß diese Aufgabe vor allem auf der Ebene des Gesamtunternehmens wahrgenommen wird. Diese schafft damit gleichzeitig die Grundlage, quasi die „Infrastruktur", für die Ausschöpfung weiterer (vor allem marktbezogener) Nutzenpotentiale auf der Ebene der einzelnen Einheiten.

Die Ausführungen lassen erkennen, wo die Aufgaben des Top-Managements liegen. Als Vertreter der Makroebene hat es die Rahmenbedingungen bzw. den Nährboden für die operativen Gesellschaften zu schaffen. Es hat die Weichen für ein effektives Ausschöpfen von Humanpotential zu stellen. Dazu bedarf es der sorgfältigen Definition weiterer auf der Makroebene auszuschöpfender Nutzenpotentiale. Die Aufteilung strategisch-operativ, als Grenzlinie zwischen Top- und mittlerem Management, macht dabei nur beschränkt Sinn. So kann sich ein Nebenprodukt, welches sich mehr zufällig aus den Marktaktivitäten einer Einheit ergeben hat, zu einer strategisch höchst bedeutungsvollen Cash-cow entwickeln. Auf der anderen Seite befaßt sich das Top-Management mit Dingen, die in andern Unternehmen bestenfalls an auswärtige Trainer delegiert werden, wie z. B. Philosophievermittlung oder Personalentwicklung.

„Die Personalentwicklung ist mir viel zu wichtig, als daß ich sie einer einzigen Abteilung überlassen würde. Darum kümmere ich mich selbst" (Peter Gyllenhammar, Präsident des Volvo-Konzerns).

Welche Fragen hat sich nun das Top-Management zu stellen, wenn es seiner Hauptaufgabe, der Bereitstellung adäquater Rahmenbedingungen, gerecht werden will?

Erstens gilt es, sich über die auszuschöpfenden Nutzenpotentiale auf der Makroebene Gedanken zu machen (vgl. Pümpin, Dynamik, 158 ff.). Ist man einmal grundsätzlich von der Attraktivität des Humanpotentials überzeugt, wovon hier ausgegangen wird, so stellt sich die Frage, welche weiteren Nutzenpotentiale einen Leverage für die Ausschöpfung von Humanpotential erzeugen könnten. So dürfte sich beispielsweise die Ausschöpfung von Technologiepotential, das heißt die Nutzung von Möglichkeiten der Arbeitsplatzbereicherung durch humanzentrierte flexible Fertigungssysteme, als eine wichtige Nebenbedingung für das Ausschöpfen von Humanpotential herausstellen.

Weiter gilt es, die nötigen Fähigkeiten bzw. SEPs zu entwickeln, die dem Unternehmen ein erfolgreiches Ausschöpfen dieser Nutzenpotentiale ermöglichen. So beispielsweise die Fähigkeit, eine Philosophie effektiv zu kommunizieren oder die Fähigkeit, neue technologische Trends aufzunehmen und umzusetzen. Dazu sind geeignete Prozesse – z. B. bei der Philosophievermittlung – und Systeme – z. B. bei der Kommunikation – zu gestalten.

Schließlich hat das Top-Management über die unmittelbar aus den Werthaltungen erwachsenden Kriterien hinaus weitere Orientierungspunkte für die Entwicklung des Gesamtunternehmens zu definieren (diese können sich beispielsweise in der Umschreibung einer Geschäfts-Basis oder einer Konsens-Basis niederschlagen (vgl. dazu die Ausführungen von Wüthrich, Neuland, 253 ff.).

Die daraus entstehenden Aktivitäten und Absichten lassen sich in einem Unternehmenskonzept verdichten. Es wird augenfällig, daß sich ein solches Konzept deutlich von markt- und produktorientierten Strategiepapieren unterscheidet. Während diese sich hauptsächlich auf die Definition von Produkt-/Marktkombinationen und die Ableitung adäquater funktionaler Strategien konzentrieren, schiebt sich beim atomisierten Unternehmen die aus den zentralen Werthaltungen fließende Unternehmensphilosophie in den Vordergrund. Diese Philosophie, konkretisiert durch weitere Signale für die gemeinsame Marschrichtung, definiert den Aktivitätsrahmen für das Gesamtunternehmen. Sie

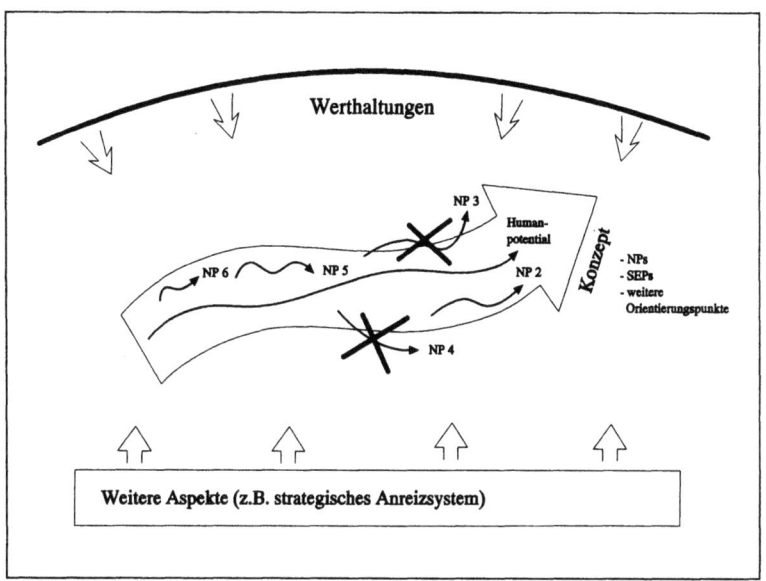

Abbildung 7-4: Das Unternehmenskonzept atomisierter Unternehmen (in Anlehnung an Pümpin, Dynamik, 194)

legt fest, welche Potentiale langfristig und von höchster Ebene aus anzugehen sind. Und sie läßt weiter eine bewußt weite Zone für das Ausschöpfen von zu diesem Zeitpunkt noch nicht definierbaren Nutzenpotentialen offen.

Bei der Festlegung dieses Konzeptes darf es sich keinesfalls um einen einmaligen Kraftakt handeln. Vielmehr ist ein interaktiver Prozeß anzustreben, in dem sich das Top-Management auch nach einer vorläufigen Definition und Gestaltung des Unternehmenskonzeptes immer wieder mit den folgenden Fragen zu konfrontieren hat:

- Kann unser Unternehmen (weiterhin) hinter der Unternehmensphilosophie stehen?
- Ist sie genügend klar ausformuliert?
- Unterstützen unsere Systeme und Prozesse das philosophische „Wollen"?
- Sind die ausgeschöpften Nutzenpotentiale noch aktuell? Gibt es neue attraktive Nutzenpotentiale, welche auf der Makroebene ausgeschöpft werden könnten?
- Welche weiteren Möglichkeiten, über diese Systeme und Prozesse hinaus, bestehen für uns, die Mikroebenen zu unterstützen?
- Welche Fähigkeiten haben wir dazu zu erwerben?
- Was können wir multiplizieren?
- Geht die ganze Entwicklung in die gewünschte Richtung?
- Stimmt der Rhythmus?

Abbildung 7-5: Fragenkatalog bei der Beurteilung bestehender Konzepte

Das Top-Management hat dabei oft ganz verschiedene Rollen wahrzunehmen: Es muß sowohl *Katalysator* wie *Bremser* sein. Grundsätzlich wird es vor allem die erste Funktion wahrnehmen. Das Top-Management hat Handlungen zu stimulieren, ohne an diesen direkt beteiligt zu sein. Diese Schrittmacherwirkung wird vor allem dann zu einem zentralen Thema, wenn der Zellteilungs- bzw. Multiplikationsprozeß an Dynamik zu verlieren scheint. Dabei handelt es sich um keine einfache Aufgabe.

„Das Zentrum kann leicht für Ordnung sorgen; es ist nicht so leicht, für Freiheit und Kreativität zu sorgen. Das Zentrum hat die Macht, Ordnung zu schaffen, aber keine noch so große Menge an Macht kann einen kreativen Beitrag erzwingen." (Schumacher, Small, 234; Übersetzung durch den Verfasser)

Andererseits besteht aber auch die Gefahr des Auseinanderfallens des Gesamtsystems durch zu viel Bewegung. Hier hat das Top-Management als Bremser für einen gesunden Rhythmus zu sorgen. Es scheint, daß hier in vielen Fällen eine Art „Wellenbewegung" stattfindet, indem die Dynamik einmal eher vom Top-Management ausgeht, dann wieder von den Einheiten. Erneut zeigt sich, daß bei der Frage „Zentralisation versus Dezentralisation" von einem situativen Konzept ausgegangen werden muß.

Das Top-Management soll sowohl *Chef* als auch *Diener* sein. Einerseits hat es natürlich durch den direkten Einfluß auf die Rahmenparameter und die Marschrichtung des Unternehmens eine in hohem Maße prägende Wirkung. Andererseits legt es ein Handeln an den Tag, welches vermehrt aufs Dienen ausgerichtet ist: „vom Anspruchsdenken zur Servicebereitschaft, vom Haben-mögen zum Dienen-wollen" (Weigle, Führen, 9). So spricht René Bregenzer, Leiter F&E und Mitglied der Geschäftsleitung bei Alusuisse, explizit von einer „dienenden Grundhaltung" im Führungsprozeß. Bregenzer stellt sein Team bewußt aus Leuten zusammen, die in einem bestimmten Bereich mehr können als er selbst. So ist er gezwungen, sich aus deren Fachbereichen herauszuhalten und sich statt dessen auf die Gestaltung möglichst günstiger Rahmenbedingungen zur Entfaltung dieser Talente und auf die optimale Prozeßgestaltung im Hinblick auf das Zusammenführen dieser Kräfte zu konzentrieren. Sehr bildlich tritt dieses Denken zutage, wenn wir die herkömmlichen Organigramme auf den Kopf stellen. Das Management ist dann nicht mehr „Herrscher" über ein Heer von Untertanen, sondern vielmehr stützende Säule und Auffangnetz. Es wird damit zum „Dienst-leister" im wahren Sinn des Wortes.

Das Top-Management hat gleichzeitig *Idealist* und *Realist* zu sein. Idealistisch genug, um vorbehaltlos auch an unkonventionelle Ideen heranzugehen und Mißerfolge in Kauf zu nehmen, und realistisch genug, um bei allen neuen Ideen und Vorhaben den Sinn für das Machbare nicht zu verlieren.

Schließlich wechseln die Rollen auch von der Standardfunktion eines *Coachs* zu der eines *Mitspielers* und nicht selten sogar zu derjenigen eines *Schiedsrichters*. Die Coachfunktion haben wir schon mehrmals erwähnt. Bei ihr handelt es sich quasi um den „Normalzustand". Hie und da macht es aber für das Top-Management auch Sinn, wieder einmal selbst „mitzuspielen", sei dies, um mit einer Idee aktiv voranzugehen oder auch um wieder selbst ein „Gefühl für den Ball" zu kriegen. Vor diesem Hintergrund sind auch Anita Roddicks häufige Reisen zu sehen. Der direkte Kontakt mit Völkern und Nationen, mit Kunden und Händlern bringt die Body-Shop-Gründerin nicht nur auf viele neue Ideen, sondern ist auch Grundlage für eine effektive Coachfunktion. Schließlich hat sich das Top-Management auch immer wieder in der Rolle des Schiedsrichters zu behaupten. Es gilt, die festgesetzten Spielregeln durchzusetzen, in mehrdeutigen Situationen zu einem Entscheid zu finden und zu vermitteln. Dies ist keineswegs eine einfache Aufgabe. Es wird immer gewisse Entscheide geben, die für einzelne Kreise nur schlecht zu akzeptieren sind. Die Akzeptanzrate wird jedoch dann erhöht, wenn zumindest über die anzuwendenden Spielregeln ein minimaler Grundkonsens besteht.

7.6 Konsequenzen für den praktischen Führungsalltag

Die unterschiedlichen, teilweise widersprüchlichen Rollen stellen hohe Anforderungen an das Top-Management, und zwar in fachlicher Hinsicht wie auch mit Blick auf die Sozialkompetenzen. Ein kollegiales oberstes Führungsgremium dürfte die Wahrnehmung dieser unterschiedlichen Aufgaben erleichtern. Das Fallbeispiel Ebnöther zeigt jedoch, daß, sofern eine gewisse Größe nicht überschritten wird, auch eine Einzelperson durchaus erfolgreich sein kann.

Der mit diesen Aufgaben und Rollen verbundene Führungsalltag unterscheidet sich dabei in verschiedener Hinsicht vom Alltag, wie ihn das Top-Management herkömmlicher Unternehmen erlebt. Das Top-Management hat *präsent* zu sein. Die Mitarbeiter müssen ihre Chefs kennen. Nicht nur Gesichter und Namen sollen bekannt sein, sondern auch Meinungen, Einstellungen, Philosophien. Das Top-Management hat sich um ein Profil zu bemühen. Dieses kann es nicht nur durch Beiträge in Hauszeitschriften, durch Anwesenheit bei Jubiläen etc.

erreichen. Dazu hat es sich auch in Seminarien, Workshops und an der Front zu artikulieren.

Diese *Nähe zur Basis* ist auch aus einem andern Grund anzustreben. Es gilt ja nicht nur den eigenen Bekanntheitsgrad zu erhöhen, sondern auch sich selbst ins Bild zu setzen. Das bekannteste Konzept ist in diesem Zusammenhang sicher das von Hewlett-Packard betriebene „Management by Wandering Around". Der Wegfall des mittleren Managements und die damit verbundenen größeren Leitungsspannen erhöhen den Bedarf an Kommunikation vor Ort. Nur auf diese Art kann auch das nötige Vertrauen, auf welches sich das Unternehmen mangels anderweitiger Strukturen und Systeme weitgehend stützt, aufgebaut werden.

Das Top-Management hat sich *herausfordern* zu lassen. Der dauernde Kontakt der obersten Leistungsebene mit der Basis aktiviert unerwartete Entwicklungen, legt Schwächen offen, verursacht Friktionen. Das Top-Management atomisierter Organisationen sucht diesen potentiellen Konflikt bewußt, um ihn konstruktiv umzusetzen. Die Dynamik, die aus einer solchen Situation der Unzufriedenheit heraus durch gemeinsam initiierte und von gegenseitiger Achtung und Wertschätzung getragene Aktivitäten entstehen kann, sollte nicht unterschätzt werden. Ebnöther hat zu diesem Zweck eine unkomplizierte Umfrage durchgeführt, deren Fragebogen jeweils mit „Brief an Gerry Leumann" eingeleitet wurde.

Das Top-Management hat zu *führen*. Gerade dieser Punkt ist besonders wichtig. Der eine oder andere Leser mag denken, daß hier ein etwas weltfremder, an konkreter Führung mangelnder Demokratieansatz propagiert werde. Dies trifft nicht zu. Atomisierte Unternehmen führen sehr bewußt. Bewußter als manch herkömmliches Unternehmen, welches „Führen" mit „Leiten" verwechselt. „Führen" ist sinnorientiertes, auf das Entfalten von menschlichen Kräften gerichtetes Handeln, „Leiten" demgegenüber die mechanistische Steuerung von Sachabläufen (Böckmann, Leistung, 6 f.; Weigle, Führen, 8). „Führen" bezieht sich auf die Steuerung von sozialem Handeln, auf die Schaffung von optimalen Motivationsbedingungen und das Lenken von Zusammenarbeit. „Führen" ist Aufgabe des Menschen, „Leiten" kann auch die Informationstechnologie.

7.7 Zwischen Chaos und Ordnung

Die Erfahrungen der letzten Jahre haben gezeigt, daß Unternehmenskonzepte flexibler gestaltet werden müssen, als dies bisher der Fall war, ohne daß dabei der strategische Fokus verlorengehen darf. Auch Pümpin plädiert in seinem Ansatz für ein flexibleres, sowohl kurz- als auch langfristig orientiertes Ausschöpfen von Nutzenpotentialen, räumt aber zugleich ein, daß es sich hierbei um ein nicht immer einfaches Abwägen von teilweise widersprüchlichen Zielen handelt (Pümpin, Dynamik, 191 ff.).

Die atomisierte Organisation stellt eine Antwort auf dieses Problem dar. Sie ermöglicht dieses gleichzeitige *Denken und Handeln* in kurzfristig flexiblen und zugleich langfristig stabilen Dimensionen, da sie konsequent zwischen Mikro- und Makroebene unterscheidet. Die langfristig stabilen Werthaltungen und die Beschränkung des Top-Managements auf die Gestaltung der äußeren Rahmenbedingungen bringen Sicherheit und Voraussehbarkeit und ermöglichen ein flexibles und bisweilen auch etwas chaotisches Ausschöpfen von Nutzenpotentialen.

> „Kontrollen sagen Dir, was Du falsch gemacht hast, nachdem Du gehandelt hast. Werte sagen Dir, was Du tun sollst, bevor Du handelst" (Manager eines großen Industrieunternehmens; zitiert von P. A. Wuffli, McKinsey).

Flexibilität beginnt – egal wie sie sich später auswirkt – bei der Denkweise der Systemmitglieder. Diese Flexibilität kann der einzelne erst dann an den Tag legen, wenn er über etwas verfügt, das ihm Orientierung vermittelt. Die Unternehmensphilosophie schafft diese Orientierung. Zwar wird die Umwelt damit nicht voraussehbarer, aber der einzelne wird eher fähig, sich in dieser Unvorhersehbarkeit zu bewegen, weil er über Einsichten in die Denkweise des Unternehmens, in dessen Werte und Präferenzen verfügt.

7.8 Probleme und Gefahren

Trotz vieler positiver Punkte birgt das Konzept der Atomisierung auch Gefahren in sich. Sie betreffen den Prozeß der Zellteilung und die Frage der Unternehmensphilosophie.

Im Zusammenhang mit dem Zellteilungsprozeß beziehen sich die Gefahren auf Richtung und Rhythmus der Entwicklung und auf das erreichte Größenstadium an sich. Das Unternehmen kann zu schnell wachsen. Jedes Unternehmen hat einen gewissen Rhythmus zu finden, in welchem es fähig ist, Wachstum und damit immer auch Veränderung zu verdauen (Pümpin, Dynamik, 253). Wächst das Unternehmen zu schnell, wächst auch das Risiko, daß die tragenden Elemente des Unternehmens verloren gehen und der Gesamtorganismus gefährdet wird.

Die vielen Freiheiten und die strategische Eigendynamik jeder einzelnen Zelle können trotz gemeinsamer Philosophie und flankierender Incentivemaßnahmen zu divergierenden Interessen und einem Abdriften einzelner Einheiten führen. Das Unternehmen muß sich über den Umgang mit solchen Fällen Gedanken machen.

Da es sich bei dieser Art der Unternehmensführung immer um eine Art „Gratwanderung" zwischen Laisser-faire auf der einen und Abstimmen und Eingreifen auf der andern Seite handelt, besteht auch hier ein Gefahrenherd. So führt beispielsweise die Re-Zentralisierung von Ressourcen oder Entscheidungsabläufen zu einem Abbau bisheriger Freiheiten und kann das dazugehörige Potential bei den Mitarbeitern zerstören. Andererseits kann ein zu unkoordiniertes „Laisser-faire-Management" zu teuren Doppelspurigkeiten und zu Verzettelung führen. Gerade diese Fähigkeit, hier immer wieder um den schwierig zu definierenden „goldenen Mittelweg" herum zu oszillieren, zeichnet erfolgreiche Unternehmen aus.

Das ganze Gebilde kann zu groß werden. Zwar können durch Zellteilung immer wieder überschaubare unternehmerische Strukturen geschaffen werden, welche vom Charakter her den Start-up-Unternehmen in Greiners Lebenszykluskurve entsprechen. Das Gesamtunternehmen wächst jedoch ebenfalls und trifft somit auf ähnliche größen- und altersbedingte Probleme, wie sie für andere Unternehmen auch gelten. Ab einer bestimmten Größe spielen dann die unabdingbaren Erfolgselemente (wie eine unkomplizierte direkte Kommunikation, einfache Strukturen etc.) nicht mehr. Dann ergeben sich auf der Makroebene ganz ähnliche Fragen wie bisher auf der Mikroebene.

Einige weitere kritische Fragen stellen sich im Zusammenhang mit der Unternehmensphilosophie. Als tief im Unternehmen verankerte Grundhaltung beeinflußt sie wesentlich das Denken und Handeln der betroffenen Personen. Obwohl sich atomisierte Unternehmen in auffälligem Maße bewußt sind, daß für ihr Unternehmen nicht Homogenität, sondern Heterogenität anzustreben ist, besteht natürlich auch hier die Gefahr, daß diese Philosophie zu einer ungesunden Uniformität führt und – insbesondere dann, wenn sie an der Realität vorbeizielt – zum Hemmschuh für die zukünftige Entwicklung werden kann.

Dort, wo sie gar sektiererische Züge annimmt, droht nicht nur Inflexibilität, sondern es entwickelt sich darüber hinaus ein Verhältnis zwischen Unternehmen und Mitarbeiter, welches als höchst fragwürdig anzusehen ist. Man kann nämlich nicht auf der einen Seite von einem Menschenbild ausgehen, welches auf mündigen und reifen Mitarbeitern basiert, wenn man diese gleichzeitig in manipulativer und indoktrinärer Weise bevormunden will.

Ein weiteres grundsätzliches Problem der atomisierten Organisation ist die im Vergleich zu herkömmlichen Unternehmenskonzepten höhere Sensitivität (Mills, Corporation, 182 ff.). Sie liegt in den vielfältigen sozio-ökonomischen Wirkungsmechanismen der einzelnen Konzeptelemente begründet und kann sich im negativen Fall in tiefer und stark schwankender Unternehmens-Performance äußern.

Das Konzept stellt hohe Anforderungen an die *Fähigkeiten* jedes einzelnen Mitgliedes. Diese starke Ausrichtung auf einzelne Personen kann bei einer Idealkonstellation Grundlage für Spitzenleistungen sein, kann bei einer Fehlbesetzung aber auch zu weitreichenden Störungen führen.

Das Konzept basiert weitgehend auf intrinsischer *Motivation*. Die beschriebene Nutzen- bzw. Motivationsspirale kann natürlich durchaus in beide Richtungen verlaufen. Auch eine Bewegung mit negativem Vorzeichen ist denkbar, beispielsweise wenn langandauernder Mißerfolg zu Resignation und einer suboptimalen Nutzung von Stärken führt.

Das Konzept verlangt ein gewisses *Gleichgewicht zwischen Innen- und Außenorientierung,* zwischen Geben und Nehmen. Das Gleichgewicht kann sich zugunsten introvertierter Nabelschau verschieben, beispielsweise wenn Egoismus und Bereichsdenken zu internen Querelen führen, wenn die Zahl der Meetings ständig zunimmt, ohne daß dadurch substantielle Verbesserungen erzielt werden, kurz, wenn sich die Bedürfnisse der Systemmitglieder zunehmend zu verselbständigen beginnen.

Das Konzept verlangt *Glaube an dessen Wirksamkeit.* Wirtschaftlich schlechtere Zeiten können da eine ernsthafte Gefahr darstellen. Da werden langwierig aufgebaute Konzepte unbedacht verworfen, weil man glaubt, jetzt nur durch einen direktiven Top-Down-Ansatz erfolgreich über die Durststrecke zu gelangen. Das Vertrauen und die Begeisterung, die dabei verspielt werden, sind nachher nur schwer zurückzugewinnen. Probleme entstehen aber auch, wenn gewisse unpopuläre Entscheidungen, die in einer solchen Zeit nötig werden können, aus Angst vor einer Ablehnung durch die/einige Systemmitglieder nicht gefällt werden. In beiden Fällen ist das Konzept verwundbar.

Für den Großteil dieser Punkte gilt, daß sie bisher, unter umgekehrten Vorzeichen, bereits erwähnt wurden. Die meisten Wirkungen sind ja, mit einem positiven Vorzeichen versehen, durchaus gewollt. Es wäre also verfehlt, sie als eigentliche Konzeptschwächen zu bezeichnen. Es handelt sich bei ihnen allenfalls um potentielle Schwächen oder eben um „sensitive Bereiche", die es sorgfältig zu beobachten und zu gestalten gilt.

8. Zum Einsatz atomisierter Organisationen

Im allgemeinen ist man sich *ideell* sehr schnell einig, daß man Humanpotential ausschöpfen *sollte*. Geht es dann aber um konkrete Konzepte, wird immer wieder die *ökonomische* Machbarkeit in Frage gestellt. Man überlegt, inwieweit sich solche Konzepte auch „rechnen" lassen (wenn man die hier vorgestellten Unternehmen und insbesondere Semco betrachtet, muß man eigentlich schon die Frage als falsch gestellt bezeichnen. Diese Unternehmen sind nicht *trotz* ihrer Humankonzepte wirtschaftlich erfolgreich, sondern *wegen* dieser Konzepte).

Sehr oft wird dabei übersehen, daß für die Erhöhung der Wirtschaftlichkeit eines Unternehmens, in diesem Fall beispielsweise für die Arbeitsproduktivität, zwei Stellschrauben existieren: Kosten und Leistung. Eine Erhöhung der Arbeitsproduktivität erhält man nämlich nicht nur durch eine Senkung der mitarbeiterbezogenen Aufwendungen, sondern auch dadurch, daß man das bestehende Potential besser nutzt und dementsprechende Leistungen generiert (Laukamm/Walsh, Aktivierung, 103 f.). Für eine sinnvolle Entscheidungsgrundlage sind also sowohl Kosten- als auch Leistungsseite einer detaillierten Quantifizierung zu unterziehen. Dies kann sich in der Praxis als ausgesprochen schwierig erweisen. Und hier zeigt sich, warum die Humandimension im Unternehmen so oft von reduktiniertem Denken geprägt ist:

- Kosten sind einfacher zu erfassen als Invesititonen.
- Einzelmaßnahmen sind einfacher zu berechnen als Gesamtkonzepte.
- Kurzfristig wirksame Maßnahmen sind einfacher abzusehen als langfristige,

und schließlich sind

- Kosten oft leichter zu verstehen als Leistungen.

Dies schlägt sich deutlich im zur Zeit verfügbaren Repertoire an Instrumenten für die Beurteilung von Maßnahmen im Human-Ressource-Bereich nieder. Der Großteil dieser Berechnungsverfahren ist lediglich fähig, die Wirkung von kurzfristigen Einzelmaßnahmen zu beurteilen (Abbildung 8-1).

Der Versuch, auch weitergehende Humankonzepte auf dieselbe Art und Weise zu beurteilen, scheiterte bisher an der mangelnden Quantifizierbarkeit der relevanten Größen: Gesamtkonzepte bringen, wie dieses Buch deutlich zeigt, gegenüber Einzelmaßnahmen eine Vielzahl oft nur unvollständig nachvollziehbarer Interdependenzen mit sich. Die damit verbundenen leistungswirksamen Effekte entziehen sich häufig einer genaueren Berechnung. Während sich kurzfristig orientierte Maßnahmen im allgemeinen recht gut in Form von zusätzlichem Aufwand und Ertrag quantifizieren lassen, gilt dies nur beschränkt für langfristig angelegte Konzepte. Insbesondere der dadurch generierte Nutzen ist im voraus nur schwer abschätzbar. Diese Erfahrung mußte man beispielsweise im Zusammenhang mit Investitionsrechnungen für flexible Fertigungssysteme machen, wo bekannt ist, daß die direkten Kostenwirkungen nur den kleineren Teil des Gesamtnutzens ausmachen, indem der

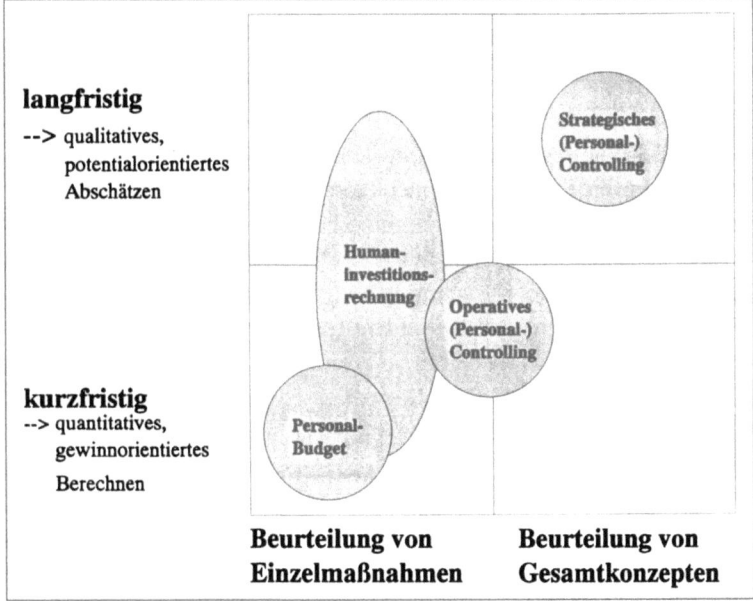

Abbildung 8-1: Überblick über heute verfügbare Methoden und Instrumente zur Beurteilung von Maßnahmen und Konzepten im Human-Resource-Bereich

Großteil der positiven Effekte in Form höherer Flexibilität, größeren Know-hows der Mitarbeiter und weiterer indirekter Wirkungen erfolgt (vgl. Wildemann, Investitionsplanung, 86). Erste Lösungsansätze für die Beurteilung dieser Konzepte bietet das strategische Controlling.

8.1 Instrumente zur Beurteilung von Humanressourcen

Beurteilung von Einzelmaßnahmen

Das traditionellste zukunftsbezogene Finanzinstrument, welches sich mit dem Menschen im Unternehmen befaßt, ist das Personalbudget als funktionale Teilrechnung der Finanzrechnung. Es handelt sich um ein kurzfristiges und, aufgrund der Beschränkung auf direkt mitarbeiterbezogene Kosten wie Gehälter, Sozialleistungen und Ausbildung, relativ reduziertes Instrument. Sein Wert wird in vielen Fällen durch das repetitive Fortschreiben von Zahlen aus der Vergangenheit noch gemindert.

Lange Zeit war diese Art Budget der einzige Ort, an welchem Bedeutung und Rolle des Menschen im Unternehmen überhaupt finanziell erfaßt wurde. Mitte der sechziger Jahre kamen dann, insbesondere in den USA, Bestrebungen in Gang, die betrieblichen Humanressourcen in einer den Sachgütern analogen Weise zu erfassen. Unter dem Begriff des „Human Resource Accounting" wurden zahlreiche Methoden entwickelt, die alle „den Prozeß des Identifizierens und Messens von Daten über die Humanressourcen und die Weiterleitung dieser Informationen an interessierte Kreise" zum Ziel hatten (Aschoff, Humanvermögen, 62). Daraus entwickelten sich verschiedene Ansätze mit unterschiedlichen Schwerpunkten: Je nach Zielsetzung standen die Erfassung der Humanressourcen zum Zwecke der Unternehmensbewertung, die Darstellung in der Jahresabschlußrechnung, Investitionsentscheide oder kostenrechnungstechnische Probleme im Vordergrund.[16]

---

16 Aschoff, Humanvermögen, 62 f. Übersichten über vorhandene Ansätze finden sich in Beyer, Personallexikon, 161 ff.; Berthel, Personal-Management, 359 ff.; Schönfeld, Accounting.

In unserem Zusammenhang interessieren vor allem die Ansätze der Investitionsrechnung. Es geht hier um den „Versuch, Investitionen in das Personal einer Unternehmung zu quantifizieren, um dadurch bessere Entscheidungsgrundlagen zu schaffen" (Aschoff, Humanvermögen, 63). Investitionen sind ja bekanntlich Ausgaben, „von denen man erwartet, daß sie zukünftige Einnahmen auslösen werden" oder „mit deren Hilfe mögliche zukünftige Ausgaben vermieden oder gesenkt werden sollen" (Witte, Investition, 211). Man müßte also annehmen, daß sich die Investitionsrechnung genau unserer Problemstellung annimmt: der Frage nämlich, wie man Wirkungen von Maßnahmen und Konzepten im Humanbereich finanziell erfassen und zu Entscheidungsgrundlagen gelangen könnte.

Beim näheren Hinsehen zeigt sich jedoch, daß die dazu verfügbaren Instrumente und Methoden von beschränktem Wert sind. Zwar sind verschiedene Verfahren zur Erfassung von Investitionen im Bereich der humanen Ressourcen vorhanden, sie greifen aber durchweg zu kurz, weil sie sich vorwiegend auf eng begrenzte Einzelinvestitionen und da größtenteils auf die Kostenseite beschränken. So handeln die von Aschoff (Humanvermögen, 73ff.) verwendeten Fallbeispiele u.a. von folgenden Investitionsentscheiden: Soll ein Mitarbeiter einen weiteren Ausbildungslehrgang durchlaufen? Soll ein zusätzlicher Mitarbeiter eingestellt werden? Soll eine neue Maschine plus die dazu notwendige Ausbildung gekauft werden? Ähnliches gilt für Spencer (Calculating, 97ff.). Der Autor benutzt folgende Illustrationsbeispiele für seine Arbeitsblätter zur Kalkulation von Human Resource Costs and Benefits: „benefits of better salesperson selection", „benefits of communications training for utility customer service representatives" oder „benefits of fewer dressing changes in a teaching hospital". Aschoff bemerkt denn im Zusammenhang mit Ausbildungsinvestitionen auch:

> „Gerade dort, wo wegen hoher Aus- und Weiterbildungsmaßnahmen eine Investitionsrechnung besonders nötig wäre, scheitert sie aufgrund der mangelnden Zurechenbarkeit der Grenzeinnahmen" (Aschoff, Humanvermögen, 107 f.).

Die Thematik verschwand aufgrund der Schwierigkeiten, die sich – nicht nur beim Investitionsansatz – mit Ansätzen der Humanvermögensrechnung ergeben haben, etwas in der Versenkung, wurde aber in neuerer Zeit unter dem Begriff „Personal-Controlling" wieder vermehrt aufgegriffen. Aber auch dieser Ansatz, welcher sich aus dem finanziellen Controlling-Gedankengut einerseits und obenerwähnten Ansätzen der Humanvermögensrechnung andererseits heraus entwickelt hat, zeigt sich in der Praxis noch vorwiegend kosten- und wenig leistungsorientiert (Wunderer, Personal-Controlling, 108).

Beurteilung von Gesamt-Konzepten

Gefragt sind also ganzheitlich und langfristig orientierte Beurteilungsinstrumente. Dies verlangt eine vermehrte Hinkehr zu qualitativem Denken und die Bereitschaft, Dinge miteinzubeziehen, welche monetär nur schlecht faßbar sind.

Dieser Aufgabe hat sich insbesondere das strategische Controlling angenommen. Es baut auf dem Gedankengut des operativen Controllings und der strategischen Planung auf und versucht, strategische Planung mit operativen Zahlen zu verbinden (Mann, Controlling, 98). Hier ist ein quantitatives „Rechnen" von Einflußfaktoren oft nur noch beschränkt möglich.

In einer überzeugenden Darstellung zeigt Mann (Controlling, 104) die Unterschiede zu den bisherigen Konzepten. Er unterscheidet dabei sieben Stufen, welche die Steuerungssysteme für Unternehmen seit der Erfindung der doppelten Buchhaltung durch den Mönch Luca Pacioli durchgemacht haben. Von Stufe zu Stufe sind wesentliche Verbesserungen und Ergänzungen sichtbar, indem sowohl der zeitliche Horizont als auch der materielle Inhalt erweitert und differenziert wurden. Der stufenweise Entwicklungsprozeß wird dabei durch vier Phasen gekennzeichnet, bei welchen man jeweils auf neue, die bisherigen Steuergrößen „vor-steuernde" Größen zurückgreifen mußte.

Die älteste und bekannteste Steuergröße ist die Substanz. Die Differenz zwischen Aktiva und Passiva zeigt uns, ob die wirtschaftliche Tätigkeit

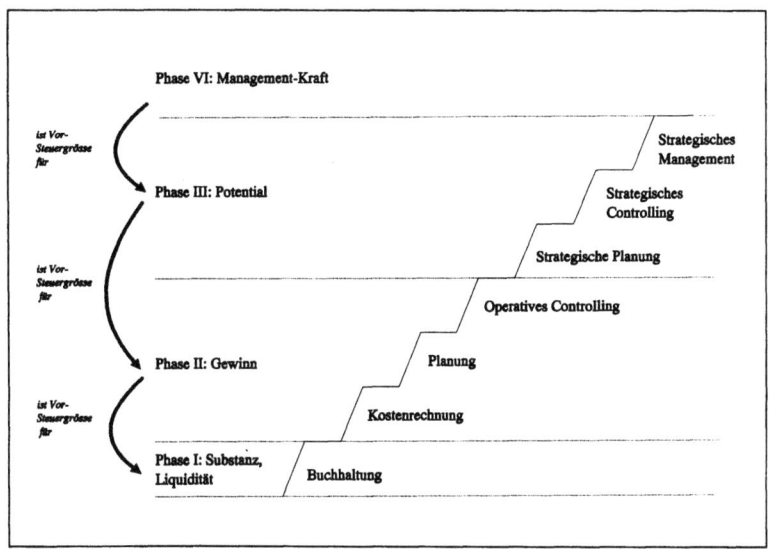

Abbildung 8-2: Entwicklungsstufen der Steuerungssysteme in Unternehmen (Mann, Controlling, 94)

im vergangenen Jahr erfolgreich war oder nicht. Ab Stufe Kostenrechnung reicht diese Größe jedoch nicht mehr. Es braucht eine Vor-Steuergröße für die Substanz: den Gewinn. Der Gewinn ist die Größe, welche später in Substanz „kristallisiert". Ab Stufe strategische Planung reicht auch der Gewinn nicht mehr. Wir brauchen die Vor-Steuergröße des Gewinns, die „Gewinnchancen der Zukunft", welche wir mit „Potentialen" umschreiben.[17]

Mann geht – und damit wird die Brücke zu unserem Thema geschlagen – noch einen Schritt über den mittlerweile stark verbreiteten Potential-Gedanken hinaus, indem er die Frage stellt, welche Vor-Steuergröße

---

[17] Vgl. hierzu den Begriff „Erfolgspotential" bei Gälweiler (Unternehmensführung, 26). Gälweiler, der eigentliche Begründer dieses Gedankengutes, versteht darunter „das gesamte Gefüge aller jeweils produkt- und marktspezifischen erfolgsrelevanten Voraussetzungen, die spätestens dann bestehen müssen, wenn es um die Erfolgsrealisierung geht." Vgl. weiter dazu den Begriff „Strategische Erfolgsposition" bei Pümpin (Management), welcher den Potentialgedanken insofern erweitert, als er zusätzlich zur Produkt- und marktmäßigen Dimension noch die funktionelle Dimension hinzufügt.

ihrerseits diese Potentiale beeinflusse. Nach ihm existiert diese in Form der „Management-Kraft".

„Diese besteht aus dem Vorstellungs-, dem Entscheidungs- und dem Umsetzungsvermögen der Führung. Die wichtigste Kraft davon ist das Vorstellungsvermögen, weil wir damit unsere geistigen Bilder des Unternehmens schaffen und damit den Rahmen definieren, in denen sich Unternehmen manifestieren können. In der Vorstellungskraft zeigt sich die Lebensenergie eines Unternehmens" (Mann, Controlling, 104).

Das Zitat macht auf einige weitreichende Konsequenzen für die Beurteilung von Human-Ressource-Konzepten aufmerksam:

Von all den Steuer- und Vor-Steuergrößen steht die menschliche Imaginations- und Schaffenskraft zuoberst. Es macht also wenig Sinn, sich mit Akribie und raffinierten Systemen den (Vor-)Steuergrößen auf unterer Ebene anzunehmen, wenn nicht gleichzeitig ein Bewußtsein für die Bedeutung dieser „obersten aller Steuergrößen" geschaffen wird und entsprechende Konzepte zu deren Beeinflussung entwickelt werden. Damit zeigt sich auch aus dieser Perspektive – wohlgemerkt derjenigen eines Controllers und nicht etwa eines Personalverantwortlichen – erneut die zentrale Bedeutung von Human-Ressource-Konzepten.

Setzt man, ganz im Sinne dieses Buches, an die Stelle von „Management-Kraft" gar die „Human-Kraft", verstanden als die Gestaltungskraft aller dem Unternehmen angehörenden Mitarbeiter, so mag man einen Eindruck von der visionären Gestaltungs- und Schaffenskraft erhalten, welche ein auf die Ausschöpfung von Humanpotential ausgerichtetes Unternehmen erzielen kann. Das „Vorstellungs-, Entscheidungs- und Umsetzungsvermögen", wie Mann diese Vor-Steuergröße nennt, läßt sich nämlich nicht auf eine Person oder Personengruppe reduzieren, sondern bedarf des Einbezugs der gesamten vorhandenen Kräfte und Talente.

Steuergröße (Potential) und Vor-Steuergröße (Management-Kraft) sind damit aber nicht mehr auf simple Zahlen reduzierbare Größen, sondern qualitative, argumentativ zu erarbeitende, auf Plausibilität, Vorstellungskraft und Intuition beruhende Ideen und Wirkungszusammenhänge. Dies gilt es zu berücksichtigen, wenn man danach trachtet, eine Vorstellung von der Wirkung von Humankonzepten zu bekommen.

Instrumente und Methoden

Die einfachste – und dabei keinesfalls schlechteste – Möglichkeit, sich ein erstes Mal mit der Thematik zu befassen, ist die unvoreingenommene Beantwortung einiger Fragen zum Stellenwert der Humanressourcen.

- Was sind unsere kritischen Erfolgsfaktoren? Welche Rolle spielen Zeit, Innovation, Service, Kosten, örtliche Verfügbarkeit?
- Welche Bedeutung fällt dabei den Humanressourcen zu?
- Was tun wir, um dieser Bedeutung zu entsprechen?
- Wo bestehen Lücken?

Abbildung 8-3: Fragenkatalog zum Stellenwert der Humanressourcen

Zu mehr Systematik und einem vertieften Einblick in Wirkungszusammenhänge verhilft die Methodik des vernetzten Denkens. Hier handelt es sich um eine Vorgehensweise, bei der „die geläufige Ursache-Wirkungs-Denkweise durch ein Denken in Kreisläufen ersetzt" wird und „Problemsituationen unter vielfältigen Gesichtspunkten in ihren Abhängigkeiten erfaßt und zielorientiert zu wesentlichen Wirkungszusammenhängen integriert werden" (Gomez/Probst, Denken). Die Fragen, die zu stellen sind, sind mehrheitlich die gleichen wie oben, doch geschieht dies a) in einer systematischeren Art und Weise und b) lassen sich damit auch vertiefte Einsichten in die Wirkungszusammenhänge einzelner Aspekte erzielen (zur genauen Vorgehensweise beim Entwickeln von Netzwerken vgl. Gomez/Probst, Denken, 3 ff. oder

Gomez/Probst, Management, 17 ff.). Wenn sich nun Faktoren, die mit den Humanressourcen im Zusammenhang stehen, als aktiv (durch andere Faktoren wenig beeinflußt, selbst aber stark beeinflussend) oder als kritisch (sowohl stark beeinflußt als auch stark beeinflussend) herausstellen, so wird es sich lohnen, sich näher mit Human Resource Konzepten auseinanderzusetzen. Handelt es sich bei einzelnen dieser Elemente gleichzeitig um lenkbare Größen, so zeigen diese auch erste Ansatzpunkte für die Gestaltung eines solchen Konzeptes. Während sich lenkbare aktive Elemente als Gestaltungsansatzpunkte geradezu anbieten, ist bei lenkbaren kritischen Elementen größere Vorsicht geboten, da sie Kettenreaktionen über das ganze System erwarten lassen (Gomez/Probst, Management, 29).

Ergänzend kann eine Vielzahl von Techniken und Instrumenten hinzugezogen werden, die teilweise bereits bei der strategischen Planung verwendet und im Rahmen der Strategielehre und des strategischen Controllings weiterentwickelt wurden (z. B. Potential-Analysen, strategische Bilanzen, Plausibilitäts-Analysen, Gap-Analysen, strategische Plan-Ist-Vergleiche, Stärken-Schwächen-Analysen). Sie helfen nicht nur die Sensibilität für die Problemstellung zu erhöhen, sondern erlauben auch die Erkennung geeigneter (Vor-)Steuergrößen. Da über diese Instrumente eine umfangreiche Literatur existiert, wird hier nicht weiter darauf eingegangen (vgl. z. B. Mann, Controlling, 105 ff. oder ähnlich: Horvath, Controlling, 244 f.).

8.2 Die Wirkung von Werthaltungen

Es lohnt sich, an dieser Stelle nochmals auf den Stellenwert der Werthaltungen zurückzukommen. Sie spielen, wie wir gesehen haben, bei der Einführung innovativer Personalkonzepte eine dominierende Rolle. Auf die Frage nach den Beweggründen für die Ausschöpfung von Humanpotential erhält man nämlich sehr oft Antworten wie „Weil wir das gut finden", „Weil es Spaß macht", „Weil es Sinn macht", also in hohem Maße wertorientierte Aussagen. Auf eine detaillierte quantitative Absicherung des Konzeptes wird weitgehend verzichtet.

Sehr deutlich kommt dies beispielsweise bei Gore zum Ausdruck. Die Frage, ob es sich bei Gores Organisationsform nicht um eine finanziell recht aufwendige Variante handle, wird durchaus bejaht. Dies sei jedoch kein Problem, solange das Unternehmen genug „Value" schaffe, führt der Personalverantwortliche Klein aus. Natürlich könne man Geld sparen, wenn man Werke zusammenlege, nur eine Kantine führe usw., und vermutlich würde das auch jeder Unternehmensberater als erstes vorschlagen. Nur sei man dann halt nicht mehr Gore. Man habe dann vermutlich andere Produkte, es spielten andere Marktmechanismen eine Rolle, man mache mehr Umsatz, aber weniger Profit. Für Gore zählt eben – das die Quintessenz von Klein – die Profitabilität. Wenn diese genügend hoch sei, dann könne man sich diese Form auch leisten.

Wieso wird gerade bei der Entwicklung von Human-Ressource-Konzepten einem spontanen, weitgehend intuitiven und von subjektiven Werthaltungen geleiteten Vorgehen das Wort geredet? Bei der Ausschöpfung von Humanpotential spielt das Phänomen der selbsterfüllenden Prophezeiungen eine nicht unwesentliche Rolle: Wenn wirklich daran geglaubt wird, daß in jedem Mitarbeiter noch Potential ruht, dann kann dieses auch zum Vorteil beider Seiten genutzt werden. Ist dies nicht der Fall, wird also ein Human-Ressource-Programm aus einer mit vielerlei Vorbehalten belasteten Grundhaltung heraus entwickelt, kann auch mit hohem finanziellen Ressourcenaufwand kaum Wesentliches entstehen. Die Bedingung, vor der Einführung eines solchen Konzeptes eine präzise Berechnung der Kosten-Nutzen-Relation vornehmen zu können, führt zwangsläufig dazu, daß man sich nur mit Maßnahmen befaßt, wo solche Berechnungen eben möglich sind. Dies wirkt in vielerlei Hinsicht limitierend. Schließlich hängt der Erfolg eines Humankonzeptes nicht von der Gestaltung des Konzeptes an sich ab, sondern von dessen praktischer Umsetzung in einem konkreten Umfeld.

8.3 Zur Atomisierung von Organisationen

Ein zweiter Fragenkreis dreht sich um die Frage der Zellteilung bzw. der Atomisierung. Sie stellt einen zentralen Konzeptbaustein dar. Sie erleichtert die Ausschöpfung von Humanpotential, indem sie das Unternehmensgeschehen für den einzelnen verständlich, gestaltbar und vor allem „gestaltungswürdig" macht.

Grundsätzliche Fragen auf dem Weg zur Atomisierung betreffen die aktuellen Rahmenparameter des Unternehmens, das Leistungsprogramm, die infrastrukturellen und die sozialen Gegebenheiten:

Zur gegenwärtigen Situation
Nach welchen Kriterien bilden wir unsere Organisationseinheiten (einzelnen Stellen, Teams)?
Welches sind unsere Strategischen Erfolgsfaktoren?
Inwieweit entspricht die Ausrichtung unserer Organisationseinheiten unseren Strategischen Erfolgsfaktoren?

Mögliche Maßnahmen
- Könnte eine Atomisierung der Strukturen helfen, uns vermehrt auf die Strategischen Erfolgsfaktoren auszurichten?
- Nach welchen Kriterien könnten wir eine solche Atomisierung durchführen?
  - Markt-spezifisch?
  - Leistungs-spezifisch?
  - Technologie-spezifisch?
  - Prozeß-spezifisch?
  - System-spezifisch?
  - andere Kriterien?
- Könnten gewisse bestehende Funktionen/Leistungen ausgegliedert werden?
- Welche Maßnahmen müßten wir dazu ergreifen?
- Geraten wir damit in Konflikt mit andern Zielen? Wenn ja, mit welchen?
- Welche Lösungsmöglichkeiten für diesen Konflikt bestehen?

Abbildung 8-4: Fragen zu den Rahmenbedingungen einer Atomisierung

Diese Konstellation gilt es nicht nur als Momentaufnahme, sondern auch aus entwicklungsdynamischer Sicht zu beurteilen. Die Geschichte des Unternehmens liefert hier wertvolle Ergänzungen zur Einschätzung der gegenwärtigen Situation. Sie kann nicht nur aufzeigen, inwieweit es sich bei der Atomisierung um ein erfolgversprechendes Wachstums- und Entwicklungskonzept handelt, sondern läßt auch wesentliche Rückschlüsse auf die mit der Umorientierung verbundenen Kraftanstrengungen zu. Engpaßfaktor bei einer gewollten Atomisierung ist sehr oft nicht die „Hardwareseite" (Infrastruktur, Logistik etc.), sondern die „Softwareseite", die bestehende Unternehmenskultur. Je früher ein Unternehmen den Weg der Atomisierung einschlägt, desto einfacher kann es in diese Denkhaltung hineinwachsen und desto früher können auch die entsprechenden Selektionsprozesse greifen.[18] Als sehr hilfreiches Instrument bei der Systematisierung dieser Fragen erweist sich erneut das Lebenszyklus-Modell von Greiner (Evolution) mit den daraus abgeleiteten Fragen.

- Wie läßt sich die Vergangenheit unseres Unternehmens charakterisieren?
- Welche Erfahrungen haben uns dabei geprägt?
- Zu welchen Überzeugungen bezüglich „sinnvoller" Strukturen bzw. „sinnvollen" Organisierens schlechthin sind wir dabei gelangt?
- Wo bestehen die Hauptindernisse bei einer Atomisierung?
- Materielle Hindernisse
  - bestehende Infrastruktur/Logistik, z. B. Produktionsanlagen
  - vorhandene Fähigkeiten, z. B. Führungs-Know-how
- „grundsätzliche" Hindernisse
  - Markt-spezifische
  - Leistungs-spezifische
  - Technologie-spezifische
  - Prozeß-spezifische
  - System-spezifische
  - andere
- Ideelle Hindernisse
  - Mentalität des Managements (z. B. Machtaspekte)
  - Mentalität der Mitarbeiter

Abbildung 8-5: Fragen zur Geschichte des Unternehmens

---

18 Natürlich gibt es auch Gegenbeispiele: Die Aussplittung der fusionierten ABB in über 3000 Profit-Centers (Hirn, Brüter, 217) scheint recht erfolgreich zu verlaufen. Hier ist jedoch zu beachten, daß vielerlei andere Beweggründe (strategische, produktionstechnische etc.) mindestens so bedeutend sind wie die Ausschöpfung von Humanpotential.

Bei der Beantwortung obenstehender Fragen sollten zwei Aspekte nicht außer acht gelassen werden: Dem Entscheid für oder wider Atomisierung kommt eine besondere Tragweite zu. Das Problem der Atomisierung ist zentraler Konzeptbaustein. Es darf deshalb nicht isoliert betrachtet werden. Atomisierung ist eine eigentliche „conditio sine qua non" für die effektive Ausschöpfung von Humanpotential. Sie kann sich somit auch dann lohnen, wenn einzelne der genannten Aspekte dagegen sprechen würden. Darüber hinaus ist immer wieder kritisch zu hinterfragen, welche dieser Rahmenbedingungen *tatsächlich* gegeben sind und welche man längerfristig durchaus *verändern* kann.

8.4 Anwendungsmöglichkeiten und Grenzen des Konzeptes

Bevor man sich für oder wider ein Konzept der Atomisierung entscheidet, sollte man folgende Aspekte betrachten: das Leistungsprogramm, die verwendete Technologie und verschiedene Parameter der Unternehmensinwelt.

Atomisierte Strukturen eignen sich einmal dort, wo das *Leistungsprogramm* einem starken *Innovationsdruck* ausgesetzt ist. In unseren Fallbeispielen zeigt sich das insbesondere bei Gore und bei Ebnöther. Sie versuchen gezielt, atomisierte Strukturen zur Erhöhung der Innovationsrate einzusetzen.

Atomisierung macht weiter dort Sinn, wo den erbrachten Leistungen ein hoher *Individualitätsgrad* zukommt. Teilweise hängt dies direkt mit einem hohen Innovationsgrad zusammen, z. B. bei der Ebnöther-Gruppe, welche die hohe Innovationsrate unter anderem dadurch erzielt, daß sie, in enger Zusammenarbeit mit dem Kunden, ständig neue, kundenspezifische Problemlösungen entwickelt. Um in hohem Maße individuelle Leistungen handelt es sich aber auch bei vielen Dienstleistungen, ohne daß dies direkt mit einem hohen Innovationsdruck verbunden sein muß. Als Beispiele seien hier nur die Gastronomie, die

Hotellerie, aber auch diverse handwerkliche Branchen genannt. In diesen Bereichen dürfte durch entsprechende Subsystemgestaltung noch einiges an Potential freigelegt werden können.

Atomisierung empfiehlt sich weiter bei einer relativ großen *Heterogenität* des Leistungsprogramms. Diese kann sich sowohl auf die Produkte als auch auf die bedienten Märkte oder die verwendeten Technologien beziehen.

Schließlich ist auch die *Risikodimension* von Bedeutung. Eine weitestgehende Atomisierung wird dort problematisch, wo bereits kleinste Fehler ein existentielles Gefahrenpotential für das Gesamtunternehmen oder gar die ganze Gesellschaft darstellen könnten. Man denke hier beispielsweise an verschiedene Bankdienstleistungen, an Biotechnologie oder an Arbeiten mit hochtoxischen Substanzen etc.

Bei der *Technologie* erleichtert ein humanzentrierter – im Gegensatz zu einem technozentrierten – Ansatz die Atomisierung beträchtlich. „Humanzentriert" meint dabei eine Technologieausrichtung, welche sich am Menschen orientiert, welche eine Funktionsteilung zwischen Mensch und Maschine sucht, die den gegenseitigen Stärken gerecht wird. Ein Ansatz also, welcher dem Menschen Initiative, Bewertung und Entscheid überläßt und ihm die Technologie dazu als Hilfsmittel zur Seite stellt. Im Gegensatz dazu der (heute vorherrschende) technozentrierte Ansatz, welcher konventionelle Prozesse unverändert läßt, vorwiegend tiefere Personalkosten bei höherer Prozeßkontrolle anstrebt und dabei den Menschen zum Lückenbüßer für maschinelle Unzulänglichkeiten degradiert (Brödner, Mensch, 7 ff.).

Bei den *internen Gegebenheiten* ist vor allem die herrschende *Unternehmenskultur* von Bedeutung. Diejenigen Unternehmen, die über eine „zukunfts- und umweltorientierte" (Bleicher, Chancen, 69) Kultur verfügen, werden sich mit einem solchen Konzept viel leichter tun als Unternehmen, welche von einer „vergangenheits- und inweltorientierten" Kultur geprägt sind.

Von Bedeutung ist auch das vorhandene *Bildungsniveau*. Unternehmen, welche vorwiegend gering ausgebildete Hilfskräfte beschäftigen,

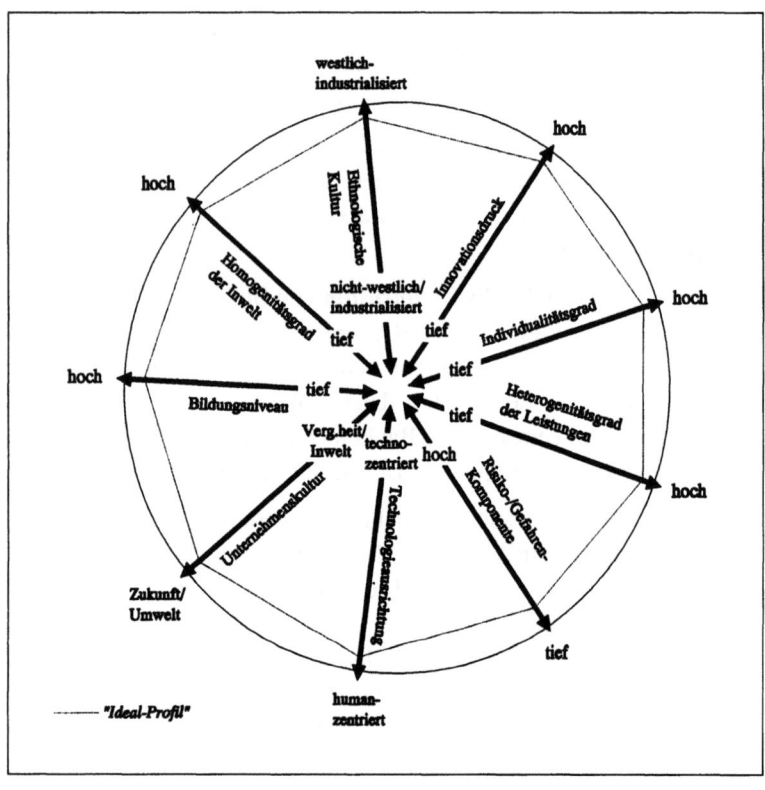

Abbildung 8-6: Zu beachtende Rahmenparameter bei der Anwendung atomisierter Strukturen

werden das Konzept nur beschränkt oder mit Adaptionen verwenden können. (Wobei festzuhalten ist, daß die Definition eines „minimal notwendigen Bildungsniveaus" wieder in großem Maße werthaltungsabhängig ist.)
Weiter ist das hier aufgezeigte Konzept auf ein industrialisiertes und mehrheitlich *westlichem Gedankengut* verpflichtetes Land ausgerichtet. Andere Länder und Kulturen verfügen über teilweise weitreichende Unterschiede in den Werthaltungen und Mentalitäten. In den vergan-

genen Jahren hat sich mehrfach gezeigt, daß die diesbezüglichen Differenzen nicht zu unterschätzen sind. Die Diskussion um japanische Management-Ansätze, aber auch all die Probleme mit Entwicklungsprojekten in der Dritten Welt, sind deutliche Hinweise.

Schließlich ist eine gewisse (keinesfalls vollständige) *Homogenität* bei diesen internen Kriterien (Werthaltungen, Unternehmenskultur, Bildungsniveau) nötig. Eine zu starke Heterogenität erschwert die Ausrichtung auf ein konsistentes Unternehmenskonzept.

Die Ausführungen sind in Abbildung 8-6 zusammengefaßt. Die Darstellung in einem „Idealprofil" soll darauf hinweisen, daß bei einzelnen Aspekten durchaus Abweichungen von den Idealbedingungen möglich sind, ohne daß dadurch die Verwendbarkeit des Ansatzes als solcher in Frage gestellt würde.

Sachzwang oder Option?

Es wurde immer wieder darauf hingewiesen, daß bei der Beurteilung von Human-Konzepten den Werthaltungen eine zentrale Bedeutung zukommt. Es soll deshalb auch bewußt von „Sinnhaftigkeit" und nicht von „Machbarkeit" oder „Anwendbarkeit" die Rede sein.

Ein Unternehmen, welches sich in einer Konstellation wiederfindet, die eine Anwendung atomisierter Strukturen als wenig erfolgreich erscheinen läßt, muß sich fragen, ob es dies nun einfach akzeptieren soll. Soll es die Rahmenbedingungen als „Facts", als unabänderliche Tatsachen annehmen, oder müßte es unter dem Eindruck wandelnder Anforderungen nicht nach Möglichkeiten suchen, diese Situation gezielt zu verändern? Nicht selten erweisen sich vermeintliche Sachzwänge bei näherem Hinsehen durchaus als beeinfluß- und veränderbar. Sehr oft handelt es sich dabei weniger um die Frage des kurzfristigen *Könnens* als um Fragen des langfristigen *Wollens*. Rufen wir uns dazu nochmals einige bereits erwähnte zentrale Aussagen von Unternehmensvertretern in Erinnerung:

„Die Arbeit steht für den jungen Menschen in unmittelbarer Konkurrenz zu anderen Interessen." (Stocker, Spaß, 2)

„Die Leute wollen für ein Unternehmen arbeiten, das ganzheitlich denkt und Freundschaften schafft. Und sie wollen keine Produkte kaufen, die nur Profit bringen. Sie wollen Sympathie spüren." (Duttweiler, Natur, 65)

„Die Menschen wollen nicht auf der einen – beruflichen – Seite die Fassade wahren und auf der anderen – privaten – Seite ‚sie selbst' sein. Und sie wollen nicht zwischen Familie oder Beruf, Freizeit oder Erfolg wählen. Sie wollen die Dinge ‚unter einen Hut' bringen." (Knoblauch, Unternehmenskultur, 82)

Die Aussagen machen klar, daß sich jedes Unternehmen vermehrt fragen muß, was es eigentlich – über die reine Leistungserstellung für Drittpersonen hinaus – den eigenen Systemmitgliedern anzubieten hat. Vermag es auch *Spaß, Sinn* und *Anerkennung* zu bieten, oder beschränkt es sich auf letzteres und dessen materielle Dimension allein? Es scheint, daß diese Elemente mehr und mehr – im Zusammenspiel mit den eigentlichen Marktleistungen – über den Erfolg eines Unternehmens entscheiden werden.

„Das erfolgreiche Wirtschaftsunternehmen der Zukunft wird nicht mehr nur ein System zur Produktion von Gütern und Dienstleistungen sein, sondern im selben Maße ein sozio-kulturelles System, daß „Wertschöpfung" auch in einem nicht bezifferbaren Sinne betreibt." (Kübel, Ressource, 20)

Ein Unternehmen, welches feststellt, daß es in dieser Hinsicht wenig zu bieten hat, sollte sich ernsthaft überlegen, wie es sich aus dieser Situation „herausmanövrieren" kann. In vielen Fällen wird dies zu einer gezielten Auseinandersetzung mit den obengenannten Rahmenparametern führen und vielleicht sogar dazu, daß man sich absichtlich aus

Aktivitäten zurückzieht, welche diesen Anforderungen nach Sinn und Spaß nicht gerecht werden, daß man zukünftige Ventures bewußt auf diese Dimensionen hin prüft oder daß man sich technologisch von Grund auf neu ausrichtet.

9. Schlußbemerkungen

Bereits während der Entstehung dieses Buches hatte der Autor verschiedentlich Gelegenheit, in Referaten und Diskussionen das hier entwickelte Gedankengut zu vertreten. Dabei wurde deutlich, daß trotz einhelliger verbaler Beipflichtung zur Wichtigkeit der Thematik noch vielerlei Berührungsängste existieren.

Weiterreichende Maßnahmen werden mit Hinweisen auf branchenbedingte oder unternehmensspezifische Hindernisse oft (vor-)schnell verworfen. Auch werden im allgemeinen die finanziellen (Kosten-)Implikationen einseitig in den Vordergrund gestellt.

Dabei wird übersehen, daß ein erfolgreiches Humankonzept weniger durch besonders raffinierte und ausgeklügelte Konzeptbausteine brilliert als vielmehr durch ein stimmiges Ganzes. Was zählt, ist nicht in erster Linie ein aufwendiges und kostenintensives Incentivesystem, sondern ein umfassendes Unternehmenskonzept, welches den Sinn-Bedürfnissen der Mitarbeiter entgegenkommt. Materielle Entgeltbestandteile sind dabei eines von vielen Elementen.

Gefragt sind also nicht finanzstarke Unternehmen, die sich ein solches Konzept leisten können, sondern innovative, visionsgetriebene Unternehmen, die bereit sind, sich mit teilweise unkonventionellen Ansätzen auseinanderzusetzen. Unternehmen, die bereit sind, nicht nur nach dem „Machbaren", sondern vermehrt nach dem „Sinnvollen" und damit „Wünschbaren" zu fragen. Hier liegt gerade die Chance für kleinere und mittlere Unternehmen, welche noch von einer gewissen Flexibilität profitieren können und zumindest teilweise noch von starken Gründerpersönlichkeiten geprägt sind. Sie scheinen für eine solche Umorientierung besonders gute Chancen zu haben.

Literaturverzeichnis

ACKERMANN, K. F.: Strategisches *Personalmanagement* auf dem Prüfstand. Kritische Fragen an ein zukunftsorientiertes Konzept der Personalarbeit. In: K. F. Ackermann, G. Danert, P. Horváth (Hrsg.): Personalmanagement im Wandel. Stuttgart: Poeschel, 1989, 1–29.

ACKOFF, R. L.: Redisigning the *future*. New York u. a.: John Wiley & Sons, 1974.

ADIA JOURNAL: *Fluktuations-Potential*: 50 Prozent! 1990, Nr. 2, 1–2.

ADIA JOURNAL: Umwerben ja, aber nicht um jeden *Preis*. 1990, Nr. 2, 2–3.

ALTMANN, H. CH.: *Motivation* der Mitarbeiter. Methoden, Konzepte, Erfolgsbeispiele. Frankfurt a. M.: Frankfurter Allgemeine Zeitung, 1989.

ASCHOFF, CH.: Betriebliches *Humanvermögen*. Wiesbaden: Gabler, 1978.

BENNIS, W. & NANUS, B.: *Leaders*. New York: Harper & Row, 1985.

BERTELSMANN: *Sozialbilanz* 1988/89.

BERTHEL, J.: *Personal-Management*: Grundzüge für Konzeptionen betrieblicher Personalarbeit. Stuttgart: Poeschel, 1989.

BEYER, H. T.: *Personallexikon*. München, Wien: Oldenbourg, 1990.

BIHL, G.: Unternehmen und *Wertewandel*: Wie lauten die Antworten für die Personalführung? In: H. Simon (Hrsg.): Wertewandel als Herausforderung für die Unternehmenspolitik. Stuttgart: Schäffer, 1987, 53–61.

BLAKE, R. R. & MOUTON, J. S.: The managerial *grid*. The key to leadership excellence. Houston, Texas: Gulf, 1984.

BLEICHER, K.: *Organisationsformen*, mehrdimensionale. In: E. Grochla (Hrsg.): Handwörterbuch der Organisation Stuttgart: Poeschel, 1969, 1518–1526.

BLEICHER, K.: Formen und Modelle der *Organisation*: Idealmodelle als Alternativen. Wiesbaden: Gabler, 1981.

BLEICHER, K.: *Grenzen* des Rechnungswesens für die Lenkung der Unternehmensentwicklung. In: W. Lücke (Hrsg.): Betriebswirtschaftliche Steuerungs- und Kontrollprobleme: Wissenschaftliche Tagung des Verbandes der Hochschullehrer für Betriebswirtschaft e. V. an der Universität Göttingen 1987. Wiesbaden: Gabler, 1988, 33–47.

BLEICHER, K.: *Chancen* für Europas Zukunft. Führung als internationaler Wettbewerbsfaktor. Frankfurt am Main: Frankfurter Allgemeine Zeitung; Wiesbaden: Gabler, 1989.

BLEICHER, K.:*Vergleich* von Leitungssystemen. In: K. Macharzina, M. Welge (Hrsg.): Handwörterbuch Export und Internationale Unternehmung. Stuttgart: Poeschel, 1989, 1288–1303.

BLEICHER, K.: *Zukunftsperspektiven* organisatorischer Entwicklung. Von strukturellen zu humanzentrierten Ansätzen. ZFO, 1990, 59, H. 3, 152 – 161.
BLEICHER, K. & MEYER, E.: *Führung* in der Unternehmung. Reinbek: Rowohlt, 1976.
BÖCKMANN, W.: Der *Antrieb* muß von innen kommen. Manager Magazin, 1978, 8, H. 7, 57–64.
BÖCKMANN, W.: Sinn-orientierte *Leistungsmotivation* und Mitarbeiterführung. Stuttgart: Ferdinand Enke, 1980.
BORTZ, J.: Lehrbuch der empirischen *Forschung* für Sozialwissenschaftler. Berlin u. a.: Springer, 1984.
BRÄNDLE, R.: *Organisationsstruktur*. In: Management-Enzyklopädie. Das Managementwissen unserer Zeit. Siebenter Band. München: Moderne Industrie, 1984, 420–435.
BRAUCHLIN, E.: Problemlösungs- und *Entscheidungsmethodik*. Bern und Stuttgart: Haupt, 1984.
BRÖDNER, P.: *Mensch* oder Technik im Mittelpunkt? Computerworld Focus, Newton MA, Nr. 4, 3. April 1989, 4–14.
BUEHNER, R.: *Management Holding*. DWB, 1987, 47, H. 1, 40–49.
BUNDESAMT FÜR STATISTIK: *Hauptszenario* 2A-86 zur Entwicklung der Wohnbevölkerung 1986–2025. In: Bundesamt für Statistik: Szenarien zur Entwicklung der Bevölkerung in der Schweiz 1986–2025. Presserohstoff Nr. 7/1987.
BUNDESAMT FÜR STATISTIK: Statistisches Jahrbuch der Schweiz *1990*. Zürich: Neue Zürcher Zeitung, 1989.
BUNDESAMT FÜR STATISTIK: Statistisches Jahrbuch der Schweiz *1991*. Zürich: Neue Zürcher Zeitung, 1990.
BURKART, R.: *Kommunikationswissenschaft*. Wien, Köln: Böhlau, 1983.
BURLINGHAM, B.: This *woman* has changed business forever. Inc., 1990, 12, June, 34–46.
BURMANN, H.: Die Arbeitsmotivation von *Führungskräften* der deutschen Wirtschaft. Gütersloh: Institut für Wirtschafts- und Gesellschaftspolitik IWG Bonn, Bertelsmann Stiftung, 1985.
CARLZON, J.: Alles für den *Kunden*. Frankfurt: Campus, 1988.
CHANDLER, A. D.: The visible *hand*. The Managerial Revolution in American Business. Cambridge, Mass.: The Belknap Press of Harvard University Press, 1977.
CHOPRA, D.: Die heilende *Kraft*. Bergisch Gladbach: Gustav Lübbe, 1990.
CORRELL, W.: *Motivation* und Überzeugung. München: Moderne Industrie, 1976.
DAVIS, J. L.: The *secret*? Inc., 1987, 9, November, 36–47.

DEAL, T. & KENNEDY, A.: Unternehmenserfolg durch *Unternehmenskultur*. Bonn: Norman Rentrop, 1987.
DÖBERT, R.: *Sinnstiftung* ohne Sinnsystem. In: W. Fischer, W. Manhold: Religionssoziologie als Wissenssoziologie. Stuttgart, Berlin, Köln, Main: Kohlhammer, 1978, 52 f.
DOSTAL, W.: Datenverarbeitung und *Beschäftigung*. Mitteilungen aus der Arbeitsmarkt- und Berufsforschung, 1984, 17, H. 4, 490–505.
DOSTAL, W.: *Informationstechnik* und Informationsbereich im Kontext aktueller Prognosen. Mitteilungen aus der Arbeitsmarkt- und Berufsforschung, 1986, 19, H. 1, 134–144.
DRUCKER, P.: The Practice of *Management*. New York: Harper, 1954.
DRUCKER, P.: Die *Praxis* des Managements. Düsseldorf: Econ, 1971.
DRUCKER, P.: Neue *Management-Praxis*. Zweiter Band: Methoden. Düsseldorf, Wien: Econ, 1974.
DRUCKER, P.: *Management*. London: Heinemann, 1974.
DUCH, K. CH.: Strategisches Management der *Human-Ressourcen*. In: N. Wieselhuber, A. Töpfer (Hrsg.): Strategisches Marketing. Landsberg am Lech: Moderne Industrie, 1984, 373–390.
DUTTWILER, C.: Kapital aus der *Natur*. Schweizer Illustrierte. 1988, 77, H. 22, 63–65.
DYLLIK, TH.: Management als *Sinnvermittlung*. GDI Impuls, 1983, 1, H. 3, 3–12.
EBNÖTHER: *Profil* einer Gruppe.
EBNÖTHER-GRUPPE: *Führungsleitbild*. 1988.
EBNÖTHER: *Sicherheits- und Umweltleitbild*. 1989.
EBNÖTHER: Ebnöther *1989*.
EBNÖTHER: Ebnöther *1990*.
EINSIEDLER, H. E.: *Arbeitszeit* von Führungskräften. Unveröffentlichte Daten. Liblar: Universitätsseminar der Wirtschaft, 1985.
FIEDLER, F. E.: A Theory of *Leadership* Effectiveness. New York: McGraw-Hill, 1967.
FLIK, H.:The *ameba* concept. In: H. Simon (Hrsg.): Herausforderung Unternehmenskultur. Stuttgart: Schäffer, 1990, 91–129.
FRANKL, V. E.: Der Mensch auf der Suche nach *Sinn*. Freiburg: Herder, 1959.
FRANKL, V. E.: Ärztliche *Seelsorge*. München: Kindler, 1975.
FRANKL, V. E.: Der *Wille* zum Sinn. Bern, Stuttgart, Wien: Huber, 1982.
FRESE, E.: Zum Vergleich von *Führungsmodellen*. In: J. Wild (Hrsg.): Unternehmungsführung. Berlin: Drucker u. Humblot, 1974.
FÜRSTENBERG, F.: *Wandel* in der Einstellung zur Arbeit – Haben sich die Menschen oder hat sich die Arbeit verändert? In: H. Simon (Hrsg.): Werte-

wandel als Herausforderung für die Unternehmenspolitik. Stuttgart: Schäffer, 1987, 17–22.
GÄLWEILER, A.: Strategische *Unternehmensführung*. Frankfurt: Gabler, 1987.
GOMEZ, P.: *Modelle* und Methoden des systemorientierten Managements. Bern und Stuttgart: Haupt, 1981.
GOMEZ, P.: Die Organisation der *Autonomie*. Neue Denkmodelle für die Unternehmensführung. ZFO, 1988, 57, H. 6, 389–393.
GOMEZ, P. & PROBST, G. J. B.: Vernetztes Denken im *Management*. Die Orientierung, Nr. 89, Bern: Schweizerische Volksbank, 1987.
GOMEZ, P. & PROBST, G. J. B. (Hrsg.): Vernetztes *Denken*. Unternehmen ganzheitlich führen. Wiesbaden: Gabler 1989.
GREINER, L. E.: *Evolution* und Revolution im Wachstum von Organisationen. Harvard Manager, 1982, 4, H. 3, 7–15.
GRIEPENKERL, H.: Was uns die japanische *Personalführung* lehrt. Harvard Manager, 1990, 12, H. 1, 14–20.
HACKMAN, J. R.: *Work design*. In: R. M. Steers, L. W. Porter: Motivation and Work Behavior. New York: McGraw-Hill, 1975, 490–516.
HALLE, C. M. & NEUPERT, K.: *Franchising*. In: Management-Enzyklopädie. Das Managementwissen unserer Zeit in 6 Bänden. Zweiter Band. München: Moderne Industrie, 1971, 1066–1076.
HARTFELDER, D.: Management als *Sinnvermittlung*? Die Unternehmung, 1984, 38, H. 3, 373–395.
HARTFELDER, D.: Unternehmen und Management vor der *Sinnfrage* – Ursachen, Probleme und Gestaltungshinweise zu ihrer Bewältigung. Diss. St. Gallen, 1989.
HEDBERG, B.: Organisations as *Tents*. Über die Schwierigkeit, Organisationen flexibel zu gestalten. In: H. H. Hinterhuber, S. Laske (Hrsg.): Zukunftsorientierte Unternehmenspolitik. Freiburg: Rombach, 1984, 13–47.
HEIDEMANN, F. J.: Die Arbeitsmotivation von Arbeitern und *Angestellten* der deutschen Wirtschaft. Gütersloh: Institut für Wirtschafts- und Gesellschaftspolitik IWG Bonn, Bertelsmann Stiftung, 1987.
HEINEN, E.: Entscheidungsorientierte Betriebswirtschaftslehre und *Unternehmenskultur*. ZfB, 1985, 55, H. 10, 980–990.
HEINEN, E. & DILL, P.: *Unternehmenskultur* aus betriebswirtschaftlicher Sicht. In: H. Simon (Hrsg.): Herausforderung Unternehmenskultur. Stuttgart: Schäffer, 1990, 12–24.
HEINTEL, P. & KRAINZ, E. E.: *Projektmanagement*. Eine Antwort auf die Hierarchiekrise? Wiesbaden: Gabler, 1988.
HEISMANN, G.: Die *Spielmacher*. Manager Magazin, 1988, 20, H. 5, 182–186.

HENDERSON, B. D.: Die *Erfahrungskurve* in der Unternehmensstrategie. Frankfurt, New York: Herder & Herder, 1974.
HENTZE, J.: *Personalwirtschaftslehre*. Band 1 und 2. Bern: Haupt, 1977.
HENZLER, H. & RALL, W.: *Management-Holding*: Leistungsfähige Strukturalternative, aber kein Allheilmittel. Kommentar zum Beitrag von R. Bühner „Management-Holding" in DBW, 1987, 47, H. 1. DBW, 1987, 47, H. 2, 229–232.
HERSEY, P. & BLANCHARD, K. H.: *Management* of organizational behavior: Utilizing human resources. New York: Englewood Cliffs, 1977.
HERZBERG, F. H. ET AL.: The *motivation* to work. New York: Wiley, 1959.
HERZBERG, F. H.: One more time: How do you motivate *employees*? Harvard Business Review, 1968, 46, H. 1, 53–62.
HIGH TECH: *Multi-Market-Show*. 1988, H. 11, 88–90.
HILB, M.: Rahmen und Gestaltungsbedingungen der *Personalarbeit* (Personalpolitik). Skript, WS 1990/91, Hochschule St. Gallen.
HILL, W., FEHLBAUM, R., & ULRICH, P.: *Organisationslehre*. Band 1 und 2. Bern: Haupt, 1981.
HILTI INTERNATIONAL: *Personalentwicklung* im Gespräch. Dezember 1990, 12–19.
HIRN, W.: Schneller *Brüter*. Manager Magazin, 1988, 18, H. 9, 213–218.
HOF VON, G.: Vernetztes *Denken* und Handeln bei der Führung von Arbeitsgruppen und eines Projektes – Dargestellt an Beispielen aus der Allianz Versicherung. In: P. Gomez, G. J. B. Probst (Hrsg.): Vernetztes *Denken*. Unternehmen ganzheitlich führen. Wiesbaden: Gabler 1989, 181–205.
HOFFMANN, F.: *Anmerkungen* zum Beitrag von R. Bühner „Management-Holding" in DBW, 1987, 47, H. 1. DBW, 1987, 47, H. 2, 232–234.
HOFSTÄTTER, P. R.: *Gruppendynamik*. Eine Kritik der Massenpsychologie. Hamburg: Rowohlt, 1957.
HOFSTEDE, G.: Culture's *Consequences*; International Differences in Work-Related Values. Beverly Hills, London: Sage, 1985.
HORVATH, P.: *Controlling*. Vahlens Handbücher der Wirtschafts- und Sozialwissenschaften. München: Vahlen, 1990.
HOWELL, J. P. U. A.: *Substitutes* for leadership. Effective Alternatives to ineffective leadership. Organizational Dynamics, 1990, 19, Summer, 21–38.
HUG, K.: *Human-Resources-Entwicklung*: Worum geht es? IO Management Zeitschrift, 1990, 59, H. 2, 28–30.
HUMBLE, J.: Praxis des Management by *Objectives*. München: Moderne Industrie, 1972.
IACOCCA, L.: Mein amerikanischer *Traum*. Düsseldorf: Econ, 1988.
INGELHART, R.: The silent *revolution*. Princeton: Princeton Press, 1977.
JAY, A.: Die unnütze *Organisation*. Bern, München, Wien: Scherz, 1972.

JAHODA, M.: Wieviel *Arbeit* braucht der Mensch? Arbeit und Arbeitslosigkeit im 20. Jh. Weinheim und Basel: Beltz, 1983.

JOHANSSON, B.: Human Resources *Management* wird Pflichtfach für jedes Unternehmen. IO Management Zeitschrift, 1990, 59, H. 2, 43–45.

KAPPELER, E.: *Komplexität* verlangt Öffnung. In: W. Kirsch, A. Picot (Hrsg.): Die Betriebswirtschaftslehre im Spannungsfeld zwischen Generalisierung und Spezialisierung. Edmund Heinen zum 70. Geburtstag. Wiesbaden: Gabler, 1989.

KIESER, A.: Klassische *Organisationslehre,* empirische Organisationsforschung und Organisationspraxis. In: A. Kieser (Hrsg.): Organisationstheoretische Ansätze. München: Vahlen, 1981, 201–214.

KIESER, A. & SEGLER, T.: Quasi-mechanistische Situative *Ansätze.* In: A. Kieser (Hrsg.): Organisationstheoretische Ansätze. München: Vahlen, 1981, 173–184.

KIESER, A. & KUBICEK, H.: *Organisation.* Berlin, New York: de Gruyter, 1983.

KIESER, A.:*Veränderungen* der Organisationslandschaft. Neue Techniken lösen magisches Dreieck der Organisation auf. ZFO, 1985, 54, H. 5/6, 305–312.

KIESER, A.: Wie rational kann man die *Organisation* einer Unternehmung gestalten? Die Unternehmung, 1985, 39, H. 4, 367–378.

KLAGES, H.:*Werteorientierungen* im Wandel. Rückblick, Gegenwartsanalyse, Prognosen. Frankfurt: Campus, 1984.

KLAGES, H.: *Indikatoren* des Wertewandels. In: H. Simon (Hrsg.): Wertewandel als Herausforderung für die Unternehmenspolitik. Stuttgart: Schäffer, 1987, 1–16.

KNOBLAUCH, E.: Ist *Unternehmenskultur* international übertragbar? In: Manager-Magazin (Hrsg.): Imageprofile. Düsseldorf: Econ, 1990, 75–83.

KOBI, J. M.: *Human Resources* im kulturellen und strategischen Kontext. Die Orientierung, Nr. 97. Bern: Schweizerische Volksbank, 1990.

KOBI, J. M. & WÜTHRICH, H. A.:*Unternehmenskultur* verstehen, erfassen und gestalten. Landsberg/Lech: Moderne Industrie, 1986.

KOCH, H.: Ein starkes *Team.* Manager Magazin, 1988, 20, H. 2, 176–183.

KÖCHLI, Y. D.: Die *Frau,* die Frauen pflegt, ohne Tiere zu quälen. Die Weltwoche, Zürich. Nr. 7, 16. Februar 1989, 21.

KOTTER, J. P.: The *leadership* factor. New York: Free Press, 1988.

KRÜGER, W.: Hier irrten *Peters* und Waterman. Harvard Manager, 1989, 11, H. 1, 13–18.

KRULIS-RANDA, J. S.: Strategie und *Personalmanagement.* Konfusion über einen unternehmungspolitischen Wandel. In: Ch. Lattmann (Hrsg.): Personal-Management und Strategische Unternehmensführung. Heidelberg: Physica, 1987, 3–12.

KUBICEK, H. & KIESER, A.: *Organisationsforschung, Vergleichende*. In: Grochla, E. (Hrsg.): Handwörterbuch der Organisation. Stuttgart: Poeschel, 1980, 1534–1557.

LATTMANN, CH.: Führungsstil und *Führungsrichtlinien*. Bern, Stuttgart: Haupt, 1975.

LATTMANN, CH.: Die verhaltenswissenschaftlichen Grundlagen der *Führung* des Mitarbeiters. Bern: Paul Haupt, 1981.

LATTMANN, CH.: Einleitung: Die seit dem zweiten Weltkrieg in der Unternehmensumwelt eingetretenen *Veränderungen*. In: Ch. Lattmann, J. K. Krulis-Randa (Hrsg.): Die Aufgaben der Personalabteilung in einer sich wandelnden Umwelt. Heidelberg: Physica, 1989, 1–22.

LAUKAMM, TH.: Strategisches Management von *Human-Ressourcen*. In: G. Cisek, U. Schäkel, J. Scholz (Hrsg.): Personalstrategien der Zukunft. Hamburg: Windmühle, 1988, 39–88.

LAUKAMM, TH. & WALSH, I.: Die *Aktivierung* des geistigen Potentials des Unternehmens. In: Arthur D. Little International (Hrsgt.): Management im Zeitalter der strategischen Führung. Wiesbaden: Gabler, 1987, 103–112.

LENTZ, B.: Ein *Stückle* anders. Manager Magazin, 1989, 19, H. 4, 280–286.

LEUMANN, G.: *Unterwegs* zur ökologisch bewußten Unternehmensführung. Wirtschaftspolitische Mitteilungen, 1990, 46, H. 9, 1–29.

LEUMANN, G.: Elemente der dynamischen *Unternehmensführung* am Beispiel der Ebnöther-Gruppe. Grundlagen zum Referat im Rahmen des ZfU-Seminars „Dynamische Unternehmungsführung" vom 24. Januar 1991.

LEVERING, R., MOSKOWITZ, M., & KATZ, M.: The 100 best *companies* to work for in America. Massachusetts: Addison-Wesley, 1984.

LEWIN, K., LIPPIT, R., & WHITE, R. K.: *Patterns* of aggressive behaviour in experimentally created „social climates". Journal of Social Psychology, 1939, 10, H. 10, 271–299.

LIKERT, R.: New Patterns of *Management*. New York: McGraw-Hill, 1961.

LÜCHINGER, R.: *Sinnenfreude* und Arbeitskrampf. Bilanz, 1990, H. 3, 126–135.

LUHMANN, N.: Zweckbegriff und *Systemrationalität*. Frankfurt: Suhrkamp, 1973.

LUHMANN, N.: *Vertrauen*. Ein Mechanismus der Reduktion sozialer Komplexität. Stuttgart: Enke, 1989.

MACCOBY, M.: *Gamesman*. New York: Simon & Schuster, 1976.

MACCOBY, M.: *Leader*. New York: Simon & Schuster, 1981.

MACCOBY, M.: Warum wir *arbeiten*. Motivation als Führungsaufgabe. Frankfurt, New York: Campus, 1989.

MANN, R.: Strategisches *Controlling*. In: E. Mayer, J. Weber (Hrsg.): Handbuch Controlling. Stuttgart: Poeschel, 1990, 91–116.
MARKETING: DIY trade hammers out its *differences*. Auckland. April 1990, 24–30.
MASLOW, A. H.: *Motivation* and Personality. New York, Evanston, London: Harper, 1954.
MC GREGOR, D.: The *human* side of enterprise. New York: McGraw-Hill, 1960.
MCCLELLAND, D. C. & WINTER, D. G.: *Motivating* economic achievement. New York: Free Press, 1969.
MEFFERT, H.: Größere *Flexibilität* als Unternehmungskonzept. ZfbF, 1985, 37, H. 2, 121–137.
MEULI, K.: Schwarze *Zahlen*, grün gestrichen. Bilanz, 1990, April, 42–45.
MEYER-FAJE, A.: Identitätsorientierte *Mitarbeiterführung*. Bern, Stuttgart: Haupt, 1990.
MILES, R. H. & SNOW, C. C.: *Network* organizations: new concepts for new forms. The McKinsey Quarterly, 1986, 23, Autumn, 53–66.
MILLS, D. Q.: Rebirth of the *Corporation*. New York u. a.: John Wiley and Sons, 1991.
MOHN, R.: Der *Mensch* in der Welt der Arbeit. In: Arbeitsgemeinschaft zur Förderung der Partnerschaft in der Wirtschaft (AGP), Bertelsmann Stiftung, Deutsche Gesellschaft für Personalführung (DGFP) (Hrsg.): Unternehmenskultur in Deutschland – Menschen machen Wirtschaft. Gütersloh: Bertelsmann Stiftung, 1986, 22–26
MOHN, R.: Zwischen Zwang und *Freiheit*. Manager Magazin, 1987, 17, H. 7, 182–185.
MOHN, R.: Erfolg durch *Partnerschaft*. Berlin: Siedler, 1989.
MOW INTERNATIONAL RESEARCH TEAM: The meaning of *working*. London u. a.: Academic Press, 1987.
MÜLLER, R.: *Führung* 2000: Kapital in High-Tech, Vertrauen in Mitarbeiter investieren. IO Management Zeitschrift, 1990, 59, H. 1, 36–46.
MÜLLER, R. A.: Demografische *Leitplanken* für den Arbeitsmarkt. Die Volkswirtschaft, 1988, 61, H. 1, 15–16.
NAISBITT J. & ABURDENE, P.: Megatrends am *Arbeitsplatz*. Von Infrastrukturen zur Lebensqualität. München: Heyne, 1989.
NASH, M.: Making *People* productive. San Francisco, London: Jossey-Bass, 1985.
NEUBERGER, O.: *Organisation* und Führung. Stuttgart u. a.: Kohlhammer, 1977.
NEUBERGER, O.: *Arbeit*. Stuttgart: Ferdinand Enke, 1985.

NOELLE-NEUMANN, E. & STRÜMPEL, B.: Macht *Arbeit* krank? Macht Arbeit glücklich? Eine aktuelle Kontroverse. München: Piper, 1984.
ODIORNE, G. S.: Management by *Objectives*. A System of Managerial Leadership. New York, Toronto: Pitman, 1967.
ORSOUW VAN, M.: Schöne, neue *Arbeitswelt*. Bilanz, 1990, H. 9, 36–38.
OTT, B.: *Arbeitszufriedenheit* und Arbeitsproduktivität. Einheit oder Gegensatz? ZO, 1981, 50, H. 6, 313–320.
OUCHI, W. G.: *Theory Z*. How American Business can meet the Japanese Challenge. Massachusetts: Addison-Wesley, 1981.
PASCALE, R. T. & ATHOS, A. G.: The Art of *Japanese* Management. New York: Simon & Schuster, 1981.
PETERS, T. & AUSTIN, N.: Leistung aus *Leidenschaft*. Hamburg: Hoffmann und Campe, 1986.
PETERS, T. J. & WATERMAN, R. H.: Auf der Suche nach *Spitzenleistungen*. Was man von den bestgeführten US-Unternehmen lernen kann. Landsberg am Lech: Moderne Industrie, 1984.
PFLUGER, CH.: Der *Body Shop* macht alles anders. Handel heute, 1988, März, 34–36.
PFLUGER, CH.: Ungeschminkte *Kosmetik*. SHZ, Zürich. Nr. 25, 23. Juni 1988, 49.
PFLUGER, CH.: Die *Verantwortung* des Profits. Die Neue Wirtschaft, 1988, April, 4–5.
PHONAK: Viele Hände haben die Phonak gebaut. Einflüsse unserer *Unternehmens-Kultur* auf das neue Phonak-Haus in Stäfa. Stäfa, o. J.
PORTER, M. E.: *Wettbewerbsstrategie*. Zürich: Ex libris, 1987.
PORTER, M. E.: *Wettbewerbsvorteile*. Spitzenleistungen erreichen und behaupten. Frankfurt: Campus, 1989.
PROBST, G. J. B.: *Selbst-Organisation*. Ordnungsprozesse in sozialen Systemen aus ganzheitlicher Sicht. Berlin und Hamburg: 1987.
PRONATOR: Annual Report *1988*.
PÜMPIN, C.: Management strategischer *Erfolgspositionen*. Das SEP-Konzept als Grundlage wirkungsvoller Unternehmensführung. Bern und Stuttgart: Haupt, 1986.
PÜMPIN, C.: Das *Dynamik* Prinzip. Zukunftsorientierung für Manager. Düsseldorf, Wien, New York: Econ, 1989.
PÜMPIN, C. & GEILINGER U. W.: Strategische *Führung*. Ausbau strategischer Erfolgspositionen in der Unternehmenspraxis. Die Orientierung, Nr. 76, Bern: Schweizerische Volksbank, 1988.
PÜMPIN, C., KOBI, J. M., & WÜTHRICH, H. A.: *Unternehmenskultur*. Basis strategischer Profilierung erfolgreicher Unternehmen. Die Orientierung, Nr. 85. Bern: Schweizerische Volksbank, 1985.

PÜMPIN, C. & KOLLER, H. P.: Die Bedeutung der *Unternehmenskultur* für die Unternehmensstrategie. In: Ch. Lattmann (Hrsg.): Die Unternehmenskultur. Heidelberg: Physica, 1990, 303–318.

RALL, W. & HAGEMANN, H.: *Organisation*. In: Management Enzyklopädie. Das Managementwissen unserer Zeit. Siebenter Band. Landsberg/Lech: Moderne Industrie, 1984, 321–337.

REDDING, W. J.: Managerial *Effectiveness*. New York: McGraw-Hill, 1970.

REMER, A.: *Organisationslehre*. Berlin, New York: de Gruyter, 1989.

RHODES, L.: The *Un-Manager*. Inc., August 1982, 34 ff. Reprint ohne Seitenzahlen.

RÖTHLISBERGER, F. J. & DICKSON, W. J.: *Management* and the worker. Cambridge, Mass.: Harvard University Press, 1939.

ROSENSTIEL VON, L.: Karriere? Nein – Danke. IBM Nachrichten, 1982, 32, H. 261, 15–19.

ROSENSTIEL VON, L.: *Führungskräfte* nach dem Wertewandel: Zielkonflikte und Identifikationskrisen? ZFO, 1986, 55, H. 2, 89–96.

ROSENSTIEL VON, L.: Wandel in der *Karrieremotivation* – Verfall oder Neuorientierung? In: H. Simon (Hrsg.): Wertewandel als Herausforderung für die Unternehmenspolitik. Stuttgart: Schäffer, 1987, 35–52.

SAHM, A.: *Motivation*. In: Management-Enzyklopädie. Das Managementwissen unserer Zeit in 6 Bänden. Vierter Band. München: Moderne Industrie, 1971, 737–747.

SANDER, K.: Die *Motivationstheorien* von Maslow und Herzberg. Harvard Manager, 1982, 4, H. 4, 44–50.

SATTELBERGER, TH.: *Gedankenskizzen* zur Nachwuchsermittlung, Projektarbeit und Coaching. In: T. Sattelberger (Hrsg.): Innovative Personalentwicklung. Wiesbaden: Gabler, 1989, 155–174.

SATTELBERGER, TH.: Personalentwicklung als strategischer *Erfolgsfaktor*. In: T. Sattelberger (Hrsg.): Innovative Personalentwicklung. Wiesbaden: Gabler, 1989, 15–37.

SCHAI, P.: *Gedanken* zum Thema „Organisation" und ein wenig darüber hinaus. Antworten auf aktuelle Herausforderungen. ZfO, 1988, 57, H. 6, 365–370.

SCHEIN, E.: Coming to a New *Awareness* of Organizational Culture. Sloan Management Review, 1984, 26, Winter, 3–16.

SCHEIN, E.: Organizational *Culture* and Leadership. San Francisco: Jossey-Bass, 1985.

SCHMID, E. W.: *Ausbildung* als Mittel der strategischen Unternehmungsführung. In: Ch. Lattmann (Hrsg.): Personal-Management und Strategische Unternehmensführung. Heidelberg: Physica, 1987, 149–163.

SCHNELLE, E.: *Architektur* für das Zeitalter der Kommunikation. Wie sich Unternehmenskultur in Architektur ausdrückt. In: Manager-Magazin (Hrsg.): Imageprofile. Düsseldorf: Econ, 1990, 97–105.
SCHÖNFELD, H. M.: Human Asset *Accounting*. In: E. Gaugler: Handwörterbuch des Personalwesens. Stuttgart: Poeschel, 1975, 996–1004.
SCHWEIM, J.: *Auswirkungen* neuer Informationstechnologien auf die Organisation. ZFO, 1984, 53, H. 5/6, 329–334.
SCULLEY, J.: Meine *Karriere* bei PepsiCo und Apple. Düsseldorf: Econ, 1987.
SEIBT, C. P.: Über das Ende des praktischen *Un-Sinns*. GDI-Impuls, 1987, 5, H. 1, 10–22.
SIMOM, H.: Tödliche *Matrix*. Manager Magazin, 1989, 19, H. 1, 102–104.
SIMON, H.: *Unternehmenskultur* – Modeerscheinung oder mehr? In: H. Simon (Hrsg.): Herausforderung Unternehmenskultur. Stuttgart: Schäffer, 1990, 1–11.
SKAUPY, W. & GROSS, H.: Das *Franchise-System*. Düsseldorf: Econ, 1968.
SPENCER, L. M. JR.: *Calculating* Human Resource Costs and Benefits. New York: Wiley, 1986.
SPIEGEL FREIHERR VON, R.: *Personalpolitik* in Banken unter Einfluß der neuen Technologien. In: R. Kolbeck (Hrsg.): Bankinnovationen. Frankfurt: Knapp, 1986, 57–83.
SPRENGER, R. K.: Mythos *Motivation*. GDI Impuls, 1991, 9, H. 3, 3–12.
STÄHLE, W. H.: Deutschsprachige situative *Ansätze* in der Managementlehre. In: A. Kieser (Hrsg.): Organisationstheoretische Ansätze. München: Vahlen, 1981, 215–226.
STEERS, R. M. & MOWDAY, R. T.: The motivational properties of *tasks*. Academy of Management Review, 1977, 2, H. 2, 645–658.
STEERS, R. M. & PORTER, L. W.: *Motivation* and Work Behavior. New York: McGraw-Hill, 1975.
STÄHLE, W. H. & SYDOW, J.: *Führungsstiltheorien*. In: Handwörterbuch der Führung. Enzyklopädie der Betriebswirtschaftslehre. Bd. 10. Stuttgart: Poeschl, 1987, 662–671.
STOCKER. B.: Arbeiten zum *Spaß*. ADIA Journal, 1990, Nr. 1, 1–2.
STOCKER, B.: Vom *Arbeitnehmer* zum Mitarbeiter. ADIA Journal, 1990, Nr. 1, 1.
TANNENBAUM, R. & SCHMIDT, W. H.: How to choose a *leadership* pattern. Harvard Business Review, 1958, 36, H. 2, 95–101.
TAYLOR, F. W.: The Principles of Scientific *Management*. New York: 1911. (Deutsche Übersetzung: Grundsätze wissenschaftlicher Betriebsführung. München, Berlin: Ouldenbourg, 1913.)
THE BODY SHOP: The Body Shop *1988*.

THE BODY SHOP: Annual Report and Accounts *1989*.
THE BODY SHOP: Annual Report and Accounts *1991*.
THOM, N. (HRSG.): Management im *Wandel*. Freiburger Gespräche 87/88 zu den Themen „Anforderungen an den Manager der 90er Jahre" und „Wirtschaft und Ethik". Hamburg: McGraw-Hill, 1989.
TIETZ, B.: Handbuch *Franchising*. Zukunftsstrategien für die Marktbearbeitung. Landsberg am Lech: Moderne Industrie, 1987.
TOFFLER, A.: Der *Zukunftsschock*, Bern, München, Wien: Scherz, 1972.
TRISA: Eine *Mannschaft* von Pionieren.
TSCHIRKY, H.: *Sinn* – eine neue Dimension der Führung. IO Management Zeitschrift, 1991, 60, H. 1, 27–30.
TSCHOPP, H. G.: Die *Kommunikationskultur* der Unternehmung. In: Ch. Lattmann (Hrsg.): Die Unternehmenskultur. Heidelberg: Physica, 1990, 241–260.
ULICH, E., BAITSCH, CH., & ALIOTH, A.: *Führung* und Organisation. Die Orientierung, Nr. 81. Bern: Schweizerische Volksbank, 1983.
ULICH, E., CONRAD, H. P., & BAITSCH, CH.: *Arbeitsform* mit Zukunft: ganzheitlich-flexibel statt arbeitsteilig. Bern: Peter Lang, 1989.
ULLRICH, G. A.: *Assessment* Center. In: Hans Strutz (Hrsg.): Handbuch Personalmarketing. Wiesbaden: Gabler, 1989, 301–313.
ULRICH, H.: *Management*. Herausgegeben von Th. Dyllik und G. Probst. Bern: Haupt, 1984.
ULRICH, H.: *Unternehmungspolitik*. Bern und Stuttgart: Haupt, 1987.
VALLAZA, B.: Die andere *Haut*. Trend, 1989, H. 7, 202–207.
WAGNER, D.: *Organisation,* Führung und Personalmanagement. Neue Perspektiven durch Flexibilisierung und Individualisierung. Freiburg im Breisgau: Rudolf Haufe, 1989.
WAGNER, H.: *Leistung* und Leistungsdeterminanten. In: E. Gaugler (Hrsg.): Handwörterbuch des Personalwesens. Stuttgart: Poeschel, 1975, 1182–1190.
WEBER, P. E.: *Human Resources* – eine neue Geisteshaltung. In: IO Management Zeitschrift, 59, H. 2, 1990, 39–42.
WEIGLE, G.: *Führen* in der Arbeitswelt von morgen. ZFO, 1991, 59, H. 1, 8–14.
WHITTEMORE, M. & CHAMBERS, C.: *Franchising* America (and the world!). Inc., 1987, October, 127–134.
WILD, J.: *MbO* als Führungsmodell für die öffentliche Verwaltung. Die Verwaltung, 1973, 6, H. 2, 283–316.
WILDEMANN, H.: *Investitionsplanung* und Wirtschaftlichkeitsrechnung für flexible Fertigungssysteme (FFS). Stuttgart: Schäfler, 1987.
WINKELMANN, B.: *Wanted*. Prisma, 1990, 31, Dezember, 17–21.

WINNERS: Ich bin eine grüne *Anarchistin*. 1988, H. 4, 16–23.
WITTE, E.: Forschung, Werbung und Ausbildung als *Investition*. In: Hamburger Jahrbuch für Wirtschafts- und Gesellschaftspolitik. Tübingen: J. C. B. Mohr (Paul Siebeck), 1962, 210–226.
WOHLGEMUTH, A. C.: *Human Resource* Management aus unternehmungspolitischer Sicht. In: Ch. Lattmann (Hrsg.): Personal-Management und Strategische Unternehmensführung. Wien-Heidelberg: Physica, 1987.
WOHLGEMUTH, A. C.: *Unternehmungsdiagnose* in Schweizer Unternehmungen. Untersuchungen zum Erfolg mit besonderer Berücksichtigung des Humanpotentials. Bern, Frankfurt/M., New York, Paris: Peter Lang, 1989.
WOLLNIK, M.: *Einflußgrößen* der Organisation. In: Grochla, E. (Hrsg.): Handwörterbuch der Organisation. Stuttgart: Poeschel, 1980, 592–613.
WÜTHRICH, H. A.: *Neuland* des strategischen Denkens. Von der Strategietechnokratie zum mentalen Management. Wiesbaden: Gabler, 1991.
WUNDERER, R.: Kooperative *Führung*. In: E. Gaugler: Handwörterbuch des Personalwesens. Stuttgart: Poeschel, 1975, 1257–1274.
WUNDERER, R.: *Betriebswirtschaftslehre* und Führung – Entwicklungslinien, Besonderheiten, Funktionen. In: Rolf Wunderer (Hrsg.): Betriebswirtschaftslehre als Management- und Führungslehre. Stuttgart: Poeschel, 1985, 237–267.
WUNDERER, R.: Umfrage *Führungsforschung* und -lehre. Personalführung, 1987, H. 3, 116–146.
WUNDERER, R.: *Personal-Controlling*. In: Hans Strutz (Hrsg.): Handbuch Personalmarketing. Wiesbaden: Gabler, 1989, 104–114.
WUNDERER, R.: Mitarbeiterführer und *Wertewandel*. In: K. Bleicher, P. Gomez (Hrsg.): Zukunftsperspektiven der Organisation. Festschrift zum 65. Geburtstag von Prof. Dr. Robert Staerkle. Bern: Stämpfli, 1990, 271–292.
WUNDERER, R.: Wertorientierte *Mitarbeiterführung* als strategische Aufgabe. IO Management Zeitschrift, 1990, 59, H. 2, 35–38.
WUNDERER, R. & GRUNWALD, W.: *Führungslehre*. Band 1. Berlin, New York: Walter de Gruyter, 1980.
WYSS, W.: Der *Einfluß* veränderter Wertvorstellungen auf die Human Resources. IO Management Zeitschrift, 1990, 59, H. 2, 31–34.
WYSS, W.: *Strategie Z*. Ein aktueller Ansatz zur psychologischen Marktsegmentierung. Index, 1990, H. 5, 23–27.
YORKS, L.: *Job Enrichment* Revisited. New York: Amacom, 1979.
ZAPPATINI, G.: Das *Gruppenkonzept* in der Produktion bei Ebnöther, Schweiz. In: Gottlieb Duttweiler Institut für wirtschaftliche und soziale Studien (Hrsg.): Arbeit – Beispiele für ihre Humanisierung. Olten und Freiburg im Breisgau: Walter, 1983.

ZINK, K.: Personalwirtschaftliche *Perspektiven* des technisch-kulturellen Wandels. In: G. Cisek, U. Schäkel, J. Scholz (Hrsg.): Personalstrategien der Zukunft. Hamburg: Windmühle, 1988, 16–38.

Verzeichnis der Interviewpartner

Mario Fontana, Delegierter des Verwaltungsrates der Hewlett-Packard Schweiz AG

Erich Hackel, Leiter des Bereiches Dispersionspulver der Ebnöther-Gruppe

Marie-Lore Keefe, Geschäftsführerin und Besitzerin The Body Shop Zug

Eduard Klein, Personalverantwortlicher bei W. L. Gore & Co. GmbH Deutschland

Eugen Knobel, Mitglied der Geschäftsleitung der Knobel EDV AG

Ivan Levy, Head Franchisee für The Body Shop Switzerland

Gerry Leumann, Delegierter des Verwaltungsrates der Ebnöther-Gruppe

Rolf Menke, Leiter Corporate Communications bei der Ebnöther-Gruppe

Lutz Meyer-Scheel, Geschäftsführender Gesellschafter der Enator International GmbH

Ernst Pfenninger, Delegierter des Verwaltungsrates der Trisa AG

Brigitte Rentsch, Geschäftsführerin und Besitzerin The Body Shop St. Gallen

Dr. Willi Schwotzer, Leiter Geschäftsfeld Feinpartikeltechnologie der Ebnöther-Gruppe

Karin Schöpf, Geschäftsführerin The Body Shop Bern

Toni Zuber, Leiter Personal, Hewlett-Packard

GABLER-Literatur zu Führung und Personalmanagement (Auswahl)

Werner G. Faix / Christa Buchwald / Rainer Wetzler
Skill-Management
Qualifikationsplanung für Unternehmen und Mitarbeiter
1991, 144 Seiten, 58,– DM

Werner G. Faix / Angelika Laier
Soziale Kompetenz
Das Potential zum unternehmerischen und persönlichen Erfolg
1991, 156 Seiten, 58,– DM

Werner Fauth
Praktische Personalarbeit als strategische Aufgabe
Grundlagen, Konzepte, Checklisten
2. Auflage 1992, 280 Seiten, 69,80 DM

Peter Heintel / Ewald E. Krainz
Projektmanagement
Eine Antwort auf die Hierarchiekrise?
2. Auflage 1990, X, 254 Seiten, 69,80 DM

Jens-Martin Jacobi
13 Leitbilder des Managers von morgen
Stärken, Potential, persönliche Ausstrahlung
1989, 149 Seiten, 42,– DM

Manfred F. R. Kets de Vries
Chef-Typen
Zwischen Charisma und Chaos, Erfolg und Versagen
1990, 204 Seiten, 58,– DM

Baldur Kirchner
Dialektik und Ethik
Besser führen mit Fairneß und Vertrauen
2. Auflage 1992, 232 Seiten, 58,– DM

Heinz Lindholz
Wie Chefs Konflikte meistern
Verfahren und Übungen für Klein- und Mittelbetriebe
1990, 148 Seiten, 49,80 DM

Walter Maier / Werner Fröhlich (Hrsg.)
Personalmanagement in der Praxis
Konzepte für die 90er Jahre
1991, 224 Seiten, 58,– DM

Harald Meier
Personalentwicklung
Konzept, Leitfaden und Checklisten für Klein- und Mittelbetriebe
1991, 246 Seiten, 98,– DM

Adrian P. Menz
Menschen führen Menschen
Unterwegs zu einem humanen Management
1989, 232 Seiten, 68,– DM

André Papmehl / Ian Walsh (Hrsg.)
Personalentwicklung im Wandel
1991, 314 Seiten, 76,– DM

GABLER
BETRIEBSWIRTSCHAFTLICHER VERLAG DR. TH. GABLER, TAUNUSSTRASSE 54, 6200 WIESBADEN

GABLER-Literatur zu Führung und Personalmanagement (Auswahl)

Hans-Christian Riekhof (Hrsg.)
Strategien der Personalentwicklung
3. Auflage 1992, 488 Seiten, 98,— DM

Manfred R. A. Rüdenauer
Ökologisch führen
Evolutionäres Wachstum durch ganzheitliche Führung
1991, 320 Seiten, 68,— DM

Wolfgang Saaman
Effizient führen
Mitarbeiter erfolgreich machen
1990, 193 Seiten, 68,— DM

Thomas Sattelberger (Hrsg.)
Innovative Personalentwicklung
Grundlagen, Konzepte, Erfahrungen
2. Auflage 1991, 344 Seiten, 86,— DM

Thomas Sattelberger (Hrsg.)
Die lernende Organisation
Konzepte für eine neue Qualität der Unternehmensentwicklung
1991, 274 Seiten, 78,— DM

Dieter Schulz / Wolfgang Fritz / Dana Schuppert / Lothar J. Seiwert
Outplacement
Personalfreisetzung und Karrierestrategie
1989, 180 Seiten, 64,— DM

Gerhard Schwarz
Konfliktmanagement
Sechs Grundmodelle der Konfliktlösung
1990, 191 Seiten, 68,— DM

Ralf Selbach / Karl-Klaus Pullig (Hrsg.)
Handbuch Mitarbeiterbeurteilung
1992, 604 Seiten, 248,— DM

Hans Strutz (Hrsg.)
Handbuch Personalmarketing
1989, 708 Seiten, 248,— DM

Hans Strutz (Hrsg.)
Strategien des Personalmarketing
1992, 308 Seiten, 98,— DM

Ekkehard Wirth
Mitarbeiter im Auslandseinsatz
Planung und Gestaltung
1992, 296 Seiten, 68,— DM

Zu beziehen über den Buchhandel oder den Verlag.

Stand der Angaben und Preise: 1.8.1992
Änderungen vorbehalten.

GABLER
BETRIEBSWIRTSCHAFTLICHER VERLAG DR. TH. GABLER, TAUNUSSTRASSE 54, 6200 WIESBADEN

MIX
Papier aus verantwortungsvollen Quellen
Paper from responsible sources
FSC® C105338

If you have any concerns about our products,
you can contact us on
ProductSafety@springernature.com

In case Publisher is established outside the EU,
the EU authorized representative is:
**Springer Nature Customer Service Center GmbH
Europaplatz 3, 69115 Heidelberg, Germany**

Printed by Libri Plureos GmbH
in Hamburg, Germany